LE PRINCIPE
DE LA MÉTHODE INFINITÉSIMALE
ET SON HISTOIRE

BIBLIOTHÈQUE DES TEXTES PHILOSOPHIQUES

Fondateur : Henri GOUHIER Directeur : Jean-François COURTINE

H. COHEN

LE PRINCIPE DE LA MÉTHODE INFINITÉSIMALE ET SON HISTOIRE

Introduit, traduit et annoté

par

Marc de LAUNAY

Ouvrage publié avec le concours d'Inter Nationes, Bonn et de la Maison des Sciences de l'Homme, Paris

PARIS

LIBRAIRIE PHILOSOPHIQUE J. VRIN

6, Place de la Sorbonne, Ve

—

1999

ISSN 0249-7972
ISBN 2-7116-1409-3

AVERTISSEMENT DU TRADUCTEUR

L'ouvrage a été publié pour la première fois en 1883 à Berlin (F. Dümmler Verlagsbuchhandlung) ; dès 1886, Cohen souhaitait une réédition afin de corriger quelques fautes typographiques, quelques erreurs dans les citations, et certaines maladresses de formulation. La deuxième édition n'a cependant vu le jour que dix ans après sa mort, en 1928, dans le deuxième volume des *Schriften zur Philosophie und Zeitgeschichte*, édité par A. Görland et E. Cassirer, à Berlin. La troisième édition est parue en 1968, chez Suhrkamp, dans la collection de poche « Theorie 1 » (dirigée par J. Habermas, H. Blumenberg, D. Heinrich et J. Taubes), précédée d'une introduction de Werner Flach. Enfin, la quatrième édition est due à Peter Schultess qui, dans le cadre des œuvres complètes publiées chez Olms (vol. 5, 1984), a repris la première édition en lui apportant tous les correctifs nécessaires (et en la dotant d'un index des noms et des matières ; sa présentation se veut, explicitement, complémentaire de celle de W. Flach). C'est également sur cette première édition dont on donne la pagination en marge que nous avons travaillé, non sans tenir compte des corrections matérielles qui allaient de soi. Néanmoins, et à la différence de ces quatre versions, nous avons pris le parti de traduire aussi la presque totalité des très nombreuses citations en latin, et nous devons à la générosité comme à la compétence de François de Gandt certaines traductions des *Opuscula* de Newton, à celles de Marc Parmentier, maintes citations de Leibniz. Nous sommes heureux de pouvoir ici nous associer aux lecteurs pour leur dire notre reconnaissance.

PRÉSENTATION

Les règles de l'infini
réussissent dans le fini ...
Leibniz

L'ouvrage qu'on va lire, et qui fut achevé vers la fin de l'année 1883 [1], se situe à mi-chemin d'un parcours philosophique dont la première phase est occupée par une relecture et un commentaire critiques des œuvres de Kant, et dont l'aboutissement sera le système propre de Cohen, système dont il avait un temps pensé qu'il serait articulé selon quatre parties – logique, éthique, esthétique, psychologie – ; mais, pour finir, Cohen abandonnera le projet de sa dernière articulation au profit, pour ainsi dire, d'une « philosophie » de la religion [2]. Tandis que le système commencera de paraître en 1902, Cohen n'en a pas terminé, en 1883, avec l'élaboration de ses bases propres : il est évident que ce travail sur le principe de la méthode infinitésimale n'est pas sans rapport avec la réédition, en 1885, considérablement augmentée et corrigée, de son ouvrage de 1871, *La Théorie kantienne de l'expérience* [3]. Il importe, à cet égard, de prendre au sérieux et à

1. Comme en témoigne une lettre de septembre 1883 adressée à Paul Natorp. Cf., sur toute cette problématique, l'ouvrage fondamental de Helmut Holzhey, *Cohen und Natorp*, Bâle-Stuttgart, Schwabe, 1986.

2. Les articulations du système ne doivent ce statut qu'en raison de l'autonomie reconnue à la pensée, à la volonté et au sentiment; Cohen n'accordera jamais d'autonomie véritable ou d'indépendance à la religion pour laquelle il n'admet qu'une spécificité. Il s'en expliquera dans son cours de 1915, *La Religion dans les limites de la philosophie* [trad. fr. M. de Launay et C. Prompsy, Paris, Le Cerf, 1990], p. 23 : « L'intérêt pour l'indépendance de la religion s'efface devant la question de sa spécificité. Si l'on réussissait à situer de façon pure sa spécificité au sein du système philosophique et à l'y intégrer, sa spécificité ainsi fondée compenserait largement la perte d'une prétendue indépendance. »

3. Cf. La préface, par Éric Dufour à la traduction française de ce livre (par E. Dufour et J. Kahn), à paraître aux éditions du Cerf, qui fait le point sur les trois éditions successives

la lettre, le sous-titre que lui a donné son auteur – « Un chapitre dans la fondation de la critique de la connaissance » –, et si l'on s'autorisait une transposition de ce sous-titre en anticipant sur les développements de la pensée systématique de Cohen, il faudrait comprendre : une étape dans la justification de la logique de la connaissance[1]. C'est dire, du même coup, qu'il y en a d'autres, et au moins deux : la première[2], récurrente dans le travail de relecture de Kant – celle qui consiste à transformer le statut de l'expérience, et, partant, celui de l'intuition par rapport à celui de la pensée –, l'autre, tout aussi décisive, et qui provient d'une reprise de la théorie des idées de Platon dans le but d'installer l'idéalisme critique dans la perspective d'une généalogie non aristotélicienne[3].

En outre, l'étude de Cohen se présente explicitement comme une « histoire », et la pondération des trois parties qui le composent ne laisse pas de doute à cet égard : non seulement l'introduction (chapitre I) puise largement dans l'historique de la problématique de l'infiniment petit, des Grecs à Galilée, mais le deuxième chapitre, l'exposé historien proprement dit, est, de loin, le plus long, tandis que le troisième n'hésite pas lui aussi à rappeler ce que fut, après Newton et Leibniz, la résonance d'une mathématisation de la physique par le biais du calcul différentiel chez Fechner, Weber ou Maxwell, c'est-à-dire dans la psycho-physique et la physique contemporaines de l'étude. Néanmoins, il ne s'agit pas d'histoire événementielle au sens restreint du terme; ce qui importe bien davantage à Cohen que, par exemple, la querelle sur la priorité de la découverte du calcul infinitésimal qui opposa Newton et Leibniz, ou que la genèse détaillée du calcul chez ce dernier[4], c'est le tournant méthodologique

(1871, 1885, et 1918, l'année même de la mort de Cohen; c'est dire que ce remaniement aura été l'affaire de toute une vie) et chaque fois remaniées en fonction de l'avancement du système.

1. Cette formulation ne tient pas compte ici du sens très particulier que Cohen donne à l'allemand *Grundlegung* (fondation) puisque c'est aussi bien d'un point de vue étymologique qu'il faut entendre ce terme (la position d'un *substratum* où substrat et acte de position s'identifient), et dans la résonance platonicienne de l'expression λόγον διδόναι.

2. C'est celle qu'on vient d'indiquer.

3. « La Théorie platonicienne des idées et les mathématiques », 1878 (Marbourg, Elwertsche Verlagsbuchhandlung, 1879; une traduction française de ce texte pourra être lue dans une Anthologie des théories néokantiennes de la connaissance, à paraître chez Vrin en 2001).

4. Il semblerait étonnant, du strict point de vue historien, que Cohen, parlant du triangle caractéristique, cite uniquement Barrow, et ne fasse aucune mention de Pascal chez qui, pourtant, Leibniz dit « avoir trouvé une lumière que l'auteur n'avait point vue » (« Fragment destiné au marquis de l'Hospital », in *Mathematische Schriften*, II, p. 259) : il s'agit du *Traité des sinus du quart de cercle* (éd. Chevalier, Pléiade, 1954, p. 275). Cf., à ce sujet, L. Brunschvicg, *Les Étapes de la philosophie mathématique*, 1912, Paris, Blanchard, 1993, p. 172 *sq.*, ainsi que Leibniz, *Naissance du calcul différentiel*, M. Parmentier éd., Paris, Vrin,

qu'autorise cette découverte dans la perspective d'une application des mathématiques à la physique telle qu'elle est censée bouleverser, au même titre que le tournant copernicien chez Kant, la conception que la critique de la connaissance se fait de l'expérience scientifique et de son objet. C'est à juste titre que Peter Schultess, dans la présentation qu'il donne de la dernière édition de l'ouvrage [1], souligne qu'il s'agit non pas d'une histoire du *calcul* infinitésimal, mais bien de celle de la « *méthode* infinitésimale » [2]. La préoccupation essentielle de l'étude cohénienne touche à la catégorie de « réalité » [3], et c'est à en donner une justification précise qu'elle s'attache, sur le fond d'une histoire des mathématiques dont Cohen est le premier à reconnaître qu'elle est de seconde main en puisant constamment dans les travaux de Carl Gerhardt [4], l'éditeur des œuvres mathématiques de Leibniz. C'est dire que l'histoire n'a pas le statut privilégié de montrer un constant progrès de la raison, mais la fonction de témoigner que le travail scientifique est bien lui aussi une tâche… infinie. En outre, Cohen ne nourrit pas l'ambition, toujours discutable, d'élaborer une « épisté-

1995, p. 17 *sq.* Dans son édition vulgarisée, à destination des étudiants, de certains textes de Leibniz sur le calcul infinitésimal, G. Kowalewski retient que la genèse du calcul est bien le Traité de Pascal qu'il cite et commente (*Leibniz über die Analysis des Unendlichen*, Leipzig, Engelmann, 1908, « Ostwald's Klassiker der exakten Wissenschaften », n° 162). Cohen ne fait par ailleurs aucune mention des développements proprement mathématiques du calcul infinitésimal au XIXe siècle (Bolzano, Cauchy, l'epsilontique, Cantor, etc.). Dans sa recension de l'ouvrage de Cohen, Georg Cantor (in *Deutsche Literaturzeitung*, V^e^ année, n° 8, Berlin, 23/02/1884) conteste qu'on puisse identifier les nombres infiniment petits à des grandeurs véritables parce qu'ils sont, à ses yeux, des « modes du non-étant ». Ce qu'il appelle « infini parfait » se distingue donc de l'infini relatif qui serait le propre des différentielles (son reproche s'adresse également à Gauss). Sur la différence entre infini potentiel et infini actuel, sur la différence entre nombre et grandeur, donc sur la notion cantorienne de transfini (G. Cantor, *Sur les Fondements de la théorie des ensembles transfinis* (1895-1897), Paris, J. Gabay, 1989), cf. B. Bolzano, *Les Paradoxes de l'infini*, Paris, Le Seuil, 1993, p. 20 de la présentation par Hourya Sinaceur. Cf. également, sur la difficulté d'établir le continu, Aristote, *Physique*, V, 227a 11-3, et B. Bolzano, *Les Paradoxes …*, *op. cit.*, § 36, 37, 38, 39.

1. H. Cohen, *Werke*, 5, Hildesheim, Olms, p. 20 *sq.*

2. Cohen déclare lui-même d'emblée, dans son Avant-propos : « […] il était trop immédiatement à craindre qu'en donnant au concept d'infinitésimal la valeur de concept fondamental de la conscience scientifique on pût se permettre d'intervenir, et jusque dans le détail – que l'ampleur de mes études ne me permet pas de dominer –, au sein de la recherche en mathématique […] C'est, en revanche, le fait de prendre en compte le contexte historique au sein duquel il faut considérer l'origine de cette réflexion qui m'a délivré du danger de tenir un discours dilettante sur des questions de mathématique, lesquelles ressortissent à un autre agencement des problématiques ; en effet, pour l'objectif qui est le mien, je m'en suis tenu essentiellement aux sources. »

3. *Realität* et non *Wirklichkeit* (la réalité effective).

4. Cf. *Die Geschichte der höheren Analysis*, Halle, 1855.

mologie » sans cesse vouée, de par son inévitable retard par rapport aux développements des sciences, à une fatale péremption ; il cherche au contraire à ouvrir une perspective où la physique moderne et la réflexion de la philosophie en matière de connaissance ne soient pas inexorablement décalées ou divergentes[1]. On ne saurait donc dissocier le travail, proprement philosophique, sur la méthode d'une « histoire » qui n'est plus strictement historienne (l'École de Marbourg s'était d'ailleurs fait une « spécialité » que d'explorer de manière à la fois historienne et systématique la tradition philosophique), et ambitionne d'être intégrée, non pas à titre d'adjuvant, mais bien comme l'une de ses dimensions indissociables, à la critique de la connaissance, *a fortiori* lorsqu'elle deviendra « logique de la connaissance »[2]. Cassirer, par la suite reprendra de manière

1. C'est le reproche qu'adresse à Natorp (et non à Cohen dont il utilise assez fréquemment le travail) Léon Brunschvicg : « Nos études antérieures nous ont fait voir à quel point les systèmes philosophiques sont liés au progrès de la science elle-même; par là elles nous amènent à prendre garde qu'une fois détachés de cette base technique et érigés en disciplines autonomes les systèmes ne s'attardent à traduire l'état déterminé de la science qui les avaient d'abord justifiés, et qui serait désormais dépassé. » (cf. *Les Étapes de la philosophie mathématique, op. cit.*, p. 303). Dans *La Théorie kantienne de l'expérience, op. cit.*, 2e éd., p. 519, Cohen fait droit à cette exigence : « Les connaissances ne constituent pas une série achevée, un capital de main-morte; elles n'existent qu'en étant productives [...] C'est la caractéristique propre à tous les concepts que, satisfaisant aux exigences de la pensée, d'en poser de nouvelles. Il n'y a aucun état définitif d'achèvement. Tout concept valide est une question nouvelle, aucun n'est une réponse ultime. »

2. B. Russell, dans son compte rendu de l'ouvrage, dissocie néanmoins la louange faite à l'exposé historique – « The historical part of this work, it should be said, is admirable » – et les critiques qu'il adresse à l'auteur; mais ces dernières touchent alors moins la réflexion proprement méthodologique que des aspects mathématiques plus techniques (comme la définition, dépassée à la fin du XIXe siècle, de la méthode des limites, ou l'emploi de la notation *dx* alors qu'il faudrait toujours utiliser le rapport *dx/dy*, ainsi que le rejet d'une différence entre grandeur intensive et grandeur extensive infinitésimale); cf. *Principles of Mathematics*, Londres, 1903, § 315-324. On trouvera une bonne réponse à cette critique de Russell dans l'article de Hugo Bergmann, « Maimon und Cohen », *Monatschrift für Geschichte und Wissenschaft des Judentums*, 83, 1939 (repris in *Hermann Cohen*, H. Holzhey (éd.), Francfort s/M., P. Lang, 1994, « Auslegungen 4 », p. 166). La recension la plus critique du livre de Cohen est signée Gottlob Frege (*Zeitschrift für Philosophie und philosophische Kritik*, 87, 1885), reprise in *Kleine Schriften*, (1962) Hildesheim, Olms, 1990, p. 99-102 : « Le calcul infinitésimal, dans son essence, relève strictement de l'arithmétique, et il n'est pas légitime d'en revenir à la géométrie et à la mécanique pour définir ou justifier ses concepts fondamentaux, quand bien même son point de départ historique se situe dans certains problèmes de géométrie et de mécanique. Il faut soigneusement distinguer du problème arithmétique de la différentielle – lequel est désormais presque résolu – la question de savoir quelles propriétés doivent être présupposées dans les grandeurs spatiales et temporelles pour que le calcul différentiel puisse être appliqué à la géométrie et à la mécanique [...] Je ne vois pas que l'infiniment petit ait un rapport plus étroit avec la réalité. » L'argumentation prend appui essentiellement sur l'arithmétique *stricto sensu*, et elle

systématique ce projet d'une « histoire philosophique de la philosophie »[1]. La *Logique de la connaissance pure* ne laissera, quelque vingt ans plus tard, aucun doute à ce sujet : « C'est [...] l'idée qui détermine, grâce à la pureté, la valeur de la connaissance. Par conséquent, l'idée est la connaissance pure. Sur quoi repose cette identité ? Quel aspect de l'idée provoque cette identité ? La réponse à ces questions doit être cherchée dans l'histoire qui révèle la nature et la fécondité des concepts de l'histoire universelle en tant que puissances de l'histoire universelle. »[2] Le concept même y est défini comme l'unité d'une solution et d'un problème, telle qu'aucune solution ne peut être assez générale pour éviter que d'autres problèmes ne se

s'éclaire davantage à la lecture de son texte de 1904 écrit en hommage à Boltzmann, « Qu'est-ce qu'une fonction ? » (traduit par C. Imbert in *Écrits logiques et philosophiques*, Paris, Le Seuil, 1971, p. 160-169) où Frege se livre à une critique du calcul différentiel (p. 163 *sq.*) comme à celle de la compréhension habituelle des fonctions (p. 168 *sq.*) : « Ces fautes [commises dans la lecture des signes d'une fonction] ont fait naître l'opinion que la fonction est un nombre [...] Nous avons vu que de tels nombres n'existent pas et que les fonctions sont fondamentalement différentes des nombres. » Il est utile de rappeler que Cohen a bien pris soin d'indiquer qu'il n'avait pas l'intention d'examiner les problèmes posés par le calcul différentiel, mais de prendre en compte le fait que la physique contemporaine avait pu prendre son essor grâce à lui. Cohen reviendra, en 1888, dans son long compte rendu des *Essais* d'Eduard Zeller, sur le contenu du *Principe de la méthode infinitésimale* pour répondre en partie à ses critiques. H. Cohen, « Jubiläumsbetrachtung », in *Philosophische Monatshefte*, XXIV, 1888, p. 415 : « La grandeur extensive est une grandeur comparative, la grandeur intensive n'est grandeur que dans la mesure où elle la produit, elle est grandeur génératrice et unité de la réalité. Les nombres finis sont des unités de la pluralité ; le nombre infiniment petit est l'unité qui signifie l'origine de l'unité, il n'appelle pas l'ampleur de la pluralité ni ne s'y tient en suspens. Obéissant à toute sa tendance, le nombre infiniment petit est donc différent du nombre infiniment grand lequel ressortit à un autre registre catégorique [la quantité]. [...] Voilà le rapport entre la méthode infinitésimale – instrument privilégié de la physique mathématique – et la problématique de l'objet. Et puisque tous les moyens dont en fin de compte nous disposons pour constituer des objets peuvent être appliqués à des équations du mouvement et que celles-ci présupposent les nombres infiniment petits – quelle que puisse être à l'avenir la manière dont ils seront définis en mathématique –, les nombres dont la valeur d'origine se situe dans une différentielle ne sont pas seulement des signes, mais les valeurs les plus profondes, les valeurs ultimes qui permettent d'exprimer et de réaliser, outre les réalités qu'ils désignent, les relations au sein desquelles seulement les objets peuvent être définis. »

1. « Que l'historien soit philosophe » affirme Cohen dès 1870, dans son premier article philosophique : « Zur Kontroverse zwischen Trendelenburg und Kuno Fischer », in *Schriften zur Philosophie und Zeitgeschichte*, Berlin, 1928, t. I, p. 272 (cf., sur ce point, la conférence de Peter A. Schmid au séminaire Cassirer de 1997 [ENS-Ulm, Archives Husserl – F. Capeillères et M. de Launay], « Unité et continuité. Philosophie et histoire de la philosophie dans *Le Problème de la connaissance* I (1906) »).

2. *Die Logik der reinen Erkenntnis*, (1902) Hildesheim, Olms, 1977, p. 6. Cf. également, p. 46 et p. 601.

posent[1]. Plus généralement encore, la conclusion de la *Logique de la connaissance pure* révélera que le but de toute l'entreprise de refondation de la logique comprise comme pensée pure aura été d'introduire l'histoire dans le système (p. 585) : « Il faut maintenir ouverte la discussion sur la manière de formuler et d'ordonner les concepts fondamentaux [...] Ce qui veut dire qu'il faut se défendre d'établir des principes de telle manière qu'ils constitueraient les bases immuables de la science ; laquelle, progressant, cherche et trouve, conformément à ses avancées concrètes, des bases toujours plus précises et plus profondes ; elle est donc dans la nécessité de reformuler sans cesse ses principes et, partant, de modifier ses concepts fondamentaux en fonction de son histoire. »

Dans son étude de 1878 sur Platon, Cohen avait entrepris de réinterpréter le *Phédon* (100 a-b, 107) en insistant sur la définition de l'idée comme « hypothèse » : « Platon, en donnant à l'analyse le statut de méthode scientifique, a justement accompli ce qui incombait au philosophe. Il est évident que cette méthode, qui consiste à supposer découvert ce qui est cherché afin de le retrouver grâce à la série des conséquences et à leur articulation, est éminemment fructueuse dans les problématiques philosophiques [...] le concept fondamental de sa propre méthode philosophique – puisqu'il nomme μέθοδος la théorie des idées – [...] est né de cette propriété de la pensée géométrique. *L'idée elle-même est pensée comme hypothèse.* [...] Dans d'autres développements, Platon fait remarquer la finesse et l'acuité de cette distinction entre les choses selon leur relation au λόγος: "Je n'accorde pas du tout qu'en cherchant les ὄντα dans les λόγοις, la recherche s'effectue davantage dans des images (ἐν εἰκόσι) que dans des choses (ἔργοις). Voilà donc la direction qui oriente ma démarche : en présupposant à chaque cas le principe (ὑποθέμενος ἑκάστοτε λόγον) que je juge le plus solide, je présuppose comme étant vrai tout ce qui me paraît s'y accorder, qu'il s'agisse de causes ou de toute autre chose, et comme étant faux tout ce qui ne s'y accorde pas. Mais je veux t'exposer plus clairement ce que je pense, car je crois que tu ne le comprends pas encore. – Non, par Zeus, dit Cébès, pas distinctement ! – Pourtant, *je n'ai rien de neuf* en tête, c'est *ce que je n'ai jamais cessé de dire*, et en d'autres occasions, et dans notre entretien. Je poursuis donc en tentant de te montrer la nature de la cause (τῆς αἰτίας τὸ εἶδος) dont je me suis occupé, en revenant à ces choses dont nous avons tant parlé : je partirai de *ce dont j'ai fait l'hypothèse* (ὑποθέμενος), à savoir qu'il y a quelque chose de beau, de bon, de grand en soi, et ainsi du reste ; et si tu m'accordes cela et si tu conviens que ces choses en soi existent, j'espère alors, à partir de cela, trouver la cause, et te la montrer, qui fait que l'âme est immortelle". L'idée

1. *Ibid.*, p. 390.

est donc ici définie, dans les termes les plus clairs, comme une hypothèse. Dans un développement dont la valeur démonstrative est plus accrue et plus drastique, la théorie des idées est nommée l'*"hypothèse plus sûre"*. L'idée, en tant qu'hypothèse authentiquement justifiée, n'est donc pas plus intelligible d'un point de vue simplement psychologique : on trouve en elle la pointe de la critique comprise dans la perspective de la théorie de la connaissance. Car on comprend désormais comment l'idée, en tant que νοητόν doit simultanément être οὐσία, et, en tant qu'οὐσία, doit être νοητόν: *dans l'hypothèse, les deux moments de l'idéalisme s'interpénètrent*. N'est conçu comme idée que ce qui est pensé comme présupposé suffisant de l'être légitime, de même que ce présupposé lui-même ne peut acquérir d'existence féconde que dans l'articulation méthodique des pensées en tant qu'il en est la racine. »[1] Et Cohen conclut ainsi son étude : « Ainsi, διάνοια et ἐπιστήμη, pensée mathématique et pensée des idées restent-elles rangées sous un même genre commun, celui de la pensée rationnelle (νόησις). Jusque-là, nous examinions l'influence des mathématiques sur la théorie des idées. Nous avons cherché à déduire de cette influence la légitimation de l'idée elle-même, du point de vue de la théorie de la connaissance, à découvrir, grâce à elle, la lutte entre les deux ressorts opposés de l'idéalisme, et à montrer que ce conflit cesse au sein de l'inconditionné éthique. On ne pouvait qu'évoquer les conséquences que l'on peut tirer de la fonction autonome des idées mathématiques quant à la réalisation *(Realisation)* des phénomènes sensibles, quant à l'établissement de la réalité *(Realität)* objective. » Jamais, par la suite, Cohen ne reviendra sur les acquis de son interprétation, et c'est à juste titre qu'on peut y voir l'un des piliers du système[2]. Au paragraphe 91 du livre qu'on va lire, Cohen souligne que « ce qui est conçu dans le cadre des mathématiques pures a, du même coup, la faculté d'être applicable; car seul est pur ce qui peut être appliqué à certaines conditions »[3]. Le caractère « légal » de la connaissance repose en dernière instance, comme sa validité, sur l'unité idéale de la loi, laquelle n'est rien d'autre, qu'il s'agisse de son statut

1. « La Théorie platonicienne des idées et les mathématiques » (trad. M. de Launay et C. Prompsy), à paraître.

2. La *Logique de la connaissance pure* rappelle à maintes reprises ces acquis, et, dans sa conclusion, p. 601, répète que « la cohérence du système exige un centre situé dans le fondement de la logique. Ce centre méthodologique, c'est l'idée en tant qu'hypothèse et que nous avons développée en en faisant le jugement et la logique de l'origine ». Peu après, Cohen souligne que la logique a débuté avec Platon en procédant comme Kant l'a fait avec le concept de transcendantal. On ne peut imaginer plus claire manière de relativiser l'importance de Kant au sein d'une histoire philosophique de la philosophie.

3. Cf. *La Théorie kantienne de l'expérience*, *op. cit.*, 2e éd., p. 421 : « L'applicabilité est inhérente à ce qui obéit à une loi. », et *Logique de la connaissance pure*, *op. cit.*, p. 5.

théorique ou de sa fonction dans le système des principes, que ce que Cohen entend par l'hypothèse : une fondation de la pensée qui est l'ultime ancrage de la réflexion propre à la critique de la connaissance : « C'est uniquement grâce à l'idée que ce qui est pur acquiert une valeur méthodologique [...] C'est donc l'idée qui détermine, grâce à la pureté, la valeur de la connaissance. Par conséquent, l'idée est la connaissance pure. »[1] L'idée n'a d'autre valeur que fonctionnelle, et elle remplit sa fonction sous la forme de l'hypothèse, laquelle est définie comme un archétype dont les déclinaisons, les « copies », ne sont pas, comme chez Platon voyant dans les idées des paradigmes, les choses perçues, mais des conséquences de l'hypothèse. Or que l'hypothèse soit définie comme archétype signifie qu'elle a pour unique source la pensée ; du point de vue de son contenu, elle est une position, un produit de la pensée : ce qui est mis en œuvre par l'hypothèse, ce n'est bien entendu pas ce qui est perçu, mais ce qui est pensé de telle sorte qu'il est posé comme réel[2]. Toute la réflexion sur l'infinitésimal est commandée par une cause finale : dépasser le dualisme kantien, et refuser que la logique puisse être précédée par une théorie de la sensibilité : « C'est avec la pensée que nous commençons. La pensée ne saurait avoir d'origine hors d'elle-même [...] C'est en elle-même et exclusivement que la pensée pure doit produire de manière exclusive les connaissances pures. Partant, la doctrine de la pensée doit devenir doctrine de la connaissance. »[3]

Une autre constante de son travail de la fin des années 1870, est la refonte de la théorie kantienne de l'expérience que l'on peut suivre depuis l'ouvrage de 1877, *Kants Begründung der Ethik*, à la deuxième édition de la *Théorie kantienne de l'expérience* (1885), d'où il ressort que *Le Principe de la méthode infinitésimale* occupe une place médiane essentielle. Dès 1877, Cohen révisait la conception kantienne dans la perspective d'une critique du psychologisme, en considérant que le contenu véritable de l'expérience était donné dans les principes *a priori* des mathématiques et de la physique pure. La conscience cognitive, « en tant que *factum* susceptible d'être analysé, ne se situe pas dans ce que la psychologie comprend de ce qu'on appelle notre *organisation* psychophysiologique ; c'est au contraire uniquement dans le *fait de la connaissance scientifique* que la conscience cognitive a cette réalité effective à laquelle peut se référer une recherche philosophique [...] C'est pourquoi une recherche de ce type,

1. *Ibid.*, p. 6.

2. *Das als real Gesetzses. La Logique de la connaissance pure* répète à maintes reprises cette conception (p. 7, 8, 15, 20, 30, 87), et, dans le chapitre conclusif, Cohen en fait explicitement le « noyau méthodologique » de toute la logique, le centre du système (p. 601).

3. *Ibid.*, p. 12-13.

pour laquelle la conscience ne se situe pas dans chaque individu mais dans la science objective, est un idéalisme *critique.* »[1] Plus tard, *La Logique de la connaissance pure*, p. 17, le soulignera plus nettement encore : « La valeur de la psychologie ne réside pas dans la section qu'elle représente au sein même de la philosophie. Et si elle pouvait par ce seul biais devenir science, elle cesserait d'appartenir à la philosophie, *a fortiori* d'être philosophie. [...] La valeur de la psychologie réside au contraire dans la problématique de l'unité de la conscience culturelle dont elle doit s'occuper uniquement au sein du domaine général de la philosophie. Ainsi fait-elle partie du système de la philosophie, même si le système doit pour cela admettre quatre parties. Les trois articulations qui précèdent traitent de trois objets : la nature, la culture commandée par la moralité et l'art. Or la psychologie a pour contenu exclusif le sujet, et, dans le sujet, l'unité de la culture humaine. C'est à cette unité de la conscience culturelle que nous réserverons l'expression "unité de la conscience". » On sait que Cohen n'a jamais écrit cette quatrième partie du Système dévolue à l'unité de la conscience, et la psychologie, analyse des processus cognitifs, n'est ni un élément ni un fondement de la théorie de la connaissance. On trouvera ce rejet très clairement énoncé, dès 1883, dans la distinction opérée entre conscience – *Bewußtsein* – et conscience empirique ou strictement perceptive – *Bewußtheit :* « Il ne faut pas non plus vouloir se demander *comment il se fait* qu'une pareille relation de la conscience à un donné ait lieu, car cette question outrepasse les limites de la curiosité scientifique puisqu'elle ne vise pas les conditions de possibilité et les modalités de la *conscience scientifique*, mais interroge *la possibilité* de la conscience *(Bewußtsein) naturelle*, la possibilité de la conscience empirique *(Bewußtheit).* »[2] Ce refus de la psychologie est directement en rapport avec le statut exclusif de l'hypothèse qui n'est autre que la pensée pure (puisque cette dernière n'est ni représentation, ni liaison, ni synthèse, mais production[3] – *Erzeugung*). L'ultime fondement de sa validité, l'ultime justification de sa valeur méthodologique ne peuvent être un quelconque *fundamentum certum et inconcussum* cartésien, rien qui résulte d'une conscience cognitive, rien de psychologique, pas davantage un absolu situé hors de la pensée, rien de métaphysique donc, mais uniquement une

1. *Le Principe de la méthode infinitésimale*, chap. III, § 88 *(in fine).*

2. *Ibid.*, § 25 *(in fine).* Cf. également, *Logique de la connaissance pure, op. cit.*, p. 422.

3. Ce terme qui sera la devise de l'École de Marbourg – « C'est la production même qui est le produit » (*Logique ..., op. cit.*, p. 29) – se trouve déjà dans l'étude sur Platon où la pensée à l'œuvre dans les idées est comparée à celle des mathématiques qui produisent de nouveaux objets et de nouvelles configurations qui n'existent tout simplement pas dans la nature.

fondation – la « fondation la plus fondamentale » dira Cohen dans la *Logique de la connaissance pure* (p. 597) –, et qu'il appelle « origine ».

Quel que soit l'écart que Cohen ne cesse ainsi de creuser entre l'œuvre de Kant et l'élaboration de son propre système puisant à des sources différentes, son travail n'en reste pas moins profondément encadré par la critique kantienne. *Le Principe de la méthode infinitésimale* prend d'ailleurs explicitement pour l'un de ses moteurs la révision du principe des anticipations de la perception. Dans la deuxième édition de la *Critique de la Raison pure* (Analytique des principes), Kant reformule le deuxième principe mathématique (B 207) : « Dans tous les phénomènes, le réel, qui est un objet de la sensation, a une grandeur intensive, c'est-à-dire un degré »[1]. Dans la « Preuve », qui ne figure que dans la deuxième édition, les anticipations sont définies comme les connaissances *a priori* qui souscrivent aux conditions transcendantales de la possibilité de l'expérience. Néanmoins, Kant reconnaît lui-même (B 217) que ce principe a « quelque chose de déconcertant qui suscite quelque réserve ». S'il y a quelque chose qui peut être connu *a priori* dans chaque sensation en général, il faudrait l'appeler anticipation en un sens exceptionnel (B 209). Cette réserve tient au fait que ce principe se réfère à quelque chose qui ne peut absolument pas être connu a *priori*, et qui est en fait quelque chose qu'on ne peut absolument pas anticiper (B 208), c'est-à-dire la sensation comme matière de la perception. Dans l'organisation des sources subjectives de la connaissance, sous le concept de sensation est désignée l'instance qui livre ce qui est empirique (intuition empirique et perception impliquant déjà des facteurs *a priori* responsables d'une structuration plus ou moins élémentaire de ce qui est intuitionné ou perçu). Ce qui est empirique dans la perception est le fait exclusif de la sensation. L'anticipation concerne donc d'abord la sensation et s'applique à ce qui peut être connu *a priori* à l'occasion de cette sensation (B 209). Le sens du principe dépasse la seule sensation pour viser quelque chose qui n'est pas sensation, seulement livré par son truchement : le réel, c'est-à-dire ce que, au-delà de l'intuition pure, les phénomènes recèlent comme matériaux d'un quelconque objet grâce auxquels ce qui existe dans l'ordre spatio-temporel est représenté (B 207). Comme le réel dans les phénomènes n'est pas quelque chose dont nous ne pourrions rien savoir, ce à quoi aucune

1. La première édition (A 176) disait : « Le principe qui anticipe toutes les perceptions comme telles s'énonce : dans tous les phénomènes, le sensation et le réel qui lui correspond dans l'objet *(realitas phaenomenon)* possèdent une grandeur intensive, c'est-à-dire un degré. » Dans son *Commentaire de la* Critique de la Raison pure *de Kant* (1907, p. 80 *sq.*), Paris, Le Cerf, 1999 (trad. fr. E. Dufour et J. Kahn), Cohen ne manquera pas de souligner les difficultés suscitées par cette formulation.

anticipation ne pourrait se référer, c'est, en l'occurrence, le contenu de la sensation, et c'est de lui dont le principe anticipe qu'il a toujours une grandeur intensive. C'est en B 210 que Kant défini la grandeur intensive – « la grandeur qui ne peut être appréhendée que comme une unité au sein de laquelle la pluralité ne peut être représentée que par approximation de la négation = 0 » – au contraire de la grandeur extensive que la représentation recompose à partir de celle de ses parties (la représentation des parties précède donc celle du tout, B 203). Puisque toute grandeur intensive n'est pas à proprement parler constituée de parties, de grandeurs partielles, la différence entre deux de ces grandeurs ne peut être pensée comme une addition d'une quelconque grandeur partielle ; leur différence doit toujours être inférieure à la différence entre la grandeur donnée et zéro (B 210), faute de quoi l'une des deux serait une grandeur partielle de l'autre. Néanmoins, cette différence est nécessairement > 0, ou bien les deux seraient identiques. Il existe donc un continuum entre toutes les grandeurs intensives de sorte qu'aucune de ces grandeurs, qu'aucun degré ne peuvent être dits la plus petite ou le plus petit. Si, d'autre part, « tous les phénomènes sont des grandeurs continues » (B 212), non pas seulement du point de vue extensif – celui de l'intuition –, mais aussi du point de vue de la perception, donc du point de vue intensif, le principe des anticipations consiste à attribuer une grandeur intensive au réel dans le phénomène et non pas seulement à la sensation. Les objets de la perception qui ont un degré d'influence sur les sens ne sont pas les objets qui affectent un sujet, mais ceux pour lesquels le réel dans les phénomènes ne constitue que la matière, c'est-à-dire les objets qui seront, par le biais de l'unification de leur diversité dans les concepts, objets de l'expérience. Ce n'est pas parce que la sensation a une grandeur intensive que le réel en a une également, c'est l'inverse, bien qu'on ne puisse le savoir que par le biais de cette sensation. La démarche suivie par Kant cherche donc à conclure de la sensation au réel. On touche à l'un des points essentiels de la réflexion de Cohen : « Le risque surgit alors de fonder la réalité dans la sensation et non pour la sensation » [1]. Par la suite, Cohen reviendra de manière plus explicite sur cette question : « C'est précisément le deuxième principe synthétique qui révèle l'erreur essentielle du système [kantien] [...] On ne peut éviter de penser que commencer par la sensation ne permet pas de parvenir au but, ne saurait être le point de départ correct, et que, pour obéir à la manière transcendantale, il est nécessaire de partir du problème scientifique de l'objet et non de sa saisie subjective » [2]. En effet, conclure de la sensation au réel, c'est faire de la première la

1. *Le Principe ..., op. cit.*, § 79 *in fine*.

2. Cf. « Stadler Nachruf », in *Schriften zur Philosophie und Zeitgeschichte*, Berlin 1928 (A. Görland et E. Cassirer éds.), II, p. 449.

solution du problème alors que c'est elle qui constitue ce qui est problématique. Le concept de sensation n'est que le versant subjectif du problème posé, sur le versant objectif, par le concept de réalité : « Qui voit dans la perception le droit naturel, la certitude immédiate, la source absolue de la réalité effective, se situe encore hors de l'enseignement propre à la critique de la connaissance. Si la perception recelait le critère suffisant de l'objectivité, ce dernier n'aurait besoin d'aucun autre adjuvant critique : nous saurions alors où saisir la nature infinie »[1]. Bien que Cohen s'accorde avec Kant pour considérer que la sensation désigne ce qui est empirique et subjectif (B 34, *Le Principe* ..., § 105), Kant voit dans la sensation l'instance qui assure la réalité des concepts purs de l'entendement, le fait qu'ils se réfèrent à un objet, tandis que Cohen tient la sensation pour une source d'erreur : « Dans la sensation, nous croyons poser d'emblée quelque chose d'objectif [...] le contenu semble (plus expressément que dans l'intuition) [y] être donné »[2]. C'est précisément parce que la sensation est, pour Kant, ce qui est indescriptible dans la conscience, ce qui est en soi d'ordre subjectif, que Cohen refuse d'y voir la garantie de la réalité : « La sensation est justement le symptôme du moment subjectif, et c'est la tâche principale de tout processus cognitif que de neutraliser ce moment-là »[3]. Puisque l'objet de la sensation ne peut être défini sans réserve comme étant le réel, il s'agit donc de redéfinir le concept de réalité et d'en chercher le fondement ailleurs que dans la sensation : « La réalité ne se situe pas dans le caractère brut de la sensation ni dans ce qu'a de pur l'intuition sensible, mais sa validité doit être celle d'une présupposition particulière de la pensée »[4]. La réalité est non seulement une catégorie, mais elle est de surcroît un présupposé de la pensée : la pensée en devient en quelque sorte la source. Cette question va constituer le travail de refonte de la deuxième édition de la *Théorie kantienne de l'expérience* (1885) dont le douzième chapitre est une reprise plus explicite du travail amorcé dans *Le Principe de la méthode infinitésimale*[5]. L'objet de la grandeur extensive est une configuration simplement comparative, tandis que l'infiniment petit pose un objet, non par rapport à l'unité (le 1), mais par rapport au zéro : « C'est à quoi ont contribué ensemble, la géométrie des tangentes, l'analyse des séries infinies et la mécanique à propos de la question de l'accélération. Cette

1. *Le Principe ..., op. cit.*, § 32.
2. *Ibid.*, § 78 *in fine ;* cf. également § 104
3. *Ibid.*, § 105.
4. *Ibid.*, § 18 *in fine*.
5. Cf. p. 547 de la *Théorie kantienne* ... : « Ainsi la réalité qui, grâce à la continuité, constitue la grandeur intensive, est-elle le pivot de l'idéalisme critique au sein duquel l'espace et le temps manifestent leur signification négative et la catégorie sa signification génératrice. »

détermination de l'objet, exigée et garantie par les mathématiques, c'est le principe des grandeurs intensives qui la réalise, principe dans le cadre duquel la catégorie de réalité limitative se schématise en s'appuyant sur la continuité du temps. »[1] Le sens méthodologique que Cohen donne à la grandeur infinitésimale en l'identifiant à la grandeur intensive a pour double fonction de fonder le réel et d'objectiver la sensation[2].

Le principe des anticipations de la perception devient chez Cohen principe de la réalité. Le point de départ n'est plus la sensation comme corrélat d'une excitation, mais l'objet scientifique, l'objet de l'expérience tel qu'il est constitué par la physique et par les rapports entre mathématique et physique : « Le monde des choses repose sur la base des lois de la pensée; les choses ne sont pas purement et simplement données comme telles [...] les structures fondamentales de notre conscience pensante sont à la fois les éléments grâce auxquels nous assemblons ce que nous appelons choses à partir de prétendus ultimes fragments matériels et les élaborons en prétendus fragments matériels, et ce sont aussi les normes grâce auxquelles nous esquissons les lois et les rapports entre ces choses en les attestant comme objets de l'expérience scientifique. »[3] Fonder la réalité de l'objet à partir de l'intuition mathématique (espace et temps) ne semble pas suffisant, dans la mesure où l'espace et le temps ne fondent que des grandeurs comparatives, des grandeurs extensives, des relations entre objets, et non ce qui, dans la relation, requiert le statut de réalité. Le point de départ n'est plus l'esthétique transcendantale, mais la doctrine des principes, et la finalité de la recherche est la détermination de ce qui fonde la validité de la réalité.

Le thème général de l'ouvrage – malgré la part très importante qu'y prend le traitement historique de la notion d'infinitésimal – relève de la logique transcendantale, et il s'agit pour Cohen des conditions de validité de la connaissance, c'est-à-dire de la détermination des principes auxquels obéit la référence à l'objet de la connaissance (§ 8-10) : « La critique révèle ce qui est pur dans la Raison dans la mesure où elle découvre les conditions de la certitude sur quoi repose la connaissance en tant que science [...] la critique de la connaissance est synonyme de logique transcendantale, car sa tâche est de découvrir les principes synthétiques ou les fondements de la connaissance sur la base desquels s'élabore la science, et de la validité desquels elle dépend. » Ce que Cohen considère comme une maturité de la

1. *Ibid.* Cf. également, p. 553 et 558 : « L'intensité, en revanche, n'est pas un mode d'excitation de la conscience, mais une désignation originaire de l'objectivité de l'objet. »

2. Cf. *Le Principe ...*, *op. cit.*, § 32, 33, 92, 106, 107, 108, 110, 111.

3. *Ibid.*, § 88.

philosophie est jugé par lui contemporain de la maturité de la science, c'est-à-dire de la période qui sépare Galilée de Newton [1].

Mais une remarque s'impose d'emblée : le concept de méthode est compris comme concept d'un principe. La méthode infinitésimale, en tant que méthode, est un principe et c'est ainsi qu'elle doit être comprise (§ 2, 98), mais ce principe, dont la fonction est limitée à la détermination du contenu de l'objet de la connaissance, doit également avoir une base qui le constitue : ce sont les « présupposés généraux de toute recherche scientifique » (§ 3), ou des « éléments *a priori* » (§ 89) ; l'ambiguïté du génitif devrait donc être neutralisée : ou bien les recherches sur le calcul infinitésimal permettent d'en déduire une méthode laquelle est ensuite appliquée de manière générale et fondatrice à la critique de la connaissance, ou bien Cohen part d'un présupposé implicite de ce que doit être la méthode d'une critique de la connaissance conforme aux exigences d'un idéalisme critique radical, et les recherches sur l'infinitésimal lui fournissent une légitimation en quelque sorte *a posteriori*, ce qui renforce l'importance de la relecture de Platon évoquée plus haut, même si l'autre source de cette légitimation est bien la critique de Kant. Toutefois, au terme du *Principe de la méthode infinitésimale*, certaines formulations donnent à penser que la deuxième branche de cette alternative n'est pas totalement dénuée de fondement : « Le calcul infinitésimal a été inventé pour rendre objectif ce qui est subjectif sur le mode sensible » (§ 111), « Les choses, en tant que contenu de la sensation, deviennent [grâce à l'analyse infinitésimale] des grandeurs d'intégrales » (§ 110).

Comme l'intention générale de l'introduction consiste à donner sa légitimité à une méthode, Cohen ne manque pas de consacrer plusieurs paragraphes à des considérations « épistémologiques », c'est-à-dire à ce qu'il appelle *Erkenntniskritik* (§ 1-5, 18-25, 32-33), et la justification du concept d'infinitésimal passe par une discussion de la manière dont il faut déterminer la relation entre l'intuition et la pensée.

La détermination exacte des rapports entre intuition et pensée est considérée comme un principe de la critique de la connaissance, et ce principe est celui auquel doit également souscrire la connaissance qui veut obéir au concept d'infinitésimal. Cohen suit la logique du kantisme : le principe d'un concept schématisé est une catégorie, il faut donc déterminer un principe et schématiser une catégorie. En l'occurrence, il s'agit du principe des anticipations de la perception ou, pour employer les termes de Cohen, du principe de la grandeur intensive et de la catégorie de la réalité (§ 18). La physique mathématique est la connaissance de l'objet en tant que

1. Cf. l'introduction de W. Flach à l'édition du *Principe de la méthode*... dans la collection de poche des éditions Suhrkamp (1968).

tel parce que, en tant que connaissance, elle a pour instance méthodologique ultime l'analyse infinitésimale (§ 33, 92, 98). Cohen évoque trois problèmes, celui des tangentes en géométrie (§ 26), celui des séries en algèbre (§ 26) et celui de la vitesse et de l'accélération en mécanique (§ 24, 34). Les deux premiers semblent impliquer le concept d'infinitésimal en obéissant aux réquisits de l'intuition, le dernier, en revanche, n'obéit qu'aux exigences de la pensée pure (§ 27). C'est donc ce problème que privilégie Cohen et qui va constituer l'axe de son exposé historique. Le principe de continuité est considéré comme le moment central de la recherche sur l'infinitésimal. Cohen pense qu'il est le contenu latent de la réflexion de Képler sur le mouvement (§ 38), de la définition de la tangente par Roberval (§ 39), du concept Galiléen de grandeur génératrice (§ 44, 47), de la définition par Barrow des propriétés de la courbe, de même qu'il serait au principe du travail de Leibniz puis de la notion newtonienne de fluxion. Enfin, Kant a su voir dans la définition de l'intensif une définition qui intègre la sensation à la constitution *a priori* de l'objet. Intégration qui confère son objectivité à la sensation grâce à quoi elle peut *donner* le contenu de la connaissance, et qui fait de la constitution *a priori* de l'objet une réalisation, la constitution d'un sens. Le principe des anticipations de la perception réunit ces deux axes. Il formule la possibilité de la connaissance à titre de qualification du donné en donné empirique, et il autorise ainsi la justification, du point de vue de la critique de la connaissance, du calcul infinitésimal en relation avec la justification de l'expérience. Cette révision du principe kantien des anticipations de la perception, on l'a vu, conduit aussitôt à définir la base qui donne sa validité au rôle de principe que Cohen entend voir assumer par le concept d'infinitésimal. Bien entendu, ce mouvement est accompli également dans la réflexion sur la théorie kantienne de l'expérience. Car Cohen cherche à définir le principe d'infinitésimal de telle sorte que l'exigence d'objectivité de la connaissance de ce qui détermine en soi l'objet fasse partie, à titre de réel, des conditions de détermination de l'objet sur le versant de son contenu. La détermination de l'objet en tant que réel n'est ce qu'elle est qu'en raison de cette exigence d'objectivité. Constituer la détermination de l'objet comme réel touche nécessairement au rapport qui réunit l'intuition et la pensée comme les deux conditions *a priori* de toute connaissance. Déterminer l'objet comme réel ne peut donc faire que dans le rapport entre intuition et pensée, et cela va de pair avec la détermination précise de ce rapport. L'intuition (et donc la sensibilité) est censée jouer le rôle d'une donation de l'objet (fondation du substrat en vue du registre de détermination), la pensée le rôle de prédication de l'objet (fondation du registre de détermination en vue du substrat). Cohen comprend la fonction de l'intuition comme donation, celle de la pensée comme réalité, et définit la détermination des rapports entre intuition et pensée comme « réalisation de ce qui est donné » (§ 33, 86, 88, 89) : « La présupposition d'une réalité intensive est latente dans tous les principes fondamentaux, il faut donc lui donner son indépendance. Elle est le sens de la réalité, ainsi que le secret du concept de différentielle, secret logique dévoilé par la critique de la connaissance. La signification générale de pareille révélation consiste à mettre en lumière le rapport de l'intuition et de la pensée. D'abord on préconise la limitation de l'instrument de connaissance, indispensable pour sa part, qu'est l'intuition ; mais ensuite, la preuve positive est fournie que l'instrument de pensée qu'est la réalité est en mesure d'intervenir lorsque l'intuition à elle seule s'avère impuissante. Enfin, on insiste sur le fait que l'instrument de pensée n'est en rien pour autant fondé à se dérober au rapport qui le lie à l'intuition, car la réalité n'a pas de fin plus immédiate que la réalisation de ce qui est donné. Et nous en arrivons ainsi à la qualité, le terme qui définit le rapport de la réalité à l'intuition. » Dès le paragraphe 25 du *Principe ...*, Cohen voulait « rendre obsolète la distinction entre intuition et pensée », et c'est pourquoi faire de la réalité, par le biais de l'infinitésimal, la génératrice de l'unité au sein de la connaissance lui confère également le statut de donnée[1]. C'est, en effet, par le biais de la catégorie de réalité que le « donné » acquerra la cohésion et l'évidence dont l'intuition est impuissante à le doter[2].

La problématique de la légitimation de la connaissance est aux yeux de Cohen tout aussi nécessaire que la connaissance même ; non seulement elle y est essentiellement liée, mais elle en est de surcroît un élément : la science doit sa scientificité au fait que cette problématique en constitue précisément un moment qui identifie critique de la connaissance et analytique de la science dans la perspective d'une explicitation de leurs présupposés et de leurs fondements. Ces derniers sont, au regard de la critique de la connaissance, les principes de la validité de la connaissance et de la science : la problématique de la validité est absolument première, elle est le problème véritablement fondamental de la philosophie. On comprendra que Cohen atteint là une articulation indéfectible : à moins de renoncer à la connaissance, il est impossible, quel que soit l'état de la science, de ne pas vouloir établir une articulation entre la légitimation de la connaissance et l'état de choses que constitue cette connaissance. Pas davantage on ne pourra renoncer à la problématique de la validité qui va de pair avec toute connaissance comme telle : il s'agira toujours d'établir un rapport entre la validité dans sa dimension de principe et la validité dans sa dimension

1. Cf. *Le Principe ..., op. cit.*, § 33.
2. *Ibid.*

concrète. Mais cela implique aussi que la connaissance se scinde en dimension principielle et dimension concrète, que la seconde repose sur la première et que, par conséquent, sa légitimation dépende de la manière dont elle s'interroge elle-même, mais aussi que la légitimation de la connaissance ne pourra être déduite que des principes de sa validité. Cette vue unitaire de la connaissance en tant que processus d'objectivation de la pensée et de l'intuition (donc de la sensation) est le *télos* cohénien par excellence. L'objectivation n'est pas autre chose que le résultat d'une unification de la pensée et de l'intuition. Certes, les énoncés scientifiques, leur méthode et le fondement qui valide cette méthode sont bien conçus comme distincts, mais Cohen cherche essentiellement à les placer dans un rapport de légitimation mutuelle. Déterminer les rapports entre pensée et intuition garantit alors la validité propre de chaque énoncé et la cohésion de sa validité dans sa relation à d'autres énoncés.

À ce stade de son évolution Cohen prend encore en compte la dualité kantienne intuition-pensée, mais, il souligne, déjà, que la logique n'a pour objet que les instruments de la pensée, tandis que la détermination des rapports entre intuition et pensée incombe seulement à la théorie de la connaissance (§ 4). Les instruments de l'intuition ne sont plus l'objet d'une discipline particulière, l'esthétique transcendantale, mais ressortissent, avec tous les autres instruments de pensée, à la logique de la science. Intuition et pensée sont des « méthodes », c'est-à-dire des procédures de la connaissance en tant que détermination de l'objet; elles ne sont pas elles-mêmes des connaissances mais des éléments de la connaissance (§ 21, 24), des « conditions formelles, nécessaires et suffisantes, de toute connaissance ». Le *Principe de la méthode infinitésimale* ne développe pas davantage la manière dont intuition et pensée déterminent la connaissance. L'intuition est « référence à quelque chose qui est un donné » (§ 26), mais la pensée n'est évoquée que de manière très générale; Cohen en souligne le caractère constructif, et ce qui est déterminant dans la pensée, c'est « que le monde des choses repose sur le fondement des lois de la pensée ... » (§ 88). Ce qui est très nettement souligné tout au long du mouvement général de l'introduction, c'est que la fondation de l'objectivité de la connaissance implique un nécessaire dépassement de l'intuition. Ce dernier procède d'une part en dénonçant l'« idéalité indigente » de l'extension géométrique (§ 32) au profit de la « grandeur intensive » définie comme sensation « réalisée »; et, d'autre part, en dénonçant plus généralement l'intuition, qu'elle soit pure ou empirique, car elle est incapable de « réaliser la donnée », c'est-à-dire de constituer la réalité au sens de l'être en soi, ce que finalement seule la pensée est en mesure de faire. La réalité, dit Cohen au paragraphe 78, n'est pas à fonder ni à définir dans la sensation, mais *pour* la sensation. Il s'agit « d'objectiver et de rendre *a priori* la sensation » (§ 33). De manière tout à fait cohérente, Cohen dénoncera, aux paragraphes 88 et 89, le réalisme naïf qui veut maintenir le donné sensible comme garant de la réalité; l'idéalisme fondé sur la critique de la connaissance reconnaît certes « la sensibilité à égalité avec la pensée comme une source de la connaissance », mais au terme d'un tournant transcendantal au regard duquel le donné sensible n'a de valeur pour la théorie de la connaissance qu'à titre de moment fondateur dans le cadre de la connaissance scientifique. L'un des moments fondateurs en dernière instance de la connaissance réside dans la référence à un donné; mais le fait de la donation n'est réalisé qu'au sein de la connaissance scientifique comme « un état de fait objectivement donné et fondé sur des principes » (§ 7). Les objets de l'astronomie sont censés être donnés et « nous les distinguons des productions et des élaborations de la pensée dans la mesure où ils ont un fondement dans la sensibilité, [mais de telle sorte que] la sensibilité n'est pas à chercher dans l'œil [...] mais dans les raisons de l'astronomie » (§ 88).

La conception de la critique de la connaissance développée dans le *Principe de la méthode infinitésimale* est orientée vers un processus général d'idéalisation, ou d'objectivation, qui va de pair avec une autonomisation croissante de l'instrument de la pensée. Le passage de la grandeur extensive à la grandeur intensive, de la quantité à la qualité, la réduction de l'espace à l'infinitésimal, le privilège accordé à la dimension temporelle sont autant d'illustrations accompagnant cette objectivation et sont censées légitimer le dépassement de la *critique* de la connaissance vers une *logique* de la connaissance; et Cohen poursuit alors un double but : la volonté de dépasser la théorie de la connaissance pour établir véritablement un système philosophique, mais aussi celle de mettre sur pied une théorie de la science résolument idéaliste et critique.

C'est pourquoi il cherche à installer la logique sur un terrain qui devra être originel afin d'en garantir l'indépendance. En effet, la pensée doit produire elle-même son propre matériau, et ce dernier n'est pas identique au matériau de base propre à la conscience: il ne s'agit nullement d'un processus psychologique. La pensée n'est réductible ni à la représentation ni à un processus de conscience; et son contenu n'est pas en fait matériau mais unité : « L'activité [de la pensée] est à elle seule son contenu. Le produit, c'est la production elle-même »[1]. Mais l'unité de la pensée, à son tour, serait invalide si la continuité n'était la loi de la connaissance[2], au

1. *Logique de la connaissance pure, op. cit.*, p. 60.
2. *Logik ..., op. cit.*, p. 93.

sens où Leibniz parle d'une *« lex continuationis seriei suarum operationum »*[1].

Quelle est la source de pareille continuité ? La proposition de Cohen est ainsi exprimée : penser, c'est penser l'origine ; or l'origine n'est rien qui soit *donné*, elle est principe constamment fondateur. L'être ne repose pas sur lui-même, car il est sans cesse à sa propre origine, et cette antériorité n'a pas d'autre lieu que la pensée elle-même. L'être est destiné à être découvert par la pensée, dans la pensée même. D'autre part, la réalité infinitésimale va de pair avec la loi de continuité, et toutes deux sont présupposées par l'espace et le temps, de même qu'elles sont conditions de la dynamique de la pensée. Ainsi, toute logique doit être logique de l'origine, à la fois comme commencement de la pensée et comme principe d'un commencement continué, en quelque sorte, à chaque moment de la connaissance. Le principe d'origine traverse toute connaissance : « Toutes les connaissances pures ne peuvent être que des déclinaisons du principe d'origine ; faute de quoi, elles n'ont pas de valeur propre, pas de valeur pure »[2]. Cette exigence tout à fait radicale explique que Cohen n'ait eu de cesse que de réviser la distinction kantienne entre pensée et intuition : « Une intuition précède la pensée. Cette intuition, elle aussi, est pure, donc apparentée à la pensée. Or la pensée aurait alors son commencement dans quelque chose qui serait hors d'elle-même. Voilà quelle est la faiblesse de la fondation kantienne »[3].

La *Logique de la connaissance pure* obéit donc à la nécessité de situer le commencement de la pensée dans la pensée même[4]. Toute position

1. Cf. Lettre à Arnaud, 1690.

2. *Logik ..., op. cit.*, p. 36.

3. *Ibid.*, p. 12.

4. Quelle que soit la discrétion dont Cohen fait preuve, dans toute son œuvre, à l'égard de Salomon Maimon, il est difficile de ne pas trouver chez ce dernier certains thèmes qui, bien que Cohen ait cherché à en minimiser l'importance, sont directement repris par lui. Dans son *Essai sur la philosophie transcendantale* de 1789 (Paris, Vrin, 1989, trad. fr. et présentation de J.-B. Scherrer), Maimon développe une critique du principe des anticipations de la perception (qu'il reprendra dans son examen critique de Kant, « Kritisches Gutachten über die Kantische Philosophie », in *Neues Museum der Philosophie und Literatur*, t. II, 1804) qui débouche sur une conception quasi identique de la grandeur intensive (chap. II et VII), et ouvre la voie à un thème véritablement cohénien : « Pour l'entendement et la raison, il n'y a donc pas de sensibilité ni d'intuition, qui reviennent aux sens et à l'imagination, mais uniquement des idées et des concepts qui accompagnent toujours les précédentes et qui n'apparaissent à la conscience qu'à leur occasion. L'entendement ne soumet donc pas à ses règles *a priori* quelque chose qui est donné *a posteriori*, mais le fait bien plutôt se former conformément à ces règles. » (p. 82 de l'original). Les idées de l'entendement sont considérées comme l'infiniment petit de toute intuition sensible et de ses formes, et cet infiniment petit fournit la matière pour l'explication du mode de genèse des objets. De même, p. 272-274, Maimon prend parti pour la méthode du calcul différentiel qui permet, contre la

d'origine présuppose l'activité de la pensée qui la pose, quel que soit le contenu de cette origine. Tout ce à quoi la pensée s'attache lui est immanent, est dominé par l'origine, laquelle doit elle-même contenir la distance qui sépare production et produit, faute de quoi elle ne pourrait être maintenue : « Nous commençons avec la pensée. Celle-ci ne saurait avoir aucune origine extérieure à elle si sa pureté doit rester intacte et ne pas subir de restriction. La pensée pure en soi doit produire exclusivement des connaissances pures. Donc la théorie de la pensée doit devenir théorie de la connaissance. Nous cherchons ici à élaborer la logique comme ce type de théorie de la pensée qui, en tant que telle, est théorie de la connaissance »[1].

La pensée, en tant que pensée pure, est unité, unité du domaine qu'elle inaugure et qu'elle dotera d'un contenu. Ces contenus, à leur tour, sont des unités, car tout contenu ainsi produit reflète l'unité de la pensée, et constitue un domaine circonscrit par l'exigence de non-présupposition : *« Die Erzeugung selbst ist das Erzeugnis »*. L'exigence d'unité entre produit et production, que pose la notion de pensée pure, est à réinterpréter comme exigence d'un fondement de l'auto-interprétation de la pensée pure produisant des structures dont le caractère unitaire est l'expression du fait que la pensée se constitue elle-même comme objet : « L'activité insécable de la pensée même est ce qui constitue un contenu »[2]. Mais cela implique qu'il y ait une raison contraignant la pensée à produire ses propres élaborations. Il faut donc montrer que le contenu de la pensée est donné *de proprio motu*, c'est-à-dire est bien l'expression du mouvement par lequel la pensée fait d'elle-même son propre objet, et non pas la sommation d'une diversité donnée par l'intuition, afin de surmonter le flou de la synthèse, défaut qui affecte, selon Cohen, la méthode critique traditionnelle et qui consiste dans « le maintien du préjugé que quelque chose serait donné, ce qui est une lacune dans la définition de la synthèse, car achever la synthèse en ayant recours aux compétences de l'intuition ne fait qu'accroître cette

conception de Bendavid, « de démontrer bien plus rigoureusement les propositions géométriques » et conçoit les lignes non comme des objets, mais comme le schème d'un mode de genèse. Il en va de même pour l'ouvrage de 1794, *Versuch einer neuen Logik oder Theorie des Denkens* (*Gesammelte Werke*, V, Hildesheim, Olms, 1970, V. Verra éd.), où Maimon s'oppose à l'affirmation kantienne selon laquelle la logique serait déjà achevée (p. 69; il reprend cette idée dès le début de son livre de 1797, *Kritische Untersuchungen über den menschlichen Geist*, in *Gesammelte Werke*, VII, p. 4 *sq.*) et déclare que « les lois de la pensée ne sont pas des caractéristiques conçues parmi d'autres au sein de l'objet (qui donc pourraient en être abstraites), mais les conditions de possibilité de l'objet » (p. 68). Sur cette question et sur les limites à observer dans la comparaison entre Maimon et Cohen, cf., outre l'article de H. Bergmann cité plus haut (note 13), J. Gordin, *Untersuchungen zur Theorie des unendlichen Urteils*, Berlin, Akademie Verlag, 1929, p. 28-37.

1. *Logik ..., op. cit.*, p. 27.
2. *Ibid.*, p. 59.

lacune au regard de la pensée – et c'est comme une atteinte à l'originarité de la pensée, ainsi qu'à son autonomie sans présupposé, ce qui constitue une détermination insuffisante de la pensée »[1]. En effet, méthode et but de la logique se résument dans la formule « toutes les connaissances pures sont nécessairement des déclinaisons du principe d'origine ». Les connaissances pures sont dérivées, donc jouissent d'une indépendance relative, mais elles sont, de part en part, produits, élaborations, structurations de l'origine. Par conséquent, la conversion de l'activité de la pensée qui passe de la production au produit doit être entendue de telle sorte que cette différence (entre la pensée pure elle-même et ses structurations comme produits établis vers lesquels se déplace la pensée, au moins topologiquement) se maintienne, et que la situation où se trouve la pensée pure dans ses produits soit encore conservation de son activité. C'est pourquoi le thème essentiel sur lequel se conclut le *Principe de la méthode infinitésimale* est celui de la sensation.

Même en supposant qu'il y ait quelque chose qui fût donné dans la sensation, on ne pourrait parler en un sens rigoureux d'une « chose », car, dans ce cas « nous n'aurions besoin d'aucune physique ni d'aucune mathématique pour la découvrir »[2]. Ces deux sciences sont évoquées parce qu'elles sont le moyen nécessaire à la connaissance de ce dont la sensation n'est que l'indice. Cette dernière est impuissante à établir les objets comme conditions d'une éventuelle définition du contenu. La sensation reste toujours prisonnière de la pluralité des diverses sensations dont la différenciation comme le rapport ne peuvent être, comme tels, ses objets. Différence et rapport ne sont pas des propriétés de l'objet en un sens qui serait celui des choses extérieures ; de même, ce qui distingue différence et rapport n'est pas présent comme tel dans la sensation. Cohen refuse également que la sensation puisse se ressentir elle-même, c'est-à-dire prenne elle-même pour objet différence et rapport en les considérant comme des formes d'elle-même. Mais on ne peut pas dire non plus que la science réussit là où la sensation échoue, c'est-à-dire à déterminer vraiment l'objet. La science n'est que l'unité présomptive de l'objet dans la détermination d'une chose : « Sans la signification concrète de l'unité de la connaissance, il n'y aurait tout simplement aucune chose »[3]. La problématique de la chose se place dans la perspective non essentialiste où toute détermination est une esquisse (une hypothèse) ; elle est donc susceptible d'être constamment étendue et modifiée, et cette perspective renvoie au statut même de la détermination des choses : elle ne peut jamais être complètement achevée.

1. *Ibid.*, p. 28.
2. *Ibid.*, p. 67.
3. *Ibid.*

Il est donc impossible d'intégrer totalement le champ des objets, ce qui est reconnaître à la science un statut tel que, comme on l'a vu, toute théorie soit provisoire. La simple objectité a une signification restreinte et limitée par la critique : on comprend ainsi toute l'importance dont jouit la méthode infinitésimale dans la fondation de la critique de la connaissance.

La difficulté persiste néanmoins lorsque Cohen réfère la problématique de la chose à l'unité de la connaissance présente dans l'unité du jugement, puisque rien ne saurait être donné à la connaissance « qu'elle n'ait développé et tiré d'elle-même »[1]. Le problème de la sensation n'est pas véritablement un problème qui intéresse la logique, car ce dont il s'agit, c'est de sa possible objectivation, comme, par exemple, dans un diagnostic de fièvre où l'objectivation a lieu dans la mesure[2]. Autrement dit, pour « corriger » la sensation, on introduit une « réalité intensive » comme condition de sa mesurabilité. La grandeur extensive a été systématiquement supplantée par la grandeur intensive, au terme de l'exposé du *Principe de la méthode infinitésimale*, laquelle grandeur intensive est constitutive de la possibilité d'une expérience des objets du fait que, « en tant que grandeur, l'objet se fonde dans la grandeur intensive »[3]. La raison d'être de la sensation est un problème que Cohen renvoie dans le camp de la psychologie, et ce qui lui importe c'est bien de convertir ainsi cette problématique : la continuité devient catégorie logique fondamentale. Les structures de la sensation, constitutives de la connaissance, sont les présupposés de la science, mais elles sont intégrées à une même dimension que cette dernière. La science critique et complète la sensation, elle la réalise. Néanmoins, le danger persiste de voir se constituer hors de la pensée un pôle d'attraction qui lui échapperait peu ou prou. Il est donc nécessaire de fixer le sens des catégories dans l'organisation même du matériau de la sensation – c'est ce que réclament les formules de la *Logique de la connaissance pure* en parlant d'une « tendance de toutes les catégories qui les poussent vers la sensation »[4]. D'autre part, la sensation ou ses objets sont pensés de telle sorte que l'exigence de détermination propre à la sensation est d'emblée référée à la puissance d'intégration de la pensée pure : si la sensation est index de la réalité, son exigence est convertie en exigence de la pensée pure[5]. Ce qui n'est possible que sur la base de ce que Cohen a montré dans les derniers paragraphes du *Principe de la méthode*

1. *Ibid.*, p. 81.

2. C'est le même exemple dont se sert Cohen dans *Le Principe de la méthode infinitésimale* et dans la *Logique de la connaissance pure*.

3. *La Théorie kantienne de l'expérience*, *op. cit.*, p. 557 *sq.*

4. *Logik der reinen Erkenntnis*, *op. cit.*, p. 437.

5. *Ibid.*, p. 492 *sq.*

infinitésimale consacrés à la sensation dans ses rapports avec la science[1]. La sensation se trouve alors réduite à une sorte d'énergétique, et ce n'est pas hasard si Cohen choisit comme exemple celui de la conversion de la chaleur en mouvement. La problématique de la sensation est convertie en problématique du mouvement, et la substance traditionnelle devient énergie[2]. La *Logique* ... développe un concept – dont le domaine d'application postérieur, dans la pensée de Cohen, sera essentiellement celui des rapports entre Dieu et l'homme – celui de *corrélation* qui définit le processus central de la pensée comme mouvement de la connaissance entre « pureté » et « présupposition de l'objet ».

Si les instruments logiques généraux de l'expérience – possibilité, hypothèse, conscience pure – n'ont pas affaire à un « objet particulier », comment comprendre l'exigence de la sensation qui, elle, est bien un instrument du particulier? L'objet particulier vers quoi doit tendre la connaissance ne surgit pas lui-même des étapes particulières du processus cognitif qui le définissent. Il faut le supposer pré-donné. Or la sensation ne peut rendre compte de la fonction propre à cette pré-donation ni de la manière dont elle sera intégrée dans le processus cognitif. La sensation est bel et bien impuissante à déterminer son objet, ne serait-ce que du point de vue psychologique, car la subjectivité n'est pas à même de réaliser l'unité interne de ses modes d'appréhension nécessairement limités et différents. Mais, plus encore, « la tendance qui pousse toutes les catégories vers la sensation » ne signifie pas que le lien unissant toutes les connaissances pures aurait besoin d'un complément provenant « de l'extérieur » : la sensation n'offre « aucune énigme nouvelle qui ne puisse être résolue grâce aux catégories »[3]. Ce qui ne veut pas dire que ce que désignent les termes de sensation ou d'objet pourraient être purement et simplement remplacés par des constructions logiques. Le rapport pensée-sensation, que Cohen appelle « l'opposition nouvelle »[4], doit être ainsi compris : formellement, l'intégration du matériau de la sensation peut être garantie par les possibilités qui ne ressortissent qu'aux structures de la pensée; en revanche, du point de vue du contenu, ce matériau est indépendant, même s'il ne peut être articulé qu'à titre de tâche d'une intégration conceptuelle : « L'unique sens des catégories est d'assumer elles-mêmes ce que revendique la sensation »[5]. Cohen, qui d'ordinaire en est très avare, donne enfin ici un exemple : les mathématiques, révélées être au fondement méthodo-

1. Cf. § 104-105 et 110.
2. Cf. *Logik ...*, *op. cit.*, p. 494.
3. *Ibid.*, p. 437.
4. *Ibid.*, p. 436.
5. *Ibid.*

logique de la physique (c'était l'un des objectifs poursuivis par *Le Principe de la méthode infinitésimale*), ce n'est pas cette dernière qui peut conforter la sensation dans son exigence, à savoir établir, pour sa part et de manière indépendante, un objet. Puisque les mathématiques sont de plus en plus dominées par la dimension de l'infinitésimal, c'est l'infiniment petit qui devient catégorie de la réalité. Ainsi, la substance, qui était matériau tangible, est conçue un temps, par Einstein, comme « éther » : l'éther est l'hypothèse, tout comme le matériau lui-même n'est qu'hypothèse. Or le rejet, par le même Einstein de cette hypothèse n'eût pas été possible, pense Cohen, si Einstein n'avait d'abord conçu la matière elle-même comme hypothèse, c'est-à-dire s'il s'était contenté d'y voir un donné de la sensation. Autrement dit, déconnecter la sensation c'est s'ouvrir réellement à la source immédiate de la connaissance pure ; ce qui ne fait que répondre à l'intégration de l'espace dans le temps qui accompagne une réduction du premier au second, lui-même interprété en fonction du calcul infinitésimal. La réalité infinitésimale est la possibilité de la production, de la construction logique – au sens de la constitution du caractère mesurable du matériau de la sensation : c'est là l'unique possibilité de préserver la sensation. Mais cette possibilité repose uniquement sur l'hypothèse d'une unification des méthodes des sciences sous la seule bannière des mathématiques.

Cohen finit par définir la sensation comme un mode de la distinction (toute sensation est différence) ; elle est donc une sorte de critique ou, du moins, d'évaluation. C'est ainsi qu'elle peut être commensurable avec les structures de la pensée, c'est-à-dire avec la possibilité de l'expérience scientifique. La sensation n'a pas d'autonomie par rapport à la possibilité logique, elle est contrainte de considérer ses propres limites comme provisoires, et elle n'aura d'indépendance qu'à titre de condition de la possibilité logique. Ce conditionnement n'est pas limitation d'ordre externe, mais une étape, un moment dans le développement des catégories : « Une problématique qui est impuissante à fonder la revendication de la sensation est impossible à développer »[1].

Mais plus radicale encore est l'affirmation selon laquelle « le jugement contiendrait le schème »[2]. La forme fondamentale de tout mouvement logique, le jugement comme unité de pôles différents, doit contenir le schème des catégories, faute de quoi la *Logique* ... ne pourrait soutenir l'idée que l'expérience scientifique n'entame en rien la permanence exclusive de la connaissance pure. Toutefois, cette immanence n'a de sens que par la détermination de ce dont la sensation est l'indice : l'objet. On en

1. *Ibid.*, p. 452.
2. *Ibid.*, p. 67.

revient à cette menaçante aporie : comment définir l'objet ou l'objectité dans la perspective d'une logique vouée à tirer d'elle seule toutes les significations qu'elle peut proposer. Ou bien le concept d'objet est intégré à titre de catégorie, et son contenu est inessentiel pour la logique, ou bien il faut supposer une différence de dimension entre la pensée et l'être, différence qui doit alors supposer la définition d'un rapport qui serait nécessairement rapport d'extériorité. Échapper à cette aporie implique que la définition du sens des termes « objet », « objectité », recèle la fonction fondatrice de ces notions. L'essence englobe donc l'existence, et même au sein de la physique mathématique, ce qui doit permettre l'identification des fonctions logiques et des objets, la construction d'un domaine unitaire pour la pensée et l'être : « L'argument ontologique repose sur l'idée que l'essence englobe l'existence. Cet argument s'en tient à la substance divine absolue. Mais la logique de la connaissance pure abolit cette prérogative de la substance ontologique. L'objet en général est objet de la connaissance, et il n'est objet que dans la mesure où il est objet de la connaissance. Ainsi, même en ce qui concerne l'objet de la physique, l'essence englobe l'existence [...] tout objet s'enracine dans l'essence. L'essence garantit la légitime validité éventuelle de l'objet comme tel ; l'essence intègre donc de part en part l'objectité »[1]. La définition cohénienne de l'objet fait qu'il ressortit aux conditions fondamentales de l'explication logique. Ce n'est pas un donné brut, mais « le problème général à l'élaboration et à la solution duquel contribuent tous les modes du jugement »[2].

Le moment de l'existence doit cependant jouir d'une indépendance du point de vue logique si l'on veut pouvoir tout simplement penser; la perfectibilité logique des essences implique qu'elles ne soient pas totalement identiques à elles-mêmes, et il faut bien, si l'on veut pouvoir les définir, que se conserve en elles la différence entre la *situation*, qui consiste à être une signification, et la *tendance* comme condition de la possibilité d'être intégrées à de nouveaux contextes. L'existence ne doit pas être « rajoutée » aux concepts et il n'est pas nécessaire « de sortir vers l'expérience pour attribuer aux concepts l'existence [...] Le thème de l'argument ontologique révèle le lien qui perdure entre le singulier (l'objet)

1. *Ibid.*, p. 249. Il faut se souvenir que Cohen ne parle pas, dans le contexte de la critique de la connaissance, de réalité effective *(Wirklichkeit)* de l'objet, mais de sa réalité *(Realität)* laquelle renvoie à l'idée que tout ce qui est fini (et toute grandeur au premier chef) est déterminé par l'infini, tout ce qui est d'ordre extensif, par ce qui est d'ordre intensif (il n'est rien de spatial qui ne soit d'abord spatio-temporel, rien de géométrique qui ne repose en fait sur l'infinitésimal). L'« objet » concret n'est qu'une illusion par rapport à l'objet véritable, c'est-à-dire l'objet de la connaissance scientifique, laquelle, pour Cohen, reconnaît d'emblée la primauté et l'originarité de l'infinitésimal (jusque dans la sensation, bien entendu).

2. *Logik ..., op. cit.*, p. 249.

et l'existence, tandis qu'est dénoué le lien entre existence et sensation parce qu'il faut détruire le rapport entre le singulier et la sensation »[1]. En tant que catégorie, le singulier est lié à la fois à l'universel et au particulier. Comme telle, cette catégorie a pour rôle d'être condition de la possibilité d'établir un rapport entre différents états de la sensation par anticipation d'une éventuelle unité que leur conférerait une loi scientifique. Cette catégorie est ainsi une sorte de critique adressée au caractère statique de la structure propre à la sensation. Il est nécessaire alors que ce dont la sensation est l'indice recèle la structure qui lui permette de l'intégrer au mouvement productif continu de la pensée.

La *Logique* ... a donc pour tâche de montrer, à la suite de la conclusion du *Principe de la méthode infinitésimale*, que les moments propres de la sensation sont apparentés à la structure de la Raison, si la logique veut éviter la dichotomie entre la Raison et le fait[2], postulant ainsi deux registres de vérités, et Cohen poursuit, en 1902, son objectif qui était, dès 1883, d'intégrer complètement, par un biais logique, la facticité réduite à n'être, en dernière instance, qu'infinitésimale.

L'unité de l'objet, but de l'entreprise de Cohen, implique l'unité des méthodes des sciences. Ce désir d'unité va jusqu'au refus de considérer comme formelle la coupure entre méthode et contenu. L'objet est alors redéfini pour devenir en fin de compte la possibilité de penser une sommation intégrée de toutes les méthodes scientifiques – méthode et objet se trouvent enfin placés dans un juste rapport de corrélation[3].

Marc de Launay
CNRS

1. *Ibid.*, p. 475.

2. Les vérités de fait reposeraient sur la sensation, et les sciences qui s'en occuperaient fonctionneraient en quelque sorte en se passant de la Raison... Il y a là également un reproche implicite fait à Leibniz : la monade intégrerait la sensibilité *sans l'avoir purifiée*.

3. Tout comme, plus tard, dans *Religion de la Raison* ... (1918 ; trad. fr. M. de Launay et A. Lagny, Paris, PUF, 1994), Dieu l'unique et l'individu singulier.

LE PRINCIPE DE LA MÉTHODE INFINITÉSIMALE ET SON HISTOIRE

UN CHAPITRE DESTINÉ À FONDER LA CRITIQUE DE LA CONNAISSANCE

AVANT-PROPOS

| Ce que je poursuis de manière systématique dans ce traité est III
enregistré dans son titre, tant je tiens la réflexion systématique pour la finalité de l'écriture. Seul le principe de cette exigence est en mesure de justifier l'exposé. Il est inutile d'y consacrer des remarques préalables.

Toutefois, il pourrait ne pas être incongru de dire ici brièvement un mot du lien entre cette recherche et l'histoire de l'intérêt que son objet a suscité, et d'abord que ce lien ne va pas sans d'inévitables difficultés d'exposition et de répartition du matériau.

Jamais je n'ai ressenti à ce point le besoin, et jamais il ne m'a semblé aussi directement utile de suivre, en même temps que le développement d'une réflexion de facture systématique, son évolution dans l'histoire.

J'ai ici pour objectif de définir le concept de réalité en fonction de sa valeur fondatrice pour la connaissance, et j'en ai poursuivi la détermination systématique dans l'Introduction comme dans les Développements. Mais en dépit du charme qu'offre l'agencement des réflexions, c'est principalement en me confrontant au cours historique de la problématique que s'est développée en moi une conviction plus spontanée quant à la vérité de la chose. Car il était trop immédiatement à craindre qu'en donnant au concept d'infinitésimal la valeur de concept fondamental de la conscience scientifique on pût se permettre d'intervenir, et jusque dans le détail – que l'ampleur de mes études ne me permet pas de dominer –, au sein de la recherche en mathématique. N'est-ce pas justement à l'occasion de la critique de ce concept que s'est révélée la faillite d'un Hegel ?

C'est, en revanche, le fait de prendre en compte le contexte historique
au sein duquel il faut considérer l'origine de cette réflexion | qui m'a IV
délivré du danger de tenir un discours dilettante sur des questions de mathématique, lesquelles ressortissent à un autre agencement des problématiques ; en effet, pour l'objectif qui est le mien, je m'en suis tenu

essentiellement aux sources. Quel type de fondement, de présupposé logique de la science, comme on dit, devra être pris en compte ? Seule la perspective historique est, au début, en mesure de le dégager. Cette hypothèse a également conforté ma conviction que ce n'est pas le courant sensualiste des philosophes des Lumières, mais l'étude des fondateurs de la science mathématique de la nature qui a fourni au génie de Kant de quoi élaborer sa méthode transcendantale.

Par conséquent, le sens et l'efficace que ne manquera pas d'avoir la catégorie de réalité pour les concepts de matière et de nature comme pour la problématique de la conscience, nous aurons à les recueillir en interrogeant ceux dont les travaux, se recoupant et s'articulant, ont mis au jour la science nouvelle. Galilée, Kepler, Newton, Descartes et Leibniz, avec leurs contemporains et leurs épigones sont en mesure de nous enseigner à comprendre Kant, et à poursuivre, dans son esprit, l'œuvre de la philosophie.

Marbourg, août 1883
Hermann Cohen

INTRODUCTION

| 1. Donner un fondement à ce concept est l'affaire de la philosophie à 1
un *double* titre. Premièrement, la conscience de la *logique* traditionnelle n'est pas en paix tant qu'elle n'a pas défini ce concept fondamental de la science mathématique de la nature, dans la mesure où ses moyens le lui permettent, tant qu'elle ne l'a pas expliqué selon ses propres normes. Mais en outre, une lacune irréparable subsiste dans l'inventaire des fondements et des *principes* de la *connaissance* tant que cet instrument essentiel n'est ni reconnu ni déterminé comme un *présupposé* de l'activité cognitive mathématique et, par conséquent, de la connaissance de la nature.

Ces deux considérations s'étayent l'une l'autre. En effet, tant que la recherche d'une fondation du concept d'infinitésimal n'est entreprise qu'au sein de la logique, on continuera de ressentir le manque d'un tel fondement – malgré les innombrables tentatives sans cesse renouvelées, depuis l'invention du calcul, de parvenir à une justification logique. Le concept de grandeur infinitésimale peut donc jouer le rôle d'exemple pertinent du fait qu'il est nécessaire de *compléter la logique* par un autre domaine de recherche, voisin mais distinct.

2. On a également cherché à fonder le concept d'infinitésimal grâce à une démarche interne et indépendante, en ayant recours à des concepts proprement mathématiques. Mais on faisait alors certaines *présuppositions* qu'on tenait pour prétendument logiques, mais qui se situaient hors du domaine de la logique. Depuis d'Alembert les mathématiciens fondent habituellement le calcul infinitésimal grâce à la *méthode des limites*. Mais celle-ci consiste dans l'idée que le concept élémentaire
d'*égalité* doit être nécessairement complété par | la notion exacte de *limite*. 2
On présuppose donc ainsi, tout d'abord, la notion d'égalité, or celle-ci ne se situe déjà plus au sein de la logique. Ce qui, en logique, correspond à l'égalité, c'est l'*identité*. L'égalité désigne un rapport entre des *grandeurs*.

Carnot a déjà attiré l'attention sur cette différence en distinguant l'égalité, en tant que rapport, de l'identité en tant que relation [1]. En deuxième lieu, la méthode des limites présuppose la notion de *grandeur*. Et ce concept se situe également hors du domaine de la logique.

Toutefois, en présupposant le concept de grandeur, on *présuppose en même temps la grandeur-limite*. L'égalité, telle qu'elle est définie par la théorie élémentaire de la grandeur, ne prend pas en compte ces grandeurs-limites. Au regard de cette théorie, des grandeurs sont égales si leur différence est une grandeur-limite – et en dépit du fait qu'elle le soit. Par conséquent – c'est là l'idée même de la méthode des limites –, le concept élémentaire d'égalité doit être non seulement complété mais aussi *corrigé* par la notion exacte de limite. L'égalité est à considérer comme une *étape préalable* d'un rapport aux limites. Sans la valeur de ce correctif, le concept de limite serait introduit à titre de conjecture. Ainsi, la méthode des limites *présuppose, en troisième lieu*, cette notion censée fonder le calcul. Cette présupposition n'est pas une captation, car la notion sera *définie*. Mais l'introduire et la définir sont deux opérations qui se situent hors du domaine logique. Et puisque jamais les mathématiques ne peuvent ni ne sont censées fournir à leurs concepts un fondement qui soit au-delà des définitions et des axiomes, la *fondation du concept essentiel que présuppose aussi la méthode des limites* échoit donc à un domaine de recherche qui est nécessairement autre que la logique.

3. L'égalité et la grandeur présupposent l'intuition. Mais la *distinction* entre pensée et intuition ne ressortit absolument pas à la logique ; comment pourraient relever de ses compétences ces concepts dont la difficulté réside dans le *conflit frontalier* entre pensée et intuition ? Par conséquent, la
3 définition du concept d'infinitésimal est | commandée par l'établissement des frontières délimitant l'intuition et la pensée, ou, plus exactement, par la détermination des méthodes définies *a fortiori* par l'intuition et la pensée. L'intuition comme la pensée sont les *abrégés* des méthodes scientifiques, c'est-à-dire de celles qui, à l'égard du contenu particulier de la recherche à laquelle elles s'appliquent, font preuve d'une indépendance telle qu'elles constituent bien davantage *les présupposés généraux de toute recherche scientifique*.

4. La logique doit être expressément déchargée de la délimitation des compétences de ces méthodes générales et, *plus encore, de l'établissement des conditions propres aux méthodes scientifiques* de toute sorte, car la logique a pour seule tâche l'examen des *rapports de pensée* distincts de

1. Cf. *Réflexions sur la métaphysique du calcul infinitésimal*, in *Œuvres du citoyen Carnot*, Bâle, 1797, § 42, p. 174 : « Car la loi de continuité ne peut assigner entre MZ et MZ d'autre rapport que celui d'égalité ni d'autre relation que celle d'identité. »

l'intuition. Toute l'aide que la logique est en mesure de fournir à la connaissance se limite donc exclusivement et strictement à donner à la connaissance *une assurance quant à ceux de ses fondements qui se situent dans la pensée*. Cette assurance est indispensable, elle enseigne à éviter les erreurs que l'on peut commettre lorsqu'on opère avec des configurations de pensée, et elle encourage à la *précision* dans l'élaboration de ces configurations. Ainsi le fait, dérangeant, de rester accroché à la logique devient compréhensible s'il s'agit de se lier à une discipline *indépendante*. Mais, d'autre part, cette assurance est seulement négative. D'où la suspicion nourrie sans intelligence à l'égard de la logique, et lui reprochant d'être une science *formelle :* comme si ce qui avait en charge de donner à *l'ensemble* du contenu de la connaissance – quelque divers qu'il puisse être – une *assurance quant aux instruments de la pensée* était en même temps dans la nécessité d'embrasser *tous les autres instruments de la conscience* qui *produisent et garantissent* la connaissance et son contenu objectif.

Parmi ces autres moyens dont dispose la conscience figure l'intuition, étrangère à la logique, mais qui, au cours de l'activité cognitive, doit nécessairement se combiner avec les instruments de la pensée. Tous ces *présupposés*, certes plus restrictifs, mais plus positifs aussi, *de la connaissance travaillant au sein de la combinaison de l'intuition et de la pensée* constituent le domaine d'une recherche particulière à laquelle, de nos jours, on a très communément admis de donner le nom de *théorie de la connaissance*.| 4

5. Ce terme est tout à fait approprié, puisqu'il souligne la *différence entre pensée et connaissance*, pour distinguer les tâches qu'il résume d'une logique qu'affectent l'image qu'on s'en fait et son ambition : être l'*organon*. Les tâches de la connaissance exigent précisément d'autres moyens et d'autres impedimenta que ceux des *lois de la pensée*. Mais il serait tout à fait erroné de n'imputer la prise de conscience de ces besoins supplémentaires qu'à l'époque toute récente où ce terme a été vulgarisé. Il y a, au contraire, bien longtemps, qu'on a été sensible à la nécessité de ces autres réquisits, sous la pression desquels Descartes et Leibniz, pour ne citer qu'eux, ont travaillé et lutté. Mais c'est justement Leibniz qui souffre le plus d'avoir surestimé la logique, à ses yeux le modèle et la seule instance de la *Raison a priori*. Il a donc exagéré la puissance de la logique, sans lui retirer aucune des responsabilités qui animent sa propre recherche universelle. Il a commis l'erreur d'appliquer directement et *comme telles* les lois de la logique aux problèmes des mathématiques ; quoi qu'il en soit, il affirmait et soulignait ainsi que *l'articulation de la logique et de la science* était la question que devait traiter sa philosophie, que devait traiter toute philosophie. À vrai dire, la méthode qu'il mobilise pour la résoudre est

insuffisante, est c'est à cette méthode justement – esquisser les *vérités a priori* du savoir – que s'oppose la logique nouvelle, dotée d'une compétence plus restreinte. Il s'agit simplement de concevoir ce nouveau type de recherche de telle sorte qu'on puisse réaliser ce que Leibniz envisageait de faire – mais sans aboutir à ce résultat si déplorable, du point de vue du problème lui-même comme d'un point de vue historique, que soit ignoré et trahi ce qu'a introduit ce puissant génie dans la science et, afin de la fonder, dans la métaphysique.

6. Ceux-là confondent par conséquent le nom et la chose lorsqu'ils parlent de théorie de la connaissance chez Leibniz et, surtout, chez Locke. Par rapport à ce dernier, Leibniz est au contraire dans la pleine légitimité du penseur qui embrasse au niveau de leurs racines les vastes réquisits de la connaissance. Locke, par contre, décompose l'appareil psychique de la connaissance, et pour autant que nous accordions crédit à sa technique, il a mis au jour des instruments et des facultés qui sont effectifs et décisifs.
5 Mais la psychologie, même la meilleure, | n'est pas le remède qui s'est développé contre les prétentions de la logique ; or le sensualisme n'a jamais été autre chose que psychologie, tandis que la théorie de la connaissance ne saurait être *comprise comme telle*. Car la psychologie présuppose elle-même cette théorie de la connaissance dans le concept de *conscience*, dans celui de *matière*, et, par conséquent, dans les *sensations* et les *excitations*.

7. C'est pourquoi je suis obligé de prendre quelque distance par rapport au terme de théorie de la connaissance : il suscite, en effet, l'idée que la connaissance formerait, *comme le ferait un processus psychique*, l'objet de cette recherche qui, procédant à l'analyse de l'appareil cognitif, serait en mesure de se constituer en théorie. Cette perspective est fondamentalement fausse, car, par le biais des analyses psychologiques, on ne peut parvenir à la *certitude* qu'exigent les questions traitées sur ce terrain. La psychologie jette les bases d'une *description de la conscience* à partir de ses éléments. Lesquels ne peuvent donc qu'être – et demeurer hypothétiques, c'est-à-dire ce avec quoi, certes, débute la conscience et ce dont elle part, et non ce à partir de quoi celui qui opère avec elle est en mesure de creuser et d'établir. Si, par contre, je considère la connaissance non comme une modalité de la conscience, mais comme un *factum* qui devra se réaliser dans la *science*, et ne cesse de se réaliser sur des *fondements donnés*, la recherche ne concerne plus un fait d'ordre malgré tout subjectif, mais un état de fait qui, quelle que soit l'amplitude de son accroissement, n'en est pas moins donné objectivement, *fondé sur des principes*, qui repose non pas sur la démarche et l'appareil cognitif, mais sur le résultat de la connaissance : la science. La question se pose donc de manière évidente et sans équivoque : *de quels présupposés* cet état de fait qu'est la science tient-il sa certitude ? Il est

nécessaire, en effet, de prendre en compte d'emblée le fait que de tels présupposés sont recteurs, quand bien même la claire conscience de ces derniers n'aurait pas besoin d'intervenir. Les *axiomes* des mathématiques n'ont-ils pas été distingués du contenu de la recherche mathématique à l'époque où ce dernier s'était déjà considérablement élaboré ? Mais sans de pareils fondements latents, les mathématiques n'eussent pu se développer. Il en va de même de toute connaissance. La science précède la logique et le complément qu'elle apporte. C'est à | l'état de fait de la science que 6
s'intéresse la recherche de la connaissance, l'examen de sa validité et des sources de sa légitimité.

8. C'est pourquoi je préférerais substituer au terme de théorie de la connaissance celui de *critique de la connaissance* qui prête moins à équivoque, et c'est lui que j'entends utiliser désormais. Ce terme se réfère aussi plus précisément à la *découverte* de Kant qui reste *originale* quelles que soient ses médiations historiques, tandis que l'expression théorie de la connaissance rappelle le terme de *théorie de la science (Wissenschaftslehre)* que Kant avait rejetée : « Puisque toute *théorie* développée de manière systématique est science, ce terme (théorie de la science), on ne peut pas espérer gagner beaucoup à l'employer, car il évoquerait une science de la science et ainsi de suite *ad infinitum* » [1]. Alors que Kant lui-même se débat encore avec des représentations et des conjectures d'ordre psychologique, nous *objectivons*, en allant dans son sens, dans l'esprit et la lettre du système critique, la *Raison (Vernunft) dans la science*. La *critique de la Raison* est *critique de la connaissance* ou de la science. La critique met au jour ce qui est *pur* dans la Raison dans la mesure où elle découvre les *conditions de la certitude* sur quoi repose la *connaissance en tant que science*.

9. Ainsi la critique de la connaissance distingue-t-elle l'idéalisme kantien de toute autre forme d'idéalisme ; elle explicite et définit le contenu de ce qui est *transcendantal*. L'idéalisme, pour l'essentiel, réduit les choses à des phénomènes et à des idées. La critique de la connaissance, en revanche, décompose la science selon les *présupposés* et les *fondements* qui sont admis dans ses lois et qui leur sont destinés. L'idéalisme commandé par la critique de la connaissance n'a donc pas pour objets des choses et des processus, *pas davantage ceux de la conscience pure et simple*, mais des *faits scientifiques*. Si, d'autre part, ces derniers sont essentiellement les seuls projets admissibles des recherches qui visent à déterminer le fondement légitime de la certitude, l'idéalisme commandé par la critique de la connaissance est la forme scientifique de l'idéalisme à

1. Cf. I. Kant, *Correspondance*, Paris, Gallimard, 1991, p. 698 (Lettre à Tieftrunk du 5 avril 1798).

7 quoi l'on est parvenu grâce au concept de transcendantal. | En effet, ce dernier renvoie à la possibilité d'une connaissance à laquelle on attribue la qualité d'être valide *a priori* ou d'être valide scientifiquement. Par conséquent, *critique de la connaissance* est synonyme de *logique transcendantale*, car sa tâche est de découvrir les *principes synthétiques* ou les fondements de la connaissance sur la base desquels s'élabore la science, et de la validité desquels elle dépend. Présupposer de tels fondements n'est nullement dogmatique, c'est au contraire lorsqu'on soupçonne de dogmatisme pareilles assomptions qu'on présente un symptôme de dogmatisme. Il est nécessaire qu'assomptions et présuppositions soient au principe de la science, car, sans fondation latente, aucune architecture théorique ne peut s'édifier – développer des principes présuppose des principes fondateurs. Aussi, le plan de la critique transcendantale *sive* de la critique de la connaissance est-il naturel et méthodique : qu'est-ce qui fait que la science est science ? De quels principes fondamentaux dépend son effectivité en tant que science, selon la valeur qu'on lui a reconnue ? Telles sont les questions naturelles de toute philosophie ; et ce sont les problèmes que se pose la philosophie parvenue, chez Kant, à sa maturité.

10. Cette maturité de la philosophie s'est produite en même temps que la maturation de la science qui débute avec Galilée et s'achève avec Newton. C'est depuis Newton qu'existe une science édifiée sur des principes, consciente de ses fondements et de ses présupposés, et qui se développe en obéissant à une méthode mathématique. C'est alors seulement que fut donné l'objet en fonction duquel a pu se poser *la question transcendantale de la possibilité d'une connaissance a priori*. Leibniz lui-même n'a fait que contribuer à l'élaboration de cette science ; il avait, certes, en vue son idéal, mais il n'est pas parvenu à le réaliser dans *le cadre autodéterminé de la connaissance mathématique de la nature*. À cet égard, Newton aurait pu penser de Leibniz à peu près ce qu'a dit Galilée de Kepler : « Je place très haut Kepler en raison de son esprit subtil et profond, mais sa manière de philosopher n'est pas la mienne »[1]. Nous savons du
8 moins | que Leibniz refuse les concepts fondamentaux de la mécanique newtonienne, et que, par conséquent, il ne fut pas en mesure de systématiser la physique. C'est précisément à partir de son exigence supérieure que nous comprenons son échec : il voulait contraindre les mathématiques ainsi que toute connaissance de la nature à entrer dans le cadre des maximes de la logique, or mathématique et physique se sont développées sur des bases qui leur étaient propres, en fonction de principes qui n'étaient pas ceux de la logique. Aussi ne pouvait-il poser directement le problème de la

1. Cf. E. F. Apelt, *Die Epochen der Geschichte der Menschheit*, 2 vol., Iéna, 1845-1846, t. I, p. 257.

critique de la connaissance. À ses yeux, il n'y avait de connaissance qu'en un sens large, *indéterminé*, non en un sens restreint mais *rigoureux*.

11. Cependant, et bien que Leibniz ne conçoive pas *de manière systématique* la connaissance à travers le concept d'une science mathématique de la nature ni la critique de la connaissance au sens transcendantal, il n'en a pas moins contribué à élaborer cette connaissance, essentiellement grâce à la découverte qu'il a faite du concept d'infinitésimal. Puisque la fondation de ce concept ne put être réalisée dans le cadre de la logique, elle incombe nécessairement à la critique de la connaissance, c'est-à-dire qu'elle doit être traitée comme une *partie* et un *exemple* de cette problématique que Kant a développée à travers son *concept nouveau d'expérience ou de science mathématique de la nature*. C'est donc comme l'un des concepts fondamentaux, comme l'une des conditions de possibilité de l'expérience qu'il faudra analyser son instrument extrêmement puissant lorsqu'il s'agira, par ailleurs, de fonder son concept.

On pourrait voir naître le soupçon que, dans la mesure où le concept d'infinitésimal est soumis à une fondation commandée par la critique de la connaissance, il serait ainsi soustrait à son domaine d'origine, et que sa justification dépendrait d'une recherche qui entreprendrait cette légitimation voulue à l'aide de notions et de normes étrangères. Il n'en est pas ainsi. Le concept d'infinitésimal – pour autant qu'il s'agit de le fonder dans la perspective de la critique de la connaissance – n'est pas plus soustrait au contexte des problématiques mathématiques que cette fondation ne présuppose que fût entièrement mobilisé à cette fin l*e système tout entier* de la critique de la connaissance. Le premier point est résolu par le concept de critique de la connaissance. C'est dans *le contexte des conditions* et des *objectifs* généraux de *la connaissance* | *mathématique* qu'il faut considérer 9
le concept d'infinitésimal s'il est destiné à être fondé dans la perspective de la critique de la connaissance. Le second point exige, en revanche, une réflexion plus détaillée.

12. Analyser du point de vue de la critique de la connaissance un seul concept essentiel ou un seul principe fondamental ne présuppose nullement la réalisation complète du système de la critique de la connaissance. Au contraire, la discussion du point de vue de la critique de la connaissance peut *s'amorcer* à partir de chaque élément, *à partir de chaque principe fondamental*. Ayons tout d'abord à l'esprit l'avantage que présente cette situation. Il est clair qu'ainsi nous est ouvert un accès à la critique de la connaissance à partir des différents problèmes que présentent chacune des disciplines scientifiques. Mais tous les domaines scientifiques ont en commun, à différents degrés bien qu'elles le présupposent toutes purement

et simplement, un même concept : *le concept de loi*. Ce principe fondamental de la loi, la place que la *critique de la connaissance* donne à son concept devraient être, par conséquent, le point de départ de toute critique de la connaissance. C'est ce qu'elle accomplit en partie dans la mesure où elle débute par le concept *a priori*, mais ce n'est pas en faisant toute la lumière nécessaire sur le *présupposé* qui, *pour toute discipline scientifique*, va de pair avec ce concept

13. La critique de la connaissance consiste donc *d'abord* dans la démonstration des conditions sur lesquelles repose la science mathématique de la nature. Certes, le dénombrement et le classement de ces conditions ne sauraient être soumis à l'arbitraire ; néanmoins, leur ordre ne sera pas commandé par un point de vue qui serait *objectivement* le seul à être autorisé. Au contraire, cet ordre est déterminé par l'unique projet et l'unique objet qui exige la fondation. Tous les principes fondamentaux de la critique de la connaissance sont en tant que tels *équivalents :* par conséquent, *la reconstruction de l'expérience scientifique peut prendre pour point de départ* n'importe lequel d'entre eux, et *s'achever* de même. Encore une fois, que ces deux opérations soient possibles est donné dans le concept de critique de la connaissance. S'il s'agissait d'une démonstration
10 d'ordre *psychologique*, toute source et tout élément de la connaissance | ne pourraient pas avoir en même temps le statut de principe suprême. S'il se trouvait que les concepts de la critique de la connaissance fussent prédisposés dans l'esprit par exemple, ils ne pourraient tous être simultanément l'alpha et l'oméga. Or la critique de la connaissance ne vise pas seulement l'esprit connaissant, mais bien *le contenu de la connaissance*. C'est donc avec n'importe quelle pierre que la reconstruction des fondations peut avoir lieu, car tant qu'un seul fondement fait défaut, l'ensemble vacille.

Nous voyons ainsi pourquoi sont de la même manière nécessaires la possibilité de *débuter* et celle de *conclure :* début et conclusion coïncident ici. On pourrait tout aussi bien commencer que conclure par le principe de modalité, par exemple, par le concept de *nécessité apodictique*, ou par celui de *réalité*, ou encore d'*hypothèse*. On peut aussi bien commencer et conclure avec le principe fondamental de *communauté*, c'est-à-dire avec le concept de *système*, ou celui de *substance*. Enfin, pour obéir à une perspective systématiquement méthodique où la conception moderne des mathématiques côtoierait l'exaltation pythagoricienne des nombres, on pourrait essayer de commencer comme de conclure avec le premiers des principes fondamentaux de Kant.

La définition de chacun des principes doit donc obéir à cette idée rectrice : mettre en lumière le caractère *insubstituable* de chacun d'eux, comme leur relative parité. La recherche est déjà prémunie face à la tentation de surestimer l'un de ces principes par cette circonstance extérieure que les autres demeurent, par rapport à lui, dans un statut d'équivalence qui est non seulement reconnue, mais qui doit toujours être intégrée à la réflexion. Cette tâche, établir la *valeur individuelle* de chaque principe fondamental du point de vue de la totalité de la connaissance, permet à la connaissance d'acquérir une richesse de *contenu qui ne cesse de s'accroître*. Car l'efficacité individuelle des principes fondamentaux ne peut être d'emblée épuisée ni prévisible. C'est pourquoi le fait que la critique de la connaissance soit distincte de toute psychologie la préserve de l'écheveau et de la sclérose *dogmatiques*.

14. D'autre part, il est également utile, eu égard à la valeur globale de la connaissance, de *distinguer* les principes fondamentaux et de passer en revue leurs *contributions* respectives dans la mesure où | pourront être ainsi 11
différenciées et *définies* les *diverses expressions* des valeurs cognitives. Quel dommage l'intelligence des choses ne subit-elle pas lorsque les validités axiologiques dans la connaissance *morale* et la connaissance *scientifique* ne sont pas assez rigoureusement distinguées : c'est-à-dire quand des *idées* ne sont pas différenciées des principes, même si elles entretiennent un lien avec eux et peuvent leur être comparées. C'est la confusion qui règne alors quant au concept de *vérité*, de *certitude absolue* et de *nécessité intellectuelle*. Au sein des concepts fondamentaux des mathématiques et de la physique, *réalité*, *être*, *substantialité* et *réalité effective* sont alors tout à fait confondus. La nécessité de la critique de la connaissance se révèle aussi dans ceci que certaines réserves peuvent être faites contre tel ou tel fondement, réserves que d'autres sont néanmoins appelés à lever, comme on le constate à propos du problème de l'intuition. Toutes ces réflexions confortent la nécessité impérieuse de distinguer les principes fondamentaux, et cela ne suscitera qu'un étonnement devant le fait que *si peu* de principes soient en mesure de constituer le fondement de toute la science.

15. Pareil doute est levé justement par ce concept que nous entendons fonder maintenant comme un concept répondant à un principe de la critique de la connaissance. Le concept d'infinitésimal fait clairement apparaître quelle série impressionnante d'inflexions réflexives et quelle richesse de matériau essentiel peut receler un seul principe fondamental. De fait, personne ne doute que ce concept constitue une si large base ; mais que cette dernière ressortisse à la critique de la connaissance, c'est ce qui est négligé car on en a perdu le sens logique. Pour la mettre en lumière, il nous semble opportun d'aborder cette tâche *systématique* d'un point de vue *historique*, et cette manière de traiter notre problème se révélera profitable aussi bien dans la perspective de la critique de la connaissance que d'un point de vue

plus interne à la science. En rappelant les *connexions scientifiques* qui ont conduit à la découverte du concept d'infinitésimal, nous accéderons le plus sûrement à l'intelligence de son sens, lequel relève de la critique de la connaissance. En effet, Leibniz n'a pas introduit sa formule *dx* et Newton son *xo* dans un but autre que l'extension et la consolidation de l'expérience dont Kant fait, pour autant qu'il s'agisse de science mathématique de la
12 nature, | la question de la critique de la Raison. La perspective historique, ici plus sans doute que partout ailleurs, est tout à fait nécessaire. En effet, presque tous les concepts fondamentaux de la critique de la connaissance renvoient à l'Antiquité grecque ; non seulement substance, causalité, possibilité et réalité, mais aussi espace et temps. Par contre, et malgré ses liens avec la tradition antique, le concept d'infinitésimal est de part en part un concept moderne dont l'origine et le développement nous sont clairement présents : son rapport à la spéculation philosophique pourrait également être précisément établi.

16. Il faut d'emblée admettre qu'un tel rapport était présent chez Leibniz. Car ce serait assurément un bien étrange fil conducteur du travail historique de supposer que lui eût complètement échappé cette relation spécifique à laquelle ressortit le concept de calcul différentiel qu'il a… découvert. Une chose est de fournir la justification d'un concept du point de vue du système, une autre de reconnaître le contexte et l'orientation de la problématique que désigne ce concept. La critique de la connaissance exige les deux en matière de fondation des concepts. Et il est vrai que la *Monadologie* ne permettait pas d'atteindre une légitimation systématique. Mais chez aucun esprit, *a fortiori* s'il s'agit d'un génie, les pensées ne se comportent comme des atomes indépendants au point que le métaphysicien monadologue ne dût nullement se préoccuper des signes caractéristiques que l'analyste et le géomètre avait inventés et qui faisaient l'objet de ses soins. L'opinion est erronée qui s'imagine que Newton eût dans le droit fil de ses recherches, élaboré et perfectionné cet instrument, qu'il en eût donc reconnu l'utilité du point de vue logique, tandis que Leibniz n'eût fait, pour l'essentiel, que rajouter ponctuellement ce signe utile et commode, en se trompant néanmoins de direction lorsqu'il s'est agit de fonder logiquement sa démarche. Pareille opinion ne heurte pas seulement toute évidence historique ni, comme on peut fort heureusement le montrer le témoignage des *documents* eux-mêmes ; elle est, en outre, propre à obscurcir la légitimité naturelle et le sens singulier du concept. *En fait, sa signification et sa légitimité sont plus claires chez Leibniz que chez Newton.* Même Gerhardt n'a pas vu ce point capital ; car en démontrant que
13 Leibniz avait découvert l'algorithme ponctuellement et | « presque par

hasard », la fâcheuse controverse sur le véritable inventeur n'est nullement arbitrée de telle sorte qu'elle ferait droit à la cause leibnizienne. Pour Gerhardt, le calcul des fluxions chez Newton repose « sur une base parfaitement assurée », tandis que la valeur du calcul différentiel consiste dans son utilité pratique, laquelle allait de pair avec « la représentation *indéterminée* de l'infini »[1]. En fait, Leibniz n'est pas seulement celui qui a découvert cette heureuse modalité d'écriture, il est à l'origine de l'idée qui est propre à *l'ensemble de sa pensée* comme de ses *calculs*.

17. Et quoi qu'il en soit, cette pensée a plus d'unité et de cohérence chez Leibniz que chez Newton. Même si, pour Newton comme pour Leibniz, il est également légitime de supposer que la perspective à quoi devait obéir la fondation du concept n'eût pu être négligée par celui qui l'avait découvert, nous ne possédons de Newton qu'un nombre bien plus limité de remarques écrites sur la logique du calcul des fluxions que Leibniz n'en a consacré à son concept de différentiel ; mais, surtout, on sait que Newton s'est expressément abstenu de formuler la moindre *« hypothèse »* quant à la définition des forces, et qu'il a considéré la géométrie elle-même comme une mécanique plus précise. Son esprit inventif n'en a pas moins produit de solides hypothèses, et il a su présenter de manière admirablement synthétique l'analyse, cet instrument merveilleux qui se situe à mille lieues de ce qu'on appelle l'expérience. Mais il est compréhensible que la question de savoir quelle est l'importance d'un concept dans le contexte de la pensée aura bénéficié d'un traitement moins fertile chez un homme qui, fuyant les qualités cachées et les « hypothèses des cartésiens », a écarté tout présupposé a priori, toute disposition créatrice, bref, la fondation de concepts purs, avec la grandiose partialité d'un point de vue cosmologique.

18. Si c'est donc plutôt chez Leibniz que nous allons chercher les traces et les prémisses de la fondation, en termes de critique de la connaissance, du concept d'infinitésimal, et en premier lieu dans le matériel rendu accessible par l'exhumation qu'en a faite Gerhardt dans son édition, nous nous rapprocherons, | par ce biais historique, de notre tâche systématique. Notre **14**
intention est, en effet, de montrer du point de vue de la critique de la connaissance que *cette fondation logique qu'on a négligée*[2] *du concept de calcul différentiel est contenue dans un principe fondamental de la critique de la connaissance*, plus précisément *dans le principe qui correspond à la catégorie de réalité, donc dans le principe de grandeur intensive ou d'anticipation*. Rendre accessible cette démonstration

1. C. I. Gerhardt, *Die Geschichte der höheren Analysis*, Halle, 1855, p. 93 ; cf., également, p. 62.

2. Cf., *supra*, § 15.

implique d'examiner et de comprendre la discussion et la terminologie leibniziennes.

Cette tentative doit d'abord faire litière de l'objection suivante : comment comprendre que Kant lui-même ait si peu développé -pour ne pas dire dissimulé – une question importante et, selon toute apparence, nouvelle, tandis que la discussion du problème, comparativement si facile à résoudre, de la causalité chez Hume a suscité chez lui des reprises sans cesse renouvelées. Cette objection qui fait barrage à une acception naïve de ce que nous tentons sera d'emblée écartée de la manière la plus précise par ce rappel sur lequel il faudra revenir ultérieurement : *l'identité de la grandeur intensive et de l'infiniment petit était, à l'époque de Kant, très généralement admise*. Kant n'avait donc pas besoin d'être en l'occurrence plus explicite. Tout l'effort devait au contraire porter sur cette idée que la fonction de la grandeur intensive corresponde à la condition de la réalité, que la validité, conforme à l'exigence comme au présupposé de la réalité, soit garantie dans le principe de *degré* qui inaugure effectivement et fonde essentiellement *la liaison entre mathématique et physique*.

Et c'est en cela que consiste ce que Kant apportait de nouveau : la réalité *(Realität)* ne se situe ni dans le caractère brut de la *perception* sensible ni dans la pureté de l'*intuition* sensible, mais doit être considérée comme un présupposé *particulier de la pensée*, tout de même que la substance et la causalité, comme une condition de l'expérience laquelle ne peut en être déduite qu'en supposant que la réalité en est le fondement et que sa possibilité la présuppose. Pour Kant, il s'agissait de définir la réalité comme une *catégorie particulière*, distincte aussi de la réalité effective
15 (*Wirklichkeit*).|

19. *La définition de la grandeur infinitésimale comme grandeur intensive est la médiation nécessaire* qui a permis d'atteindre ce point culminant de la connaissance critique de la nature ; en effet, élaborer la signification critique de la réalité ne peut se faire *que grâce* à la notion d'*intensité infinitésimale*. Or, cette équivalence de la différentielle et de l'intensif a été formulée par Leibniz, on la retrouve couramment chez ses correspondants, et, à l'époque de Wolff, c'est une maxime que reprennent à leur compte la plupart des auteurs d'une certaine envergure.

20. En cherchant à nous guider en fonction de cette équivalence, nous voici d'emblée *in medias res*. Ne doit-on pas, en effet, qualifier de flou et d'équivoque l'usage actuel du terme intensif, ce que révèle le fait qu'il est presque couramment confondu justement avec l'intensité ? Au XVIIe siècle, l'intensif semble avoir désigné essentiellement l'inextensif. Mais nous touchons ainsi au cœur du problème : le rapport entre intuition et pensée dans le concept de différentiel. Après en avoir retracé la généalogie

historique, il faut déterminer ce rapport de manière encore plus précise par référence à la relation réciproque des deux modes de l'intuition. Mais évoquons tout d'abord certaines réserves d'ordre très général.

21. Ce qui est infiniment petit échappe au cadre de l'intuition – et, dans l'intuition, toute connaissance doit pouvoir être représentée. La contradiction s'aggrave dans la mesure où l'infiniment petit, bien qu'il échappe à l'intuition, n'en sert pas moins l'intuition et que c'est essentiellement pour répondre aux intérêts de cette dernière, tout particulièrement à l'occasion du *problème des tangentes*, qu'il est apparu. Cette prétendue contradiction peut être résolue par un *rappel d'un aspect élémentaire de la critique de la connaissance* qu'on accordera quel que soit le point de vue où l'on se place. C'est une erreur, sous prétexte que toute connaissance doit être représentable dans l'intuition, de rendre également tributaires de l'intuition *tous les autres instruments, conditions et fondements* de la connaissance. D'après la théorie kantienne généralement admise, l'intuition est, à égalité
avec la pensée, une source de la connaissance, et, par conséquent | la pensée **16**
en est elle aussi une source. Toute connaissance d'un objet concret implique la liaison de ces deux sources ; toute connaissance spécifique est déterminée par l'articulation de ces deux instruments cognitifs. On ne peut parvenir à une connaissance d'ordre objectif ni par la seule intuition ni par la seule pensée. Mais ce principe méthodique exprime clairement que ni l'intuition ni la pensée ne sont *elles-mêmes* des *objets* de connaissance, mais uniquement des *abstractions qui relèvent de la critique de la connaissance*.

La *valeur* de ces abstractions consiste manifestement dans la pureté de la manière dont elles sont définies et traitées. L'abstraction qu'est l'intuition est d'autant plus scientifique, rigoureuse, donc capable d'articulation que ses caractéristiques peuvent être maintenues résolument séparées et distinctes de celles de la pensée. La même exigence vaut pour la pensée : il faut que cette abstraction ne soit confondue avec aucun élément de l'intuition ni entachée d'aucun d'eux. Si, de fait, ces abstractions sont les conditions *formelles*, nécessaires et suffisantes, de la connaissance, le concept d'abstraction implique que toute abstraction soit, en tant que telle, définie de manière indépendante.

22. Tandis que la condition de l'intuition ne se subdivise qu'en deux modalités, la condition de la pensée se spécialise en un plus grand nombre de concepts fondamentaux. Le concept de *qualité* correspond à cette spécialisation en catégorie, et les concepts de réalité et de limitation lui sont subordonnés. Si donc l'infinitésimal correspond à ce type catégoriel, s'il doit être en mesure de faire droit à l'exigence de la réalité, on comprendra qu'il soit nécessairement soustrait à l'intuition puisque, d'autre part, la

réalité doit être un « pur concept de l'entendement », une condition de l'expérience, *du côté de la pensée*.

On peut simplement objecter que cette utilisation de la catégorie – c'est-à-dire du pur concept fondamental d'expérience aux fins de problématiques qui, pour vastes qu'elles soient, n'en sont pas moins des problèmes scientifiques spéciaux – n'est possible que par transfert des concepts fondamentaux aux principes fondamentaux. La réalité, en tant que
17 catégorie, n'est pas en soi l'infinitésimal, mais | seule la réalisation de la catégorie en principe synthétique permet cette interprétation, et, si ce transfert réussit, légitime cette fonction. Mais au sein du principe fondamental, intuition et pensée sont, certes, déjà liées. Par conséquent, la grandeur infinitésimale, dans la mesure où elle correspond à un principe fondamental, devrait nécessairement être également objet d'une intuition.

Si nous quittons la terminologie kantienne – pour autant du moins que, dans notre manière actuelle de nous exprimer en accord avec cette terminologie, une émancipation vis-à-vis d'elle soit possible –, l'objection pourrait être formulée ainsi : l'infiniment petit n'est nullement une configuration formelle de la pensée, comme l'affirmation et la négation, par exemple : il en fait partie comme un concept de la grandeur propre à la science des grandeurs. Or la grandeur présuppose l'intuition, et la grandeur infinitésimale relèverait donc de l'intuition à laquelle pourtant – et c'est là ce qui est contradictoire dans son concept – elle doit se soustraire.

Il est cependant nécessaire de reprendre cette formulation eu égard à ce qu'on vient de dire à l'alinéa précédent : l'objection se fonde sur *la confusion* qu'elle dénonce entre *une connaissance d'ordre matériel et une condition formelle de la connaissance*. Si nous voulions éclairer cette différence à la lumière de celle qui sépare concept et principe fondamentaux, il faudrait expliquer la signification du schématisme. Or puisque nous prenons ici nos distances par rapport à ce que serait l'exacte terminologie de l'école kantienne, il faudra tenter de donner une définition plus précise à ces termes que le langage scientifique tient de Kant. Cette nouvelle définition est inévitable lorsque certains termes propres à une doctrine systématique en sont détachés et renvoyés à un usage général qui varie selon les auteurs, et, souvent, chez un même auteur.

23. C'est le destin qu'a dû subir le concept kantien d'intuition, à vrai dire, cela va de soi, non sans qu'y soit impliquée la responsabilité de son auteur. Celui qui forge un nouveau concept ne parvient jamais à donner une univocité à sa pleine et entière signification, à ses multiples différences d'avec les autres concepts dans le réseau desquels il reste et doit rester pris. Les rapports de l'intuition *pure* à l'intuition *empirique*, et, au sein de l'intuition pure, les rapports entre intuition *externe* et intuition *interne*

sont si subtils, si souvent à double tranchant, leur détermination | est si 18
intimement liée au développement de toute la tâche qui incombe à la critique de la Raison comme à ses intérêts très ramifiés, que personne n'attendra, en ces matières, une clarté exhaustive, fût-il de ces élus qui s'entendent aux questions de style. Ce n'est que lors de la construction du système que chaque pierre doit être polie pour s'adapter exactement aux contours des autres ; et pendant qu'on prépare chacune d'elles, aucune ne peut déjà correspondre rigoureusement à une définition conforme à la doctrine. Il est donc d'autant plus nécessaire, si d'autres reprennent par la suite un terme, de faire preuve d'une prudence presque plus grande à l'égard d'un terme propre à un autre système qu'à l'égard d'un mot du langage courant. Notre époque n'a pas observé pareille prudence à l'endroit du terme d'intuition, elle l'a au contraire intégré à son propre discours scientifique comme si le sens de ce concept allait de soi.

24. L'intuition est l'un des termes le plus riches et le plus significatifs de notre langage scientifique, concept auquel ni *intuition* ni *imagination*[1] ne sauraient se mesurer ; malgré cela, il semble que tout particulièrement l'affixe terminal du mot *(-ung)* induise une conception imprécise responsable de bien des erreurs. L'intuition, au sens de ce terme pour la critique de la connaissance, ne doit pas, en effet, être pensée comme désignant une connaissance concrète, liée à un objet concret, mais doit être uniquement entendue comme un *instrument* de la connaissance, comme l'*élément* d'une méthode. Dans intuition *(die Anschauung)*, il ne faut comprendre rien d'autre que *l'acte intellectuel* d'intuitionner *(das Anschauen)*. L'intuition signifie cette démarche, qu'il faut distinguer de la pensée, et qui, dans chaque intuition particulière soit nécessairement s'articuler sur la pensée. Terme propre à la critique de la connaissance, l'intuition est l'*élément* d'une connaissance et non une connaissance comme telle. En ce qui concerne la pensée, pareille restriction est désormais compréhensible grâce à la distinction devenue triviale entre penser et connaître. Or il faudra, de même, distinguer intuitionner et connaître, tandis que l'intuition objective est une connaissance déterminée par l'acte d'intuitionner et l'acte de penser.

25. Il faut donc, en ce qui concerne l'intuition considérée comme un élément du point de vue de la critique de la connaissance, développer une autre abstraction qui permettra de rompre ce qui lie de manière ambiguë intuition *pure* et intuition *empirique*. | Si, d'autre part, ce que l'on est 19
fondé à appeler intuition pure désigne l'intuition *mathématique*, pour la différencier de l'intuition simplement psychophysique, le contenu de son concept commande que l'infinitésimal soit intégré à son extension. Pour être en mesure de le faire, le concept d'intuition doit recevoir une

1. En français dans le texte *(N. d. T.)*.

détermination qui exprime plus nettement et plus précisément ce à quoi elle tend : *définir la légalité mathématique générale ;* et il faut alors observer la précaution de caractériser l'intuition, en la distinguant de la connaissance, comme un élément de cette dernière.

Cette conception plus précise est déjà requise par le fait que l'intuition – entendue encore une fois selon l'acception scientifique courante du terme – joue le rôle de concept générique sublimant intuition interne et intuition externe. Nous admettons, donc, aussi une intuition qui ne se réfère pas à l'espace. Par conséquent, l'intuition ne renvoie pas exclusivement à l'*extension*, mais signifie à tout le moins une *propension* commandée par la successivité, c'est-à-dire quelque chose qui est commun aux deux.

On parviendra au plus près de ce caractère commun, donc de la spécificité du contenu de l'intuition, distinct de celui de la pensée, si l'on examine, parmi les modifications de la pensée, la *négation*. Celle-ci ne réside plus pour nous, comme c'était le cas pour Aristote, dans les choses, mais, puisque tout doit se référer à quelque chose qui est ce à l'occasion de quoi se développe la pensée, et puisque la négation elle aussi se réfère à quelque chose qui doit être nié, le rapport à ce quelque chose est tout à fait différent de celui qui est défini au sein de l'élément qu'est l'intuition spatio-temporelle. Le sens de ce *quelque chose* à quoi renvoie l'intuition a pour nous plus de consistance que celui qu'il a lorsqu'il est pensée dans la négation – et, en tant qu'opération de la pensée, la négation objective aussi bien que l'affirmation.

Si l'on pouvait négliger cette différence entre intuition et pensée *dans la manière dont elles se réfèrent à quelque chose*, on serait fondé à considérer sans regrets que la différence entre intuition et pensée est obsolète. Au demeurant, cette différence est en effet grevée de nombreuses superstitions d'ordre psychologique et, ce qui est pire, de superstitions en matière de critique de la connaissance; c'est la raison pour laquelle les
20 métagéomètres croient devoir intégrer la pensée à l'intuition ; | d'autre part, dans une même prétendue opposition à Kant, c'est l'intuition qui féconderait la pensée. En fait, la valeur de cette distinction, son utilité du point de vue de la critique de la connaissance consiste uniquement en ceci qu'elle souligne la différence qui existe dans *le rapport de la conscience au quelque chose transitif*. Dans l'intuition comme élément, *c'est à titre de donné* que le quelque chose devient contenu de conscience. *Cette relation de la conscience à un donné*, c'est-à-dire à un x *en tant qu'il est* donné, nous l'appelons l'intuition.

Mais il ne faudrait pas s'imaginer que ce donné renverrait à un territoire ou un domaine qui se situerait *au-delà de la conscience*, domaine où serait donné ce quelque chose à quoi se réfère l'intuition. Le donné est donné *au sein de la conscience ;* et ce sol est assez consistant pour légitimer l'intuition et, partant, l'intuition. L'instrument qui permet de travailler ce terrain et de le cultiver, c'est l'intuition *pure*, l'intuition *mathématique*.

Il ne faut pas non plus vouloir se demander *comment il se fait* qu'une pareille relation de la conscience à un donné ait lieu, car cette question outrepasse les limites de la curiosité scientifique puisqu'elle ne vise pas les conditions de possibilité et les modalités de la *conscience scientifique*, mais interroge *la possibilité* de la conscience *(Bewußtsein) naturelle*, la possibilité de la conscience empirique *(Bewußtheit)*. C'est la question proprement transcendantale. La réponse à toutes les questions légitimes concernant la modalité et le lieu du donné, ce sont les modalités et les déterminations de l'intuition spatio-temporelle qui la fourniront.

26. Il résulte aussitôt de cette identification de l'intuition avec *la référence à quelque chose qui est donné*, bref avec *le fait d'être donné*, que l'infiniment petit n'a pas besoin d'être obligatoirement donné dans l'intuition spatiale, puisqu'il resterait, en effet, un élément de l'intuition s'il pouvait n'être donné que dans l'intuition temporelle, s'il était in*ex*tensif, mais surtout *pro*tensif, donc successif. On objectera sans doute que l'infinitésimal a d'abord été pensé dans le cadre de l'intuition géométrique et aux fins de cette dernière, comme ce fut, de manière latente, le cas chez les Anciens. Pourtant, | l'indépendance bien comprise de la géométrie ne 21
serait en rien lésée si un moment que nous attribuons au temps contribue à son achèvement puisque, en effet, le concept de grandeur présuppose absolument le temps. Mais la notion de différentielle, comme nous le verrons, est apparue aussi bien au sein des recherches qui ont conduit à l'extension du concept de *nombre*, qu'en rapport avec le problème des *tangentes*. Or, aujourd'hui encore, le nombre est toujours exclusivement dérivé de l'intuition *interne*, indépendemment de l'intuition spatiale [1]. Ce mobile du concept de calcul différentiel qui se situe dans le domaine de l'analyse, est suffisamment justifié dans la mesure où il est possible de prendre en compte l'élément de l'intuition *interne* dans la détermination de la différentielle. Du point de vue du concept générique, l'infinitésimal pourrait donc sembler résider au sein de l'intuition.

27. Cependant, le contenu, présupposition fondamentale, auquel correspond le concept de calcul différentiel n'est nullement épuisé par le mobile d'ordre temporel que, par exemple, la signification des nombres propre à ce dernier était en mesure de recouvrir en partie. C'est, au contraire *un autre mobile qui fut déterminant* dans la découverte du concept de calcul différentiel, mobile que la conception non infinitésimale des

1. Cf. R. Lipschitz, *Lehrbuch der Analysis*, Bonn, 1877, t. I, « Grundlagen der Analysis », p. 1.

grandeurs numériques – malgré toute l'importance qu'elle n'a cessé d'avoir pour l'infinitésimal lui-même – définit pourtant de manière partiale et qu'elle considère comme insuffisant pour résoudre définitivement les problèmes à la solution desquels, tant au début que tout au long de leurs développements, elle n'a cessé de fournir une aide irremplaçable. C'est un *principe nouveau*, *étranger* au concept de nombre discret, un nouveau postulat réflexif qui, chez Leibniz comme chez Newton, a, en dernière instance, précipité cette découverte préparée depuis plus d'un siècle. Et c'est précisément ce mobile inédit qui explique pourquoi ni les analystes ni les géomètres n'ont été capables de donner forme à ce qu'ils avaient entre leurs mains; pourquoi, en revanche, Leibniz et Newton ont, dans la définition de ce concept, retrouvé Galilée et Kepler dont le génie s'était consacré à l'autre mobile.

Si nous cherchons à examiner ce mobile nouveau, la réflexion sur *l'origine du nombre* nous y conduira. L'explication *empiriste* de l'ap-
22 parition du nombre n'est ni | évidente ni vraiment suffisante. Étant donnée la contribution qu'apporte le concept de nombre à *l'activité cognitive*, il faut aller chercher une justification plus profonde que celle qui est fournie par cette idée que les choses sont données, qu'elles veulent être distinguées et qu'elles doivent donc être… énumérées. Cette représentation n'est pas même en mesure d'expliquer la question du point de vue psychologique, car si les choses sont données dans une pluralité, il s'en faut de beaucoup qu'elles soient données à *un esprit qui les énumère*. Nous ne pouvons dépendant admettre un tel esprit que dans son action, c'est-à-dire dans le nombre. Or, dans le nombre il importe de saisir cet esprit de manière précise. Par conséquent, ce n'est pas dans ce qu'on appelle les choses qu'il faudra chercher l'origine du nombre, mais dans *l'unité de la conscience*. Même le premier pas de la démarche prétendument génétique était faux : les choses ne sont pas purement et simplement données, elles le sont *dans la conscience* (cf. § 25), et, au sein de celle-ci, dans le cadre des modifications restrictives que sont le temps et l'espace. Par quels éléments de la conscience ces choses *qui sont ainsi, et seulement ainsi données* seront-elles ensuite élaborées de telle manière qu'elles deviendront des *objets* tels que ceux que nous admettons au sein de *la science de la nature*, et auxquels s'applique véritablement et originellement le nombre ? Pareille élaboration de l'objectivation réclame d'autres moyens que les qualifications du nombre.

C'est uniquement dans le temps et l'espace que ce qu'on appelle les choses ne sont, dans le meilleur des cas, données qu'à titre de corps d'ordre mathématique. Le nombre qui les énumère serait donc un critère approprié à de telles structures idéales; mais, de même que ces structures mathéma-

tiques ne seraient pas données comme des objets *physiques*, le nombre ne serait qu'une grandeur scientifique *fictive*, corrélative de ces choses idéales mesurées en tant que grandeurs par l'intuition pure. Or la fonction de l'intuition pure doit être autrement plus importante si les corps géométriques deviennent des corps *physiques*. Cette autre fonction, le nombre tel que le comprenait l'Antiquité ne peut l'assumer. Il est alors exigé du nombre lui-même qu'il se munisse d'un principe nouveau qui le renforce si, d'autre part, il lui faut être à la hauteur de cette dimension plus complexe des choses à quoi, néanmoins, toute son utilité le prédispose. La science qui est commise à effectuer ce nouveau mandat sur le terrain de la signification matérielle des choses, qui calcule ce que deviennent les corps géométriques quand ils deviennent des corps physiques, *la mécanique*, reçut, à cette époque de nouvelles bases. Et *finalement*, | *le concept de* 23
calcul différentiel a surgi de la source et du principe des problèmes de la mécanique. S'assurer des choses en tant que corps physiques, en tant qu'objets concrets exige le calcul infinitésimal. En ce *troisième* sens, le calcul différentiel correspond à un concept fondamental de la *pensée* pure : la catégorie de la *réalité*. Même ce dernier mobile a été clairement pris en compte par ceux qui ont découvert le calcul infinitésimal.

28. Si l'on prétend maintenant à nouveau que, même dans le cadre de cette signification de la réalité la différentielle devrait être intégré à l'intuition, il ne s'agit plus alors d'une simple confusion entre instrument de connaissance et objet de connaissance, car l'erreur devient alors absurdité. Pourquoi, en effet, aurait-on besoin, eu égard à la réalité, d'un instrument de la *pensée* si l'intuition suffisait à donner la réalité comme à s'en assurer. Il s'agit désormais de définir la validité particulière propre à la catégorie de réalité, et, partant, au principe fondamental. Ce n'est pas seulement le fait de *s'assurer* de ce qu'on entend par réalité des choses qui incombe à une détermination particulière de la pensée, mais c'est même l'exigence de réalité qui doit être montrée dans une fonction *particulière* de la *pensée*. Si jamais une valeur essentielle de la connaissance a eu besoin d'être structurée, c'est bien celle-là.

Il est étonnant de constater à quel point cette question, dont la solution eût dû être facile et sans équivoque étant donné l'état actuel de la physique mathématique, est cependant restée grevée d'obscurités, tant en ce qui concerne son *histoire* que son *contenu*. L'objectivité des choses repose, en premier lieu, sur leur idéalité géométrique, et sur la possibilité de les idéaliser d'un point de vue géométrique. S'il n'y avait pas de section conique, il serait impossible d'établir les orbites képlériennes des planètes ni d'objectiver ces planètes elles-mêmes dans leurs trajectoires. Ainsi, l'intuition pure, l'intuition mathématique est-elle *le fondement de toute connaissance de la nature.* C'est cette banalité que signifie l'esthétique transcendantale.

29. Néanmoins, ce n'est que depuis Kant que nous disposons de cette vérité propre à la critique de la connaissance et qui concerne spécifiquement la fondation systématique. En effet, toute la philosophie moderne resterait un compendium cryptique de formules rhétoriques si l'on était incapable
24 de suivre ce fil rouge jusque dans ses | aspects les plus dépourvus de couleurs. Descartes n'est pas le fondateur de la philosophie moderne simplement parce qu'il serait le seul à avoir eu cette idée, mais parce qu'il l'a lui-même plus puissamment transformée en lui donnant plus d'acuité que Gassendi et Hobbes. La fascination que cette pensée moderne exerça sur lui se révèle dans la violence qu'il lui fit subir : la première expliquant d'ailleurs aussi la seconde. Par conséquent, si, comme le fait Dühring, on sous-estime le rôle fondamental joué par Descartes dans l'élaboration de la critique de la connaissance, on ne commet pas seulement une erreur d'ordre historique : car c'est également une confusion quant au système que révèle pareil jugement, tel qu'il s'exprime par voie de conséquence aussi à propos de Kant – et dans son propre système. Nous avons une compréhension historique de la substantialisation cartésienne de l'extension, et nous en reconnaissons l'importance, du point de vue du contenu, en la tenant pour le germe de cette idée essentielle chez Kant : les concepts sans intuition sont vides. Ce qui doit être objet de l'expérience doit tout d'abord correspondre *aux figures idéales* de la géométrie, et doit pourvoir y être représenté.

Et c'est pourquoi nous ne restons pas prisonniers du vertige cartésien, de son oscillation entre l'auxiliaire de la sensation et les moments purs de la pensée. Quelle que soit la manière de l'évaluer et de la présenter – ce dont la recherche documentaire et l'interprétation projective constituent une tâche si attrayante et si fructueuse du travail propre à la critique de la connaissance sur le terrain de son histoire, la définition cartésienne des substances, comme celle de la pensée, est restée tout à fait insuffisante autant qu'ambiguë. Même en faisant abstraction du total manque de sûreté dont il fait preuve *dans sa position du problème*, *identifier extension et matière* est une entrave à quoi il est difficile de remédier, même si, par après, le concept de matière est plus sérieusement défini par la pensée. Progresser dans la constitution des *présupposés* idéels, destinés à fonder la connaissance de la nature, exige les conditions déterminant *le concept de force.* Or parmi ces dernières, on compte généralement les concepts de *substance* et de *causalité ;* mais sans qu'on les envisage comme des concepts purs et simples : elles sont l'une et l'autre mises en rapport avec l'intuition et y demeurent cantonnées. C'est cette restriction qui fait défaut chez Descartes, tandis qu'il tend manifestement à établir ce rapport.

30. Il s'agit donc d'isoler le concept | *en tant qu'instrument de pensée* 25
afin qu'il puisse être de manière d'autant plus vivante uni aux instruments de l'intuition. Pour ce faire, la *catégorie* de *réalité* est indispensable. Cette exigence se révèle déjà dans la notion de substance, comme en témoigne l'expression balbutiante de cette notion chez Locke lorsqu'il en raille le fondement en recourant à un τρίτος ἄνθρωπος[1], l'étranger empilant l'éléphant sur la tortue[2]. Et ce manque devient particulièrement patent lorsqu'il s'agit de la causalité, soit qu'on l'admette *a priori* – sans pourtant concéder un espace qui lui corresponde –, soit qu'on la dote directement et sans détour d'une existence *sensible*, instaurée comme existence partielle ou globale d'un appareil de forces, voire posée de manière problématique. Si l'on veut extirper jusqu'à la racine la superstition de l'*influxus physicus*, il faut comprendre la nécessité d'isoler *d'emblée l'élément de la pensée* comme tel, circonscrire sa fonction particulière dans la connaissance afin d'éviter que n'y interfère et ne l'offusque prématurément la prise en compte obligatoire de l'intuition. C'est après seulement qu'il est possible de donner la parole à l'intuition, et que sa prise en considération sera fructueuse : au profit des *principes* où s'articulent intuition et pensée.

Sans doute l'intelligence lacunaire de la signification de ces principes est-elle due précisément à ceci qu'on s'est efforcé de ne coupler les catégories *dynamiques* qu'au *concept de grandeur extensive*, sans s'aviser du fait que, dans tout cet édifice, *un élément décisif faisait défaut*. Si l'on conçoit substance et causalité comme des *principes fondamentaux*, il est insuffisant de les coupler aux *grandeurs numériques extensives*, car celles-ci recèlent l'idéal du nombre (cf. § 27). On en est donc resté à la représentation d'une compacité de la substance même au lieu de satisfaire à ce postulat en définissant un *concept* approprié. Réquisit auquel répondront la catégorie et, après avoir été articulé sur l'intuition, le principe fondamental de réalité.

31. En fait, substance et causalité présupposent la réalité. En effet, substance et causalité sont des *concepts de relation :* c'est par rapport à un B que A est substance, c'est entre C et D qu'il y a causalité. Si l'on pense B
et A, C et D, | il est possible que leurs rapports soient régis par ces deux 26
relations auxquelles une troisième peut venir s'adjoindre. Par contre, le fait que B et A, ou bien B ou A soient donnés ou doivent nécessairement être pensés, n'est *nullement* inhérent au *principe des analogies*. Ces bases

1. Cf. Aristote, *Métaphysique*, A, 9, 980b, 15 ; Platon, *Parménide*, 132a *(N. d. T.)*.

2. J. Locke, *Essai philosophique concernant l'entendement humain*, (1755, éd. Coste) Paris, Vrin, 1972, livre II, chap. XIII, § 19, p. 128.

importantes sont toutes dépourvues de fondations, même lorsqu'on y articule le temps et l'espace, car elles restent toujours dans le suspens des structures mathématiques. Ne suffirait pas non plus qu'on les complète en leur donnant pour contenu *la grandeur numérique extensive* puisqu'elle n'est capable de délimiter que des segments, lesquels dépendent de comparaisons fluctuantes. Et pourtant, ce sont ces principes, sans base dans leur rapport à l'intuition, que l'on tient pour les piliers de *la connaissance de la nature*, que l'on considère suffisants pour *réaliser dans les corps physiques des configurations géométriques et numériques*. Alors que, au contraire, il est nécessaire que la position de A et de B soit indépendante et explicite si l'on veut pouvoir établir un rapport entre eux. Or cette position doit nécessairement être réalisée dans un principe particulier. *C'est le principe de réalité qui offre ce fondement-là.*

Comment pourrait-on croire sérieusement que le fait logique du *jugement affirmatif* ait pu fournir à Kant matière à faire de la réalité l'unité synthétique de ce jugement, à côté de laquelle la négation jouerait le rôle de concept corollaire, alors que sur cette banalité logique, c'est le principe des *anticipations* qui est greffé, lequel se porte caution des perceptions ! Doté de la pesanteur du réel, qu'il véhicule, ce principe n'aurait-il pas dû faire quitter à cette réalité sa condition d'affirmation logique pour lui donner un statut plus positif ?

Cette perspective fut, à son tour, obstruée par la signification superficielle, non plus logique, mais simplement grammaticale donnée au terme de *limitation*, et c'est pourquoi en fut scotomisé le rapport essentiel qu'elle entretient avec la réalité. Comme nous l'avons déjà remarqué sur l'autre versant, c'est *le défaut d'une fondation du concept de calcul différentiel sur la base de la critique de la connaissance qui explique en même temps cette lacune dans la série des catégories :* le concept fondamental de réalité. Ce dernier semble superflu en un sens synthétique, celui qui fonde l'expérience, car il y est remplacé soit par la substance et la causalité, soit
27 par la catégorie | d'existence *(Dasein)*, et c'est pourquoi on ne le laisse en activité qu'à seule fin d'assumer la fonction logique de l'affirmation.

32. Cherchons enfin à nous représenter quelle fonction la réalité assume de manière indépendante face au postulat de la *modalité*. Le principe fondamental de l'existence renvoie à la valeur cognitive inhérente aux *faits de la perception*, et les fonde dans leur valeur particulière, selon le rapport qu'ils entretiennent avec les *hypothèses de l'explication scientifique* et avec les suites et les conclusions du *processus de démonstration*. Or ces faits perceptifs, tout comme les analogies, *présupposent* A et B. Si A et B sont donnés, j'appelle *fait* ce rapport entre eux qui, pour ce qui est du *lien* entre

A et B, repose sur la *perception*. Cette dernière n'est autre, pour sa part, qu'un instrument méthodologique de l'expérience, comparable à la description du cercle pour la géométrie. C'est une convention que d'appeler ce qui est perceptible la *réalité effective*, et ce qui a été démontré, en revanche, le *nécessaire*. Qui voit dans la perception une légitimité naturelle, une certitude immédiate, la source absolue de la réalité, se situe encore en-deçà de ce qu'enseigne la critique de la connaissance. Si la perception était dépositaire d'un *critère* suffisant d'*objectivité*, ce dernier pourrait se passer de tout autre auxiliaire critique : nous saurions alors où la saisir cette nature infinie. La perception et la réalité qui lui correspond ne circonscrivent au contraire que ce rapport, *défini par l'existence*, entre les éléments pensés d'une comparaison ; l'existence elle-même est le concept fondamental, le postulat de la réalité auquel on satisfera en établissant et en définissant ce principe fondamental particulier, ainsi, en outre, qu'un *instrument* spécial *de la pensée*.

Or ce principe fondamental présuppose lui aussi la réalité ; on ne peut donc éviter de définir, eu égard à cette présupposition, un instrument de la pensée et un principe. On peut affirmer que *le principe fondamental des anticipations de la perception* contient, sous une forme ramassée, *la problématique de la critique de la connaissance*. En effet, pour légitimer la perception, la *sensation* est d'abord réduite à l'*intuition pure*. Mais puisqu'alors le charme de l'imaginaire et de l'imagination idéale | n'est pas **28**
conjuré, il est nécessaire d'apporter à la réalité le complément d'un sens de cette même réalité, tel qu'il tranche les nœuds de l'intuition, dépassant ainsi toute extension, laquelle est et reste prisonnière de cette idéalité indigente. C'est ce dépassement que permet la réalité en autorisant, outre le principe de grandeur extensive, celui de grandeur *intensive*.

33. Un principe fondamental de ce type est nécessaire pour objectiver et rendre *a priori* la sensation, racine du registre subjectif. Et ce principe doit dépasser l'extension ; il est en effet destiné à justifier qu'il n'est pas légitime de poser *en soi* A et B. L'extension, par contre, ne détermine que des grandeurs mesurables qui, comme telles, ont pour base des comparaisons. Cependant, la réalité garde *un lien avec ce qui est donné, avec la relation de la conscience à un donné* (cf. § 25). La réalité exige, au contraire, d'assurer ce qui est flottant dans cette relation, et de lui donner un remplissement : transformer le corps géométrique en corps physique. C'est ainsi seulement que le *donné* acquiert cette solidité et cette évidence apparentes qui lui font totalement défaut au sein de l'intention. Car même la structure idéale de l'intuition *interne* est une ligne hachurée, une *succession*, lâche ou compacte, au sein de laquelle cependant l'*élément* qui précède et celui qui suit restent dépourvus de légitimité. Que je sois fondé à

poser un élément *de manière absolue*, voilà *l'exigence* à quoi répond cet *instrument de pensée* qu'est la réalité. Et il faut d'abord mettre en place cet instrument pour être en mesure d'établir ce rapport avec l'intuition, avec la *conscience du donné*, rapport développé au sein du *principe fondamental de grandeur intensive*.

La présupposition d'une réalité intensive est latente dans *tous* les principes fondamentaux, il faut donc lui donner son indépendance. Elle est le sens de la réalité, ainsi que le secret du concept de différentiel, secret logique dévoilé par la critique de la connaissance. La signification générale de pareille révélation consiste à mettre en lumière le rapport de l'intuition et de la pensée. *D'abord*, on préconise la limitation de l'instrument de connaissance, indispensable pour sa part, qu'est l'intuition ; mais *ensuite*,
29 la preuve positive est fournie que l'instrument | de pensée qu'est la réalité est en mesure d'intervenir lorsque l'intuition à elle seule s'avère impuissante. *Enfin*, on insiste sur le fait que l'instrument de pensée n'est en rien pour autant fondé à se dérober au rapport qui le lie à l'intuition, car la réalité n'a pas de fin plus immédiate que la *réalisation de ce qui est donné*. Et nous en arrivons ainsi à la *qualité*, le terme qui définit le *rapport de la réalité à l'intuition*.

34. La réalité intensive doit, en tant que *qualité*, être distinguée de la *quantité*. Elle constitue un principe fondamental propre auquel on doit la possibilité pour les méthodes des mathématiques d'entrer dans des relations réciproques. Car toute intuition se réfère à une *pluralité* d'éléments, et consiste dans la mise en *ordre* et la structuration de ces derniers. Cependant, un tel *rapport*, au sein d'une pluralité d'éléments, *donnée de cette manière-là*, ne pourrait subvenir aux besoins d'une science de l'intuition : elle exige la présupposition d'une *unité*, et de telle nature qu'elle ne soit pas faite de la *ruine* de la pluralité, mais qu'elle fasse, au contraire, *surgir*, de son côté, la pluralité; elle exige, donc, une *unité qualitative*. C'est la réalité intensive. Elle réclame ce présupposé nouveau sous un *triple* rapport : 1) pour la *géométrie ;* 2) pour la *théorie des nombres ;* 3) pour la *mécanique*. Ces trois registres ont agi de concert dans la mécanique pour mener à maturité la découverte du calcul différentiel.

35. On a depuis toujours attribué l'invention du calcul infinitésimal aux Alexandrins, et, plus particulièrement, à Archimède. Mais on ne doit pas oublier, à cet égard, qu'on trouve chez Platon, qui a découvert la méthode analytique, certaines assertions décisives qui vont dans le sens d'une conception *idéaliste* du monde, fondant *la nature sur les mathématiques*. Sa conception de la physique et de l'astronomie, qui, à ses yeux, sont des exemples d'application des mathématiques pures, repose sur l'idée que les mathématiques serviraient d'instrument à la physique. Et

c'est à cette idée que répond la définition qu'il donne du *rapport* qu'entretient la μαθηματικὰ, d'une part, avec les idées, et d'autre part, avec les *choses*. Même sa théorie de l'*espace* (χώρα), compris comme fondement de la *matière*, va dans ce sens. | Mais, dans le terme d'idée, l'intui- 30
tion, ainsi que la *collusion*, par elle donnée, *du voir et de la pensée*, constitue d'emblée un obstacle caractéristique [1].

Chez Archimède, comme chez Euclide déjà, la gêne éprouvée à l'égard de cet instrument universel qu'est l'intuition devient perceptible à l'occasion de problèmes spécifiques, et c'est ainsi qu'elle a conduit aux débuts du calcul de l'infiniment petit. Lorsqu'on a doublé le nombre des côtés du polygone pour parvenir au calcul du périmètre du cercle, l'intuition est restée en plan. Afin de combler alors le défaut d'*évidence*, Archimède, dans ses méthodes géométriques et mécaniques pour calculer la *quadrature de la parabole*, a dû avoir recours au *concept de limite*. Le rapport entre une surface plane délimitée par une courbe et le polygone qui y est inscrit peut être ainsi déterminé sur la base, non plus de l'intuition, mais du théorème selon lequel « la somme de toutes les sections restantes serait inférieure à toute surface possible » [2]. Chez Archimède, cette présupposition faite par Euclide, a confiné à l'évidence géométrique, grâce à quelques principes préparatoires, et grâce à une démonstration indirecte. Au Moyen Âge pourtant, et même au XVIe siècle lorsqu'on a commencé de s'intéresser à Archimède, il s'est formé, à partir de ce principe euclidien adjuvant, une notion floue de *l'infiniment petit* [3], et, en ce qui concerne le mode opératoire à l'aide de cette notion, la croyance en une méthode archimédienne d'exhaustion [4].

Il ne manquait à cette « méthode » rien de moins que l'universalité. En outre, un infiniment petit dont la valeur consiste principalement dans le fait qu'il peut être tenu pour négligeable est dépourvu de toute fécondité ; la limite manquait de la moindre positivité créatrice.

36. Ce sens déficient de l'infiniment petit, qui est propre à la conception *exclusivement négative de la limite*, commande également la plupart
des | tentatives de plus grande envergure qui mobilisèrent le XVIIe siècle 31
dans le but de venir à bout de ce problème. Pour autant que les comptes rendus et certains extraits donnés par des introductions historiques

1. Cf. H. Cohen, *Platons Ideenlehre und die Mathematik*, publication particulière du Programme du Rectorat de l'Université de Marbourg pour l'année 1878, Marbourg, 1879.

2. Cf. C. I. Gerhardt, *Die Geschichte der höheren Analysis, op. cit.*, p. 6-9.

3. Ce serait le but d'une recherche décisive et pleine d'attrait que de montrer comment l'intérêt théologique pour l'infini s'est couplé à cette notion fondamentale de la Renaissance scientifique pour stimuler la discussion sur l'infinitésimal, autant chez Nicolas de Cues que chez Giordano Bruno.

4. Cf. C. I. Gerhardt, *Die Geschichte der höheren Analysis, op. cit.*, p. 14.

ultérieures au développement du calcul infinitésimal me permettent de comprendre la *Méthode des indivisibles* de Cavalieri, son défaut semble également consister dans ce sens purement négatif donné à la limite, et qui interdit la mesure d'ensembles continus. Les *indivisibilia* de Cavalieri, Roberval, son successeur, les considère comme des *heterogenea* par rapport aux lignes, surfaces et corps à la mesure desquels ils sont intégrés. Cette conception qui fait de l'indivisible un adjuvant, indivisible que Cavalieri ne définira jamais de manière précise bien qu'il le qualifie de *praecipuum instrumentum*, révèle son manque total d'assise face à la question primordiale de savoir *si les surfaces et les corps sont faits uniquement d'indivisibles ou bien si, entre eux, il existe encore un* aliquid aliud *au sein du continuum. Aucune* réponse *précise* n'est donnée à cette question. C'est ce qui révèle l'étroitesse, qui va de pair avec une exigence strictement géométrique, de cette nouvelle démarche, laquelle, par conséquent, ne peut être considérée comme un prélude au traitement de l'infinitésimal qu'en un sens fort limité. Le continuum ne saurait être épuisé par une conception si peu précise d'une *grandeur discrète ultime*. Mesurer le continuum requiert qu'on découvre des *grandeurs discrètes continues*.

37. Il faut donc, à cet égard, satisfaire à *deux conditions. Premièrement*, il ne faut pas éluder la *grandeur discrète ;* il est au contraire nécessaire de l'affranchir résolument de tout arbitraire, et de toute oscillation conceptuelle. *Ensuite*, une telle *détermination* stable de la grandeur discrète n'est possible qu'en prenant en compte le *continuum* dont il doit devenir la dimension discrète. C'est pourquoi il est nécessaire d'affranchir le concept de *limite* de son lien exclusif à la grandeur discrète de sorte qu'il puisse être intégré par le concept de *continu*, pour ainsi dire mis à contribution par ce dernier. À l'origine, la limite était conçue comme un substitut de l'évidence intuitive déficiente pour rapprocher les inégalités d'une *égalité* néanmoins juste bien qu'elle échappe à toute observation intuitive.

La limite n'implique rien de moins que l'illusion de *l'égalité des*
32 *grandeurs extensives*. Pareil coup d'audace vise à étendre le domaine | de l'intuition *scientifique* aux dépens de l'intuition commune. La limite négative est incapable de réaliser cet objectif : il nécessite un instrument positif qui lève principiellement l'hypothèque de l'intuition, un principe qui, *en tant que tel*, destitue l'intuition dans la signification qu'elle avait jusqu'alors. Le concept négatif de limite ne recèle aucun fondement de ce type, aucune source de *légalité indépendante*, aucun principe de *continuité créatrice*, ne contient donc pas non plus un infiniment petit, un indivisible qui reposerait sur lui. Car toute limite signifie la *réduction* de toute

inégalité donnée dans l'intuition à une *égalité*, réduction qui ne peut éviter ainsi de faire un saut. S'il faut définir un continuum comme tel, s'il faut installer une cohésion transitive des structures, l'unité de mesure doit être *constructive* et non *réductrice*. Il est nécessaire de considérer l'unité continue comme étant l'*origine*. *L'infini doit être soustrait au fini afin d'être capable de produire, par ses propres moyens, le fini.*

38. En ce sens, Kepler qui, avant Cavalieri, a utilisé l'infini comme instrument destiné à la mesure, semble, grâce à son imagination géniale, avoir découvert le point mobile, et Cavalieri lui-même, tout en défendant l'originalité de sa découverte, révèle la supériorité de l'idée képlérienne : Kepler *compose* à partir de ses *corpores minutissimi* les corps plus grands et les utilise comme éléments co-agissants *(concurrentes)*, tandis que lui-même considère lignes et plans seulement comme des « agrégats » et non comme *coincidentia*, mais uniquement comme *aequidistentia*[1]. Kepler, en revanche, considère que la circonférence du cercle est composée d'une infinité de points dont chacun est la base d'un triangle dont les sommets coïncident au centre du cercle; de même, la sphère est composée d'une infinité de cônes. Pour déterminer le volume des tonneaux, ce qui l'a conduit à poser ce problème, il examina les rapports de 87 corps nouveaux qu'il fit apparaître par le *mouvement* de surfaces sphériques et coniques. | 33
Chez Kepler, donc, se combinent les concepts instrumentaux de l'infiniment petit et du mouvement, donnant pour leur part une signification positive au concept de limite. Et ce sens positif, ce thème de l'infiniment petit, fort utile à la définition en géométrie, considéré comme *principe du mouvement*, du mouvement décrivant une limite, a conduit au véritable principe de toute cette démarche : au *principe de continuité*. Dans un premier temps, ce thème s'est vérifié dans le traitement de la question essentielle du temps, le *problème des tangentes*, à la *résolution* duquel Kepler lui-même fut à l'origine[2].

39. Cavalieri avait entrepris la mesure de surfaces dont les limites étaient courbes en les comparant à des surfaces dont les limites étaient rectilignes. Le progrès que représentait le problème des tangentes devait consister en ce que ce dernier pourrait faire apparaître l'obligation de

1. Cf. Christoph Friedrich Pfleiderer, *Kepleri Methodus solida quaedam sua dimetiendi illustrata et cum methodis geometrarum posteriorum comparata*, Tübingen, 1795, p. 26 et p. 30 : « *Verum paulo profundius res contemplatam in hanc tandem devenisse sententiam : ad rem suam lineas & plana non ad invicem coincidentia, sed aequidistentia assumenda esse.* » (p. 26) ; « *Tum diversa omnino esse utriusque methodi fundamenta, cum Keplerius ex minutissimis corporibus majora componat, iisque utatur tanquam concurrentibus, ipse tantum dicat, plana esse ut aggregata omnium linearum aequidistantium, & corpora ut aggregata omnium planorum pariter aequidistantium.* » (p. 30).

2. Cf. C. I. Gerhardt, *Die Geschichte der höheren Analysis*, *op. cit.*, p. 17.

produire la courbe *à partir de son concept*, et, grâce à ce concept de courbe d'aller jusqu'à l'idée de *calcul intégral*. C'est sur ce terrain nouveau que se sont rencontrés et ont travaillé Roberval, Descartes et Fermat qui tous ne faisaient pourtant alors que suivre les traces de Kepler.

La méthode de Descartes se borne à faire *coïncider* les deux points par lesquels un cercle coupe la courbe en un unique point tangent. L'avantage que l'on reconnaît à Fermat est de s'en tenir à la rigueur des Anciens. Comme Archimède, il met la tangente en rapport avec une sous-tangente et cherche à la déterminer à partir de cette dernière ; ce faisant, il en reste, lui aussi, à la notion négative de limite puisque, par approximation des deux points de la tangente, il identifie deux rapports inégaux à l'*égalité* ou à une *« quasi égalité »*[1]. La limite, là encore, n'est que le *terminus ad quem*.

Roberval, préoccupé par l'établissement *philosophique* des concepts fondamentaux de la méthode[2], semble ici aussi effectuer une conversion positive, même s'il fait un usage qui lui est propre de la méthode des indivisibles. D'après lui, une droite n'est pas seulement délimitée par des
34 points, c'est l'infinité des points qui compose la droite. | Il se distingue de Cavalieri en ceci que la droite consiste *(constat)* en des droites infiniment petites dont elle est composée *(componi)*[3]. C'est le point de vue de Kepler qui prévaut également dans la méthode adoptée par Roberval pour résoudre le problème des tangentes. Conformément à ce point de vue, la tangente est en fait le *concept de la courbe*. En effet, sous l'impulsion du problème des cycloïdes posé par Mersenne, Roberval part de l'*« axiome »* selon lequel toute courbe pourrait être décrite par le mouvement d'un point mû dans deux ou plusieurs directions, et qui veut que l'*orientation* du point soit simultanément la tangente du point de la courbe. Par conséquent, l'orientation, qui signifie la tangente, devient *la cause génératrice de la courbe*. Donc, le point de la tangente et le point de la courbe ne peuvent plus être deux points qui coïncident, ils ne sont au contraire qu'un seul point eu égard à l'engendrement de la courbe.

C'est sur cette idée que repose le lien entre le problème des tangentes et le concept de différentielle. Il se confirme que, dans la tangente, l'infiniment petit est le moment *générateur ;* c'est ainsi que la *limitation* acquiert une signification positive, créatrice. Le point de la tangente, qui réunit en une seule orientation les différents mouvements d'un point, engendre, dans cette orientation, la courbe. *Appliquée au* problème des tangentes, la signification antique de la limite est dépassée. Un *nouveau* principe surgit alors auquel incombe la justification de cette cause génératrice.

1. Cf. C. I. Gerhardt, *ibid.*, p. 41.
2. Cf. Victor Cousin, *Fragments de philosophie cartésienne*, Paris, 1845, p. 229-261.
3. Cf. C. I. Gerhardt, *Die Geschichte der höheren Analysis, op. cit.*, p. 31.

Et cette *loi fondamentale* nouvelle, qu'il faut distinguer du principe négatif de limite, permet en même temps la liaison de la cause *géométrique* du concept de différentiel avec celle que l'*arithmétique* et la géométrie *analytique* recèlent, mais surtout avec celle de la *mécanique*.

40. Ce nouveau principe est celui de la *continuité*. L'idée de continuité avait déjà occupé les Éléates, et ressortit au contexte des réflexions qui dérivent *l'être de la pensée*. Cette idée est donc plus générale qu'il n'y paraît si l'on tient pour suffisant de la | fonder sur *l'intuition de l'espace*, **35**
mais en l'y cantonnant. Or cette idée a plus d'ampleur, et il est nécessaire de reconnaître cette généralité propre à sa nature parce qu'elle recèle une véritable *instance de légitimation* de certaines questions qui, sans cela, resteraient obscures et paraîtraient insolubles. La continuité définit une *caractéristique générale de la conscience*, tout comme l'*identité*. Elle est donc une expression *spéciale de la loi générale de l'unité de la conscience*.

41. C'est à la continuité de la conscience que nous devons de pouvoir forger des *concepts génériques* qui semblent négatifs et sont néanmoins tout aussi utiles et nécessaires à la connaissance scientifique que les concepts positifs. La continuité commande le *jugement limitatif*. Il est regrettable que Lotze, dans son appréciation de ce jugement, ait cru bon de reprendre les plaisanteries de Hegel. Il est vrai que le jugement « l'entendement n'est pas une table » n'a aucune valeur sérieuse. Pas davantage le jugement évoquant le « non-humain » lorsqu'on entend par là « triangle, mélancolie et acide sulfurique ». Mais lorsqu'on rassemble au hasard des choses à ce point disparates, on ne fait que démontrer, ne serait-ce que grâce à l'exemple qu'on donne, à quel point l'intelligence de ce type de jugements est indispensable, et combien chèrement on paie l'absence de cette compréhension. La pensée n'est pas livrée à de pareilles lubies, mais elle n'est pas en mesure non plus de prédiquer, sur le mode simplement affirmatif, de l'entendement qu'il serait, par exemple, un concept générique d'ordre psychologique, ni, sur le mode exclusivement négatif, qu'il ne serait pas une émanation du système nerveux ; mais bien qu'il fait partie de ce contexte des modifications psychiques limité notamment par les domaines de l'art et du vécu moral, tout comme lorsque que je dis que la logique est impitoyable. Il est fort sensé d'affirmer que l'entendement n'est ni beau ni équitable. Pareilles déterminations n'ont pas surgi arbitrairement ni comme de « manifestes caprices », mais ressortissent aux besoins de la pensée scientifique afin d'y permettre au moins certaines délimitations lorsque les définitions achevées faisaient tout d'abord défaut. Il est utile de définir au moins le concept générique indéfini lorsque le *genus proximum* positif n'est pas encore accessible. La seule notion de μὴ ὄν devrait | nous enjoindre à la prudence dans l'analyse de ce problème. **36**

Mais ce type de limitations exige l'assurance que la pensée ne soit pas livrée à des sauts sans médiations dans le domaine du pensable, mais qu'elle puisse en confiance aboutir à une inconnue dont la délimitation ne suscitera pas une négation absurde et sans objet, mais permettra d'affirmer une position et d'indiquer, eu égard à cet élément inconnu, à partir de quel autre la pensée devra se mettre en œuvre. Qu'est-ce que l'*esprit ?* Dans la mesure où je refuse de nier, en matérialiste, la valeur de ce concept, dois-je me borner à déterminer de manière nécessairement positive, et, ce, *d'emblée*, quel type d'être représente ce concept ? Il semblerait au contraire recommandé et nécessaire d'établir d'abord en général une comparaison avec le concept qui en est le contraire. C'est cette étape importante dans la formation du jugement que constitue le jugement limitatif ou indéfini : l'esprit est immatériel, l'esprit appartient à ce groupe de déterminations réflexives que l'on doit définir par distinction d'avec le registre matériel. Ce groupe indéfini constitue le *tertium comparationis ;* lequel ne saurait être un lieu commun excentré, mais doit au contraire être dans la proximité d'une contiguïté naturelle. Le courage de la pensée, qui consiste à ce que pareille relation soit accessible lorsqu'il s'agit de l'esprit, puise à cette source qu'est la continuité de la *conscience.* En fin de compte, n'est-ce pas sur ce jugement indéfini que repose la force du jugement affirmatif statuant sur l'esprit ?

Un autre exemple encore de jugement limitatif est particulièrement pertinent quant au problème qui nous occupe. Les *impondérables*, comme on le sait, ne sont pas un concept simplement négatif dans la mesure où ils sont tirés de la loi de la *pesanteur.* Mais ils ne sont pas non plus d'ordre strictement positifs puisqu'ils sont soumis à la loi de l'*inertie.* Ils forment justement cette classe de notions indéfinies qui entretiennent un rapport si étroit au concept positif de matière qu'ont peut se demander où réside leur dépendance. Dans l'*éther*, les impondérables constituent le matériau fondamental de la matière. Par conséquent, si ce jugement limitatif n'était pas formulé, il ne serait plus possible de forger le concept positif de matière à
37 partir de | ses véritables caractéristiques. Celles-ci sont, à titre préparatoire, présentes dans le concept indéfini. Ainsi, nous approchons nous, pour illustrer le jugement indéfini, du concept qui constitue l'objet de notre recherche.

42. Le principe de continuité signifie la présupposition que *scientia non facit saltus*. Cet appui de la conscience se vérifie de manière éminente lorsqu'il s'agit du concept d'infinitésimal. L'infiniment petit est l'exemple le plus instructif de l'utilité, de l'intention et de la valeur du jugement limitatif. Définir ce qui est *fini*, le *produire* en fin de compte à partir des présupposés et des normes dont il provient et dont il fait partie, exige

qu'on imagine un *type d'être scientifique* qui, *dans un premier temps*, ne peut être défini que par sa *différence avec ce qui est fini*. Pour l'intuition sensible, le point de la tangente et le point de la courbe constituent deux points ; dans le concept de courbe, ils ne sont qu'un seul point, un point infiniment petit. Ainsi, l'infinitésimal propre à l'orientation a-t-il produit le point fini de la courbe, et, partant, l'être scientifique de la courbe. Cette création réalise une *loi fondamentale de la conscience* qui vaut *avant* le temps et l'espace, qui donc ne peut dépendre de règles restrictives, pas même de celles de l'intuition *pure*.

La continuité est donc un *fondement* général *de la conscience : non pas commise à faire face à une masse d'éléments disparates, mais vouée à s'enraciner dans la relation entre des éléments structurels comparables*. Par conséquent, la continuité n'est pas d'emblée active en tant que *constante* au sein de la *divisibilité infinie de l'espace*, elle *ne* ressortit *pas* du tout au premier chef à l'intuition spatiale, mais constitue une *détermination fondamentale de la pensée*, une *structure essentielle* de cette conscience qui, *conscience de la pensée*, doit être distinguée de la *conscience de l'intuition* ou de *celle de la sensibilité* de la même manière qu'on est plus généralement enclin à distinguer la *logique* de la *théorie de la connaissance*. Donc, la continuité est également d'une utilité particulière dans le domaine *mathématique* qui est le plus proche de la pensée générale, et qui a maintes fois été désigné comme le secteur général des mathématiques : *la théorie des nombres*. | **38**

43. Grâce aux nombres, les choses semblent être dans un premier temps *comparables* de la manière la plus générale. On fait abstraction de leurs particularités, et l'on ne tient compte que de ce qu'elles sont des *unités*. Les nombres apparaissent ainsi comme les premiers instruments et les premiers objets de l'*abstraction* en général. Cette abstraction est encore néanmoins lourdement grevée d'inexactitude sensible qui rend nécessaire des abstractions d'un niveau supérieur. *Toute abstraction aspire à établir des généralités*, des genres, des espèces et non des individualités. L'*individualité* ne concerne l'abstraction que si elle est individualité d'un *genre*. Même lorsqu'on tient compte de la détermination de l'abstraction, elle n'entend, elle aussi, viser que des déterminations intellectuelles grâce auxquelles l'individualité relative appartient à un genre selon une autre relation. Toute démarche abstraite de la pensée a pour but l'établissement de communautés d'ordre intellectuel. Le nombre, en revanche, établit et conforte des *unités discrètes*. Et le nombre ne saurait être générateur d'abstraction que si ces unités discrètes ne sont pas d'ordre sensible et produisent des liaisons conceptuelles, permettent le développement du concept de nombre.

En fait, dans la mesure où il semble être le *principe de la discrétion*, le nombre contient aussi la possibilité de la dépasser. Les Anciens avaient exclu la *fraction* du concept de nombre. Et pourtant, chez eux déjà, le *nombre irrationnel* fait échouer effectivement la définition de l'unité discrète finie, et les a donc conduits au substitut qu'ils ont trouvé pour la finitude relevant de l'intuition : le concept de *limite*. Le concept de nombre irrationnel implique dont l'exigence de dépasser la notion de discrétion. Car elle impose l'*obligation* de réaliser en une série non fractionnelle ce que des fractions rationnelles sont incapables de représenter. Cette *série exclut donc l'unité discrète*, mais refuse absolument de renoncer à la précision; elle veut au contraire établir une précision qui dépasse les capacités du nombre rationnel discret. *Dans le nombre irrationnel, c'est déjà le principe de continuité qui est la pensée dominante, l'idée qui en détient la légitimation*.

D'où surgirait autrement la prétention à « former une série qui peut être prolongée sans restriction », et, surtout, l'assurance « de pouvoir satisfaire
39 avec toute l'exactitude requise telle exigence qu'une fraction rationnelle | est incapable de satisfaire en toute rigueur »[1] ? La *série* repose sur le principe de continuité qui *ne* s'est *pas* d'abord développé – même pour la série – sur le terrain de la *géométrie*, mais a élaboré sa *propre situation logique en général* exclusivement en rapport avec le cas spécial du concept de nombre. En effet, dans son emploi empirique initial, le nombre ne s'est certes pas fait l'expression de la continuité; mais, en raison de sa nature scientifique, le nombre a cependant été mis en rapport avec la continuité, chez les Pythagoriciens déjà. Ce résultat, les séries infinies, met enfin en pleine lumière le principe de continuité.

44. La continuité réclame donc le concept d'une unité qui englobe l'infinité. Galilée avait déjà exprimé cette exigence dans l'acuité d'un style épigrammatique : « Si un nombre peut être dit infini, ce doit être l'unité [...] Nous en conclurons donc que l'unité est le seul nombre infini. Ce sont là certes des choses étonnantes qui excèdent les capacités de notre imagination, et qui devraient nous prévenir contre la grave erreur qui

1. Cf. R. Lipschitz, *Lehrbuch der Analysis*, I, p. 50 : « Les définitions des grandeurs rationnelles et des grandeurs irrationnelles sont les suivantes. Une *grandeur rationnelle* exprime une valeur *qui peut être représentée par un nombre fini d'additions, soustractions, multiplications et divisions effectuées à partir de nombres entiers*, c'est-à-dire une fraction *positive ou négative dont le numérateur et le dénominateur sont des nombres entiers*. Une *grandeur irrationnelle* exprime *la valeur limite de fractions rationnelles qui constituent une série indéfiniment prolongeable, et qui satisfont avec toute l'exactitude requise telle exigence qu'une fraction rationnelle est incapable de satisfaire en toute rigueur*. Les grandeurs rationnelles comme les irrationnelles sont des grandeurs définies, car une grandeur qui ne peut être confondue avec une grandeur différente d'elle est définie. »

consiste à raisonner sur l'infini en lui appliquant les mêmes attributs qu'au fini, alors que par nature ils n'ont rien en commun »[1].

Or si, grâce à la continuité de la conscience, l'unité recèle l'infinité, le *concept d'unité* en général se modifie et s'approfondit ainsi, et, par conséquent, le *rapport de l'infini au fini*. Tant que l'on cherche à passer de manière inductive du fini à l'infini demeurent ces « miracles » qui s'expliquent cependant dès que l'on a appris, inversement, à déduire l'infini du fini. Il est alors d'emblée évident que l'unité ne peut plus contenir la discrétion sensible, caractéristique de ses premiers pas. Dans la mesure où elle recèle l'infinité, l'unité n'est plus discrète, mais *détermination continue*. Un n'est plus ce que, dans le meilleur des cas, je puis évaluer grâce à la tache jaune | de la rétine ; l'unité *n'est pas* en général *un prédicat immédiat* **40**
de la perception sensible, c'est une détermination où se manifeste la *conscience de la pensée*, à la différence de celle de la perception et même de l'intuition.

Ce sens plus profond de l'unité qui s'enracine dans la continuité de la conscience, et qui, donc, contient l'infinité continue, dépasse ainsi ce qui fait la nature de la *quantité* en général. Ce sens de l'unité, signification qui va au-delà de toute discrétion et qui cependant parvient à une détermination plus précise et plus ferme, c'est l'unité de la *qualité* qui fonde toute qualité de l'être. *Sans cette évaluation de type continu, tout être resterait qualifiable du seul point de vue sensible*, par la vue ou le goût. La qualité, au sens de la *science mathématique de la nature*, repose sur la détermination de ce type de réalité à laquelle le calcul infinitésimal expose l'unité de mesure. *Au sein de l'unité continue, quantité et qualité sont liées*, s'interpénètrent conceptuellement. L'unité qualitative, c'est la réalité. On peut donc également dire : *la continuité est cette qualité qui approfondit la quantité propre à l'unité numérique en infinitésimalité de la réalité.*

C'est dans cette différence entre *grandeur de réalité* et *grandeur de comparaison* que consiste la différence entre qualité et quantité, entre nombre extensif et nombre infinitésimal ou intensif. Ce processus est nécessaire à la constitution du réel, et il est également exigé par le concept même de nombre. Car l'énumération pose à titre de condition qu'elle ne s'arrêtera nulle part. L'unité ne saurait nulle part être rompue. *Toute unité est donc arbitraire*, non seulement comme signe numérique, par exemple, mais aussi comme grandeur numérique, à l'exception cependant de cette unité qui exclut de son concept toute discrétion : et qui ainsi offre à l'étant pour la première fois une véritable *stabilité* bien qu'elle ne soit nullement

1. Galileo Galilei, *Discursus et demonstrationes mathematicae*, Lugduni Batavorum, 1699, Dial. I, p. 34 = *Opere complete*, t. XIII (E. Albèri, *ed.*), Florence, 1855, p. 41 [*Discours concernant deux sciences nouvelles*, trad. fr. M. Clavelin, Paris, PUF, 1995, p. 34 *sq.*].

fixe. C'est alors seulement qu'il est possible de définir et de distinguer des unités, non plus comme des individualités discrètes et sensibles, mais comme des *grandeurs réelles*. Ce n'est plus du tout l'intuition sensible qui peut les fournir, et absolument pas l'intuition géométrique pure ; les
41 produire exige au contraire le | calcul infinitésimal. Nous comprenons aussi comment le nombre a préparé la notion de différentielle, comment *l'unité du nombre a préparé celle de la réalité*.

45. Dans la préparation, en géométrie, du concept de calcul différentiel, la signification positive de l'infiniment petit, à la différence du concept négatif de limite, s'était conservée dans la *production* de la configuration spatiale (cf. § 39). À nos yeux, le sens du problème des tangentes résidait dans le fait que la courbe y était définie, qu'elle y était elle-même produite. *L'infini fait surgir de lui le fini*. Le nombre infinitésimal a lui aussi ce sens-là : il ne se contente pas de présenter *l'unité de la réalité*, il *la réalise comme telle ;* dans la qualité, il confère la réalité à l'être. Cette signification réalisatrice du nombre se manifeste dans la notion de *fonction*.

Le principe du mouvement conduit à ce résultat de manière analogue à l'évolution suivie en géométrie. La généralisation de l'unité, introduite par Viète dans sa manière de calculer avec des lettres, n'aurait pas à elle seule démontré la légalité productrice propre à l'unité numérique. Même le puissant développement qu'a connu, à cette époque, cet instrument qu'était la *série* pour la mesure des figures n'a pu mettre au jour la continuité comprise comme le principe de la série que par le biais de l'idée de mouvement. *Or le nombre, pensé comme mobile, c'est la variable*. La variabilité fait pleinement ressortir la nature axiologique du nombre. En effet, la variabilité présuppose la continuité. Le mouvement, la modification du nombre ne sont pas une transformation superficielle, à tous égards arbitraire, mais une transformation liée à la liberté que recèle la loi de continuité. Dans la variabilité continue, le nombre représente la *grandeur en général comme une valeur*, car il produit, à partir de lui-même, toutes les valeurs de la grandeur, et les représente. La grandeur numérique devient ainsi un concept axiologique, et se rapproche ainsi de sa véritable définition à quoi elle satisfait dans la réalisation.

C'est pourquoi, avec son *Arithmetica infinitorum*, John Wallis représente sans doute, dans l'évolution de l'idée de continuité, ce progrès qui a
42 consisté dans la généralisation | du principe de l'*interpolation*[1]. Mais il suit en cela l'idée qui est à l'origine des *logarithmes*, et qui est devenue le modèle du concept de *fluxion*. En revanche, et dans l'application de ses recherches sur le nombre aux problèmes géométriques, Wallis s'est lui

1. Cf. A. Arneth, *Die Geschichte der reinen Mathematik in ihrer Beziehung zur Geschichte der Entwickelung des menschlichen Geistes*, Stuttgart, 1852, p. 252.

aussi « fondé, sans la modifier en rien, sur la méthode de Cavalieri »[1]. Cette application n'est pas d'ordre extérieur, chez Wallis non plus, et ce n'est pourtant que grâce au calcul différentiel que la liaison intime des problèmes apparaît en pleine lumière. Seul le calcul différentiel permet de structurer le *concept de fonction* qui définit la transformation comme continue.

Dans toutes ces recherches analytiques, la *limite* reste encore exclusivement négative. La méthode de Fermat pour déterminer les minima et les maxima considère le *e* comme une grandeur très petite dont s'accroît l'abscisse *x*, et qui, lorsqu'elle a joué son rôle dans le calcul, peut de nouveau être évacuée. Mais le *e* n'est pas conçu comme la *source* dont le *x* lui-même provient et qui doit nécessairement le régénérer sans cesse. Pareille signification ne peut être accordée à la grandeur infinie adjuvante qu'à partir d'une *algèbre* affranchie de sa seule application à la géométrie, et qui, au contraire, était capable, de son côté, d'offrir et de découvrir, pour la résolution du problème au service duquel elle était, des méthodes et des concepts indépendants.

46. Cette évolution de l'algèbre requerrait une élaboration plus avancée du concept de continuité. Il ne s'agissait pas seulement d'étendre la notion de continuité en tenant compte cette fois-ci de la *pensée*, puisque, chez les Grecs, elle n'avait alors été acceptée que pour la *divisibilité infinie de l'espace*. De même que la continuité, traitée comme l'avait été l'*identité*, avait nécessairement été développée comme une normativité fondamentale de la *pensée*, et réalisée grâce à la qualité, il fallait aussi que, au niveau des *fondements sensibles*, fût une bonne fois comprise, et à sa juste place, l'origine de ce concept essentiel : *non pas dans l'espace, mais dans le temps*. C'est par ce biais seul que devint possible la liaison entre intuition et pensée, rapport qui se réalise dans le principe de la grandeur intensive comme principe de la réalité.

Le temps est l'expression générale qui désigne cette normativité dont la problématique est le *mouvement*. Or du concept de | temps dépendent non 43
seulement, comme nous l'avons vu, la préparation, en géométrie, du concept de différentielle devenant le *concept générateur de la courbe* (cf. § 38, 39), mais tout autant l'élaboration, en arithmétique, de *l'unité comme réalité variable* (cf. § 44). Il fallait donc mettre en valeur la signification du temps pour le concept de continuité et la mettre à son niveau. Tout le monde parlait de continuum, et la mesure du continuum constituait un problème général. Depuis Kepler et Cavalieri, le mouvement a été mis à contribution pour le résoudre, mais non le fondement général du mouvement, le temps. *C'est uniquement dans le temps que peut avoir lieu*

1. Cf. C. I. Gerhardt, *Die Geschichte der höheren Analysis*, *op. cit.*, p. 36.

la liaison entre l'unité numérique continue et la structure spatiale continue. Barrow est celui qui a réalisé ce progrès dans la préparation du concept de calcul différentiel.

Il défend, certes, la méthode de Cavalieri, mais il ne pose plus l'indivisible de manière seulement négative, il dépasse donc la limite. Il aboutit à ce qu'il appelle son *triangulum characteristicum*, entre segment tangentiel de la courbe, abscisse et ordonnée du point de la courbe, c'est-à-dire à une figure infiniment petite et cependant limitée géométriquement. Ce progrès dans le traitement de l'infiniment petit se manifeste dans la détermination plus grande avec laquelle le concept de continuité est ici placé au centre de la recherche. Et la continuité ne doit à son tour cette position privilégiée qu'au fait qu'elle est, en l'occurrence, mise en relation plus rigoureuse avec le concept de temps.

Barrow examine les *différentes sortes de mouvements*, le rapport du temps et de la vitesse, et c'est à partir de la combinaison des mouvements qu'il découvre les *propriétés* des courbes[1]. En supposant alors la continuité des grandeurs, il en conclut à la continuité du mouvement et du temps. Il prend bien pour point de départ la continuité de la grandeur, mais il l'abandonne aussitôt pour passer à celle du temps : « *Ob* magnitudinis *quippe* continuitatem *continuus est* motus, *et propter motum* tempus *quoque continuum est* »[2]. Cette conséquence entraîne concrètement que soit au contraire déduit du temps le concept de continuité, tout comme furent engendrées, à partir du temps et grâce au mouvement, les grandeurs
44 spatiales. | Ainsi, Barrow parvient à cette idée que *la continuité est à fonder dans le temps*.

Cette conception plus profonde du concept de continuité révèle, chez Barrow lui-même, sa fécondité à propos du concept de grandeur dont il était parti : *le concept de grandeur intensive s'y prépare*. Les difficultés rencontrées dans la méthode de Cavalieri – le fait que les *indivisibilia* étaient hétérogènes aux figures censées être mesurées par eux – ces doutes propres à une étape encore immature de la réflexion sur l'infini, ne sont plus actuels pour Barrow : surfaces, lignes et points ne sont, à ses yeux, que des différences idéelles d'une unique grandeur continue : « *Non existimo superficies, lineas aut puncta* separatam quandam existentiam *aut* propriam ex se ipsis efficaciam *possidere, vel aliter a solida magnitudine quam κατ'ἐπίνοιαν distingui ; sed* unicam *potius arbitror ex parte rei* magnitudinem *dari* »[3]. Ainsi, *l'antique concept de limite* se trouvait-il en fait dépassé. Une intuition du *temps*, affranchie des entraves de

1. Cf. C. I. Gerhardt, *ibid.*, p. 45.
2. *Ibid.*, p. 78.
3. *Ibid.*, p. 78.

l'intuition de l'espace, devint le levier de l'intuition qu'elle fût même *géométrique*. La continuité d'une grandeur unique, ramenée à la continuité du temps reconnaît dans l'indivisible la force et la valeur de ce qui est *générateur*.

Le chemin conduit donc directement de Barrow non seulement à son disciple, Newton, mais tout aussi bien à Leibniz. Savoir si Leibniz a ou non nécessairement dû connaître, avant ses propres découvertes, les *Lectiones geometricas* de Barrow [1], voilà une question qui, dans notre perspective, reçoit un tout autre éclairage. Ce qui est original chez Barrow, ce n'est pas tant le triangle caractéristique que sa conception de la continuité. Or les vues de Leibniz sur ce point sont, à tous égards, déjà prêtes. Tout concourt, chez lui, à rendre plus précis le concept de continuité ; non seulement sa géométrie et son analyse, mais, plus largement et plus puissamment sa *vision systématique de l'univers*. Il faudrait supposer que toute sa philosophie n'aurait rien d'original ni rien qui fût propre à son auteur, mais aussi qu'elle serait entièrement empruntée à Barrow si l'on voulait tenir son concept de calcul différentiel pour un emprunt à Barrow.

47. Ce n'est pas simplement du point de vue chronologique | ni en 45
raison de circonstances contingentes que Barrow représente une transition vers ceux qui découvrirent le calcul infinitésimal : il fait droit, en effet, également au *troisième mobile* qui fut décisif dans cette découverte. Le point qui définit l'orientation et la vitesse du mouvement se réfère, par-delà les fictions et les relations géométriques à des *processus naturels réels*. C'est dans ce rapport avec le problème de la mécanique qu'apparaît finalement le concept de différentiel (cf. § 34). Or, en cette acception finale, on trouve l'usage de l'infiniment petit déjà chez l'homme qui avait jeté les *premières grandes bases* permettant de l'exploiter, et qui les avait établies. *Dans la définition qu'il donne et dans la démonstration qu'il fait de la force d'accélération, Galilée entend l'infini au sens d'une réalité génératrice*. Ainsi, c'est une ligne droit qui conduit, à travers le problème des tangentes et le développement des séries, de Galilée à Newton, mais tout autant à Leibniz. Car, dans les conceptions de ce dernier aussi, la réflexion sur la *mécanique* a sinon produit du moins accompli et achevé l'idée de *grandeur intensive de l'infiniment petit*.

Nous avons déjà vu que, pour Galilée, *l'infinité* se situe dans *l'unité*. Son génie s'est appliqué à constituer le *fini à partir de l'infini*. Il établit une différence nette entre l'acte de *constituer* à partir de conditions nécessaires propres à la pensée, et le fait de *composer* en partant d'éléments d'ordre sensible. Une objection majeure contre la théorie de l'indivisible serait, dit-il, qu'un indivisible lié à un autre indivisible ne serait pas

1. J. Barrow, *Lectiones geometricas*, Londres, 1670.

capable de produire une chose divisible : « À cette objection et à toute autre du même genre on répondra donc, pour la satisfaction de l'adversaire, que non seulement deux indivisibles, pas davantage dix, cent ou mille ne donneront une grandeur divisible et de dimension finie, mais qu'il en faut bel et bien un nombre infini »[1]. C'est cette positivité que Galilée distingue l'infini des nombres finis, eu égard à la force de l'acte de constituer.

C'est pourquoi Galilée refuse aussi que la démonstration sur le terrain de la *sensibilité* ainsi que la moindre preuve s'effectuent à partir de la constitution parce que c'est précisément la détermination de la pensée qui
46 est censée *légitimer* la donnée sensible. | La *resolutio* de la ligne *in infinita sua puncta* ne pose pas de difficultés plus grandes que sa *divisio in suas partes quantas*, à cette seule condition dont il espère qu'elle ne lui sera pas refusée : « Ne me demandez pas de vous séparer ces points les uns des autres ni de vous les faire voir un par un sur cette feuille de papier »[2].

Mais ce n'est pas uniquement la donnée sensible en général qu'il cherche à réduire, comme continuum, en un infini, et à constituer à partir de lui, car il est cohérent et suffisamment intéressé à l'établissement philosophique des concepts fondamentaux pour, obéissant à cette réduction, diviser la *grandeur* elle-même, le concept de grandeur *de sorte que la quantité devienne une sous-espèce de la grandeur :* « Et si les parties sont en nombre infini, on en tire immédiatement qu'elles n'ont pas de grandeur, car un nombre infini de parties ayant une grandeur donne une grandeur infinie [...] Mais si l'on peut poursuivre la division en parties ayant une grandeur, quelle nécessité d'introduire en ce cas des parties sans grandeur »[3]. Ainsi voyons-nous Galilée exprimer la nécessité de diviser le *quantum* continu en de multiples parties qu'il définit comme *non quantae* ou encore comme *atomes :* « En revanche, s'ils utilisaient le détour que je propose pour séparer et résoudre d'une seul coup l'infinité de toutes les parties (artifice dont la portée ne doit pas m'être refusée), je crois qu'ils se tranquilliseraient et admettraient cette composition du continu en atomes absolument indivisibles »[4]. En définissant ces parties comme des atomes, comme *non quantae*, il *transforme* le *concept de grandeur*.

Je n'ai pu trouver nulle part que Galilée ait introduit le terme de *qualité*, pour désigner ces grandeurs *génératrices* qu'il met au jour, au lieu du terme de quantité en général. En revanche, on trouvera bien chez lui le pendant de

1. Galilée, *Discursus, op. cit.*, p. 28 = *Opere complete*, t. XIII, *op. cit.*, p. 35 [trad. cit., p. 30].

2. Galilée, *Discursus, op. cit.*, p. 43 = *Opere complete*, t. XIII, *op. cit.*, p. 50 [trad. cit., p. 42].

3. *Ibid.*, p. 31 = *Opere complete*, t. XIII, *op. cit.*, p. 38 [trad. cit., p. 32].

4. *Ibid.*, p. 44 = *ibid.*, p. 51 [trad. cit., p. 43].

l'autre expression de cette opposition : la *distinction entre extensif et intensif*. Et si la réduction des *quanta* discrets en une infinité d'atomes ne devait pas faire ressortir assez précisément l'idée qu'il s'agit là d'un *dépassement du sensible par des déterminations propres à la pensée* – déterminations qui, d'ailleurs, n'ont rien de commun avec la distinction aristotélicienne | de l'être *en puissance* et de l'être *en acte*[1] – la distinction 47
entre extensif et intensif ne fait rien perdre de sa clarté à cette perspective. Or cette distinction se retrouve dans l'exposé des *lois de la chute des corps*, et l'on peut affirmer qu'elle constitue *le mobile créateur* de cette découverte essentielle. Et c'est là que se révèle et *s'atteste* comme étant décisif le *troisième mobile* dont nous avions dit qu'il prenait part à la découverte du concept d'infinitésimal.

48. Les lois galiléennes de la chute des corps sont un *prototype des forces naturelles*. En montrant donc que, dans ces lois, l'idée d'infinitésimal s'est révélée créatrice, nous confirmons qu'elle est un *concept fondamental en mécanique*. Le concept d'*accélération* est le résultat de cette méthode des *indivisibilia* commune à Cavalieri et Galilée. Ce n'est donc nullement la « sensation musculaire »[2] qui conduit Galilée à cette idée fondamentale ; pareille illustration sensible tirant ses exemples du corps même du chercheur n'eût pas été en mesure d'écarter le voile épais qui recouvre toute la nature. Ce type de représentations anthropomorphiques n'ont certes pas manqué tout au long de l'Antiquité et du Moyen Âge qui voulaient rendre sensibles et décrire la puissance de la nécessité naturelle. Lorsque l'idée de *loi de la nature* aura été découverte et substituée à celles de *force de la nature* et de *nécessité naturelle*, il ne s'agira plus, dans le *concept*, de fixer cette idée nouvelle, la réflexion en mathématiques de la Renaissance, grâce à des représentations dont les images seraient tirées du monde sensible.

Galilée lui-même n'a pas manqué d'indiquer expressément qu'il tenait le *mente concipio* comme une composante indispensable de ses découvertes : et c'est à lui que revint de donner à cette expression et à son indétermination *psychologique*, une rigueur *conforme à la critique de la connaissance*. Cette rigueur est aussi celle qu'acquiert le concept fondamental qui est le *fondement de toute la mécanique*, le *principe d'inertie*. Or même tel *principe* κατ' ἐξοχὴν est un fondement esquissé *dans la pensée à destination de la connaissance*, fondement qui peut à bon droit être

1. *Ibid.*, p. 32 = *ibid.*, p. 38 [trad. cit., p. 32 *sq.*].

2. Cf. E. Dühring, *Kritische Geschichte der allgemeinen Principien der Mechanik*, Leipzig, [2] 1877 (Berlin, 1873), p. 24 ; K. Laßwitz, *Atomistik und Kriticismus. Ein Beitrag zur erkenntnistheoretischen Grundlegung der Physik*, Brunschvig, 1878, p. 65.

48 considéré comme *une conséquence de la continuité.* | Il ne faut donc pas définir la *constance* de la direction et de la vitesse comme un « fait naturel » qui ferait pendant à la simple « nécessité de la pensée ». Cette alternative n'est pas suffisante. L'inertie n'est pas, à vrai dire, une « nécessité de la pensée » au sens de la métaphysique aristotélicienne, elle est une *condition de la connaissance* dans le sens des *bases de la physique mathématique* dont Newton a réalisé la fondation, et Kant, la systématisation – mais à l'origine desquels se trouve Galilée.

La constance est un présupposé aux fins de la connaissance de la nature, mais non un fait naturel. Dühring reconnaît lui-même et expose très clairement que la conception de Galilée est toujours d'ordre ponctuel et que ce qui est essentiel, à ses yeux, c'est la reconduction à des segments temporels infiniment petits. Or ce ne sont justement pas des faits de nature. On relève encore ici quelque obscurité dans cette partie de l'œuvre, par ailleurs extrêmement féconde, dans la mesure où est dite indifférente la manière dont *surgit* la vitesse élémentaire [1]. On ne fût au contraire jamais parvenu à une intégrale des impulsions si l'impulsion initiale elle-même n'avait pas été pensée comme l'opposé infinitésimal de la quantité, c'est-à-dire comme surgissant pour compléter et approfondir cette dernière.

La présupposition du temps est au principe de la définition des axiomes du mouvement uniforme; on pourrait les appeler définitions et explicitations du temps. Même l'espace est déduit du temps dans le premier axiome. De la même manière, la force, en tant qu'accélération, repose sur le présupposé du continuum temporel. Et c'est uniquement de ce présupposé que proviennent les réflexions que Galilée place au début de son deuxième livre, le troisième jour : « Ce que nous comprendrons aisément en considérant l'étroite affinité entre le temps et le mouvement : de même, en effet, que l'uniformité du mouvement se définit et se conçoit grâce à l'égalité des temps et des espaces [...] de même nous pouvons concevoir que dans un intervalle de temps semblablement divisé en parties égales des accroissements de vitesse aient lieu simplement [...] Nous ne nous écarterons
49 donc pas de la droite raison | si nous admettons que l'intensité de la vitesse est proportionnelle à l'extension du temps... » [2] Cette opposition de l'intensif et de l'extensif correspond à celle de la *resolutio in partes non quantas* et de la *divisio in partes quantas*. Nous constatons ici le même besoin d'opposer au quantum, le moment extensif, un autre moment qui l'approfondit et le produit. De même qu'alors l'élément *générateur* de la

1. E. Dühring, *Kritische Geschichte der allgemeinen Principien der Mechanik*, Berlin, 1873, p. 30 et p. 33.

2. Galilée, *Discursus, op. cit.*, p. 141 = *Opere complete*, t. XIII, *op. cit.*, p. 155 [trad. cit., p. 131].

coordination était situé dans l'indivisible, ici, le mobile de la force gît dans l'*intensio* [1].

C'est pourquoi l'*intensio* est attribuée de manière éminente à l'accélération. En effet, la vitesse doit être posée comme étant directement proportionnelle au temps puisqu'elle représente un même genre d'application de l'espace au temps, c'est-à-dire une application *extensive*. Là encore, Galilée a certes ajouté un mot important et une mise en garde remarquable : « À la vieille définition (qui entend simplement par mouvement uniforme celui où en des temps égaux sont franchis des espaces égaux) il a paru bon d'ajouter le terme "quelconques", s'appliquant à tous les intervalles de temps égaux : il peut en effet advenir que pendant des temps égaux déterminés un mobile parcourt des espaces égaux, alors que les espaces parcourus pendant des parties plus petites et égales de ces mêmes temps ne seront pas égaux » [2]. On peut donc, tout d'abord, représenter la vitesse, non sans quelque naïveté inspirée par le registre sensible, comme un attribut du temps appliqué à l'espace bien qu'il soit nécessaire, même dans le cas de la vitesse, de recourir aux particules temporelles infinitésimales. Lorsqu'il s'agit, au contraire, de l'*accélération*, il est d'emblée impossible d'éviter d'appréhender l'infinitésimal puisque, dans la détermination de l'*espace de la chute*, l'accélération fait partie de la problématique de la *constitution du continuum réel* et en représente le tournant décisif. L'accélération ne peut plus être représentée de manière sensible, il faut au contraire la considérer comme *le moment qui amène la donnée sensible à la réalité*. Elle devient *cause* du mouvement. Ce statut de cause propre à l'accélération, c'est l'idée de la *constitution* infinitésimale.

La force de cette idée se révèle dans le *principe de constance*, et, pour le mouvement, dans la constance de la direction et de la vitesse. Ce principe, on le sait, est un paradoxe, | puisqu'il n'est immédiatement évident que **50**
dans le cas du repos. Mais le paradoxe est levé par la même idée qui avait permis de résoudre le *problème des tangentes*. La *continuation rectiligne du mouvement* n'est rien d'autre que le présupposé de l'infinitésimal selon lequel tout point indivisible de la droite en mouvement est une *droite*. Ainsi le concept rectilignité infinitésimale réfute-t-il la flèche de Zénon. Le continuum acquiert la *rigueur du concept* grâce à cette génération *continuée qui inclut la constance*. De même que dans la problématique géométrique,

1. Cf., contre cette position, F. Suarez, *Opera omnia*, (Carolo Berton, ed.), Paris, 1861, vol. 26, p. 766 (cf. p. 774) : *« Velocitas motus non est proprie intensio, sed est veluti condensatio partium motus intra brevius tempus* ... » (*Metaphysicarum Disputationum*, t. II., Mayence, 1605, p. 488, cf. p. 492, 2).

2. Galilée, *Discursus*, *op. cit.*, p. 135 = *Opere complete*, XIII, *op. cit.*, p. 149 [trad. cit., p. 126].

l'indivisible a, pour ce qui est du quantum, cette signification d'être générateur, de même, par rapport à l'*extensio* du temps, la *force de l'accélération* est définie par l'*intensio* de la vitesse. L'*extensio* est d'ordre sensible, comme, en géométrie, le quantum. L'*intensio*, c'est-à-dire l'indivisible, l'infini, est le *degré (gradus)* qui, ainsi, introduit *pour le mouvement un nouveau type de grandeur*.

49. Avant que le concept de calcul différentiel ne soit par la suite fixé, son efficace et sa valeur fut latente dans le contexte de recherche pour la mise en place duquel sa découverte eut lieu. C'est le témoignage le plus favorable qu'on puisse imaginer à l'appui de notre conception de l'équipollence des concepts définis plus haut. Le différentiel aura pour nous le sens de cette *étape de l'objectivation* qui sera définie comme *réalité*, laquelle devra être distinguée tout autant de la grandeur *extensive* propre à la *fiction numérique* que des *rapports entre substance et causalité* qui ne peuvent jamais être conçus autrement que comme des proportionnalités (cf. § 31). Les déterminations auxquelles on parvient, à l'occasion des points spatiaux et des points temporels, grâce aux équations différentielles, ne signifient rien de moins, du point de vue de la validité objective, que des *relations de forces*. La première illustration exemplaire de la force est la loi de la chute des corps. Et nous y reconnaissons la méthode infinitésimale en être l'idée créatrice fondamentale. Ce qui fut et reste admis par tout un chacun. Aussi, qu'on ne doute pas non plus que la fondation du concept de calcul différentiel se situe bien dans cette signification logique propre *qui relève de la critique de la connaissance*, et non dans un sens logique tout d'abord détourné pour calculer une *limite*.

Mais, d'autre part, il pourrait sembler étrange que Galilée eût déjà utilisé l'instrument dont il avait besoin, tandis que d'autres, après lui,
51 eussent été les premiers à l'élaborer. | Néanmoins, nous voyons, dans toute l'histoire de la physique mathématique, et tout particulièrement lorsqu'elle a été fondée à nouveau, apparaître de manière tantôt plus, tantôt moins déterminée, le réquisit d'une telle idée qui a fait date. Enfin, malgré tout le génie qui caractérise ses exposés, en dépit d'une claire conscience d'un besoin réflexif dont la satisfaction fait toute l'importance de son rôle historique, Galilée n'a pourtant pas lui aussi été en mesure de pallier tout à fait cette lacune conceptuelle : combler la différence entre l'indivisible et le différentiel. Nous voyons comme autant de témoignages de cette faiblesse les expressions qu'il accumule pour distinguer mouvement initial et mouvement achevé : « L'*impeto* [pouvoir dynamique associé au mouvement], la puissance, l'énergie ou, voulons-nous dire, le moment de descente »[1], « leurs moments [des mobiles], leurs vitesses ou leurs

1. Galilée, *Opere complete*, XIII, *op. cit.*, p. 174 [trad. fr., p. 146].

propensions au mouvement »[1], « tels auront été les *impeto* dans les débuts du mouvement, tels seront, proportionnellement, les degrés de vitesse »[2]. Ces expressions ne décrivent ce à quoi leur auteur tend qu'en ayant recours au registre sensible, mais ne le fixent pas conceptuellement. Leibniz, dans le passage intéressant où il évoque son rapport à Galilée[3], semble mettre le doigt sur cette obscurité en parlant d'« impétuosité embryonnaire ». En fait, l'accélération infinitésimale n'est pas l'embryon, mais la réalité génératrice.

Si nous faisons abstraction de cette carence, le fait que Galilée définisse son indivisible comme *intensio* et non pas encore comme *réalité* – incapable donc de faire parvenir à maturité la réflexion sur l'infinitésimal –, nous voyons tout de même *une approximation de la réalité* dans l'accélération suscitée par les *espaces de la chute*, telle qu'elle a été produite elle-même par le temps continu grâce à la vitesse. Ainsi, le *triangle des espaces de chute* donna-t-il une impulsion historiquement suffisante pour que Leibniz puisse opportunément éviter le triangle caractéristique de Barrow.

1. *Ibid.*, p. 176 [trad. fr., p. 147].
2. *Ibid.*, p. 177 [trad. fr., p. 148].
3. G. W. Leibniz, *Mathematische Schriften*, (C.I. Gerhardt, ed.), vol. 4, Hildesheim, 1962, p. 159 (Lettre à Varignon) : « Pour dire dans ce lemme que les résistances sont infiniment petites, il faut exprimer en comparaison de quoi, savoir en comparaison des vitesses d'un corps, qui est en mouvement, que j'appelle quelquefois aussi des impétuosités, pour les distinguer des vitesses imparfaites ou embryonnées telles qu'un corps pesant a au premier instant de la chute et reçoit à chaque moment. C'est pourquoi Galilée l'a renversé, et prenant la pesanteur pour quelque chose d'ordinaire, il a dit, que l'impétuosité, *item* la percussion, était infinie, au lieu que prenant la vitesse pour une grandeur ordinaire, la pesanteur et aussi la résistance instantanée, qui lui est homogène, sera infiniment petite ».

HISTOIRE

| 50. Que le concept de calcul différentiel ait été découvert dans le cadre 52
d'un *système* philosophique est un témoignage assez éloquent du fait que son fondement relève de la critique de la connaissance. Leibniz n'a pas introduit la notion de grandeur infinitésimale simplement dans le but de résoudre et d'étendre la problématique strictement mathématique, mais en liaison avec ces réflexions qui, dans le développement de sa pensée, avaient pour but d'assurer la *réalité* des choses. C'est dans la perspective d'une critique de la connaissance que, parmi les notions mathématiques fondamentales, il traite prioritairement des nombres.

« Un vieil adage dit que Dieu a fait toutes choses en poids, en mesure et en nombre. Or certaines choses ne peuvent être pesées [...] d'autres ne comportent pas de parties, et ne peuvent donc pas être mesurées. Mais il n'est rien qui échappe au nombre. C'est la raison pour laquelle le nombre est, pour ainsi dire, une forme métaphysique, et l'arithmétique une sorte de statique universelle permettant de sonder la puissance des choses »[1]. Le nombre en général a ce sens éminemment métaphysique au regard de Leibniz. C'est pourquoi, dans le but de conforter la métaphysique, il a approfondi le concept de nombre, et donné une plus grande extension à la grandeur numérique.

Même la mécanique ne représente pas pour lui le contraire de la métaphysique. Il se targue d'avoir reconnu « *que tout se fait* mécaniquement et métaphysiquement *en même temps dans les phénomènes de la nature, mais que* la source de la mécanique est dans la métaphysique »[2]. Il

1. G. W. Leibniz, *Opera philosophica quae extant latina gallica germanica omnia*, (J. E. Erdmann, ed.), Berlin, 1840, 1re partie, p. 162 [Cf. Œuvres philosophiques, éd. Gerhardt, vol. 7, p. 184].

2. *Ibid.*, p. 702 (Trois lettres à Monsieur Rémond de Montmort, 1714).

faut donc que le mobile d'ordre mécanique du concept d'infinitésimal ait sa racine dans la critique de la connaissance.

51. Puisque nous en venons maintenant à Leibniz, nous pouvons donc chercher l'accès à l'infinitésimal en partant de tous les aspects de sa philosophie. Sa psychologie requiert déjà ce concept en parlant des *petites*
53 *perceptions* qui constituent la vie de la conscience, | comme les petites secousses des vagues marines en provoquent le mugissement. Même son éthique exploite cette idée fondamentale puisque l'illusion de l'*indifférence d'équilibre* est ramenée aux *perceptions insensibles*. Sa quintessence systématique, l'*harmonie préétablie*, repose conséquemment sur cette conception qui, d'emblée, malgré toute tentation d'*assimiler la conscience à la matière*, réduit à leur tour *les choses à l'infini de ces petites représentations*. En effet, à cet infini dans la conscience correspond, dans la nature des choses, la *monade*, le *point d'ancrage de ce qui est réel*.

À l'exemple de la spéculation leibnizienne sur le *rapport entre monade et substance*, il est possible de trouver un accès et une voie à l'exigence d'une différence qui doit être établie et fondée entre la catégorie mathématique de *réalité* et la catégorie dynamique de *substance* au sens kantien. Chez Leibniz, l'oscillation de l'expression qui désigne la *monade*, entre *substance, atome, forme et réalité*, est révélée par un défaut de la disposition des principes, dont Leibniz avait très profondément compris la nécessité et qu'il avait développés avec une sûreté et une vivacité conscientes, développement qui pourrait aujourd'hui donner l'*apparence d'une anticipation* des structurations kantiennes puisque Kant lui-même, à la faveur d'un éclairage historique *a posteriori*, a reconnu chez son grand prédécesseur pareille interprétation de ses réflexions essentielles. Mais l'intérêt d'une *histoire* de la philosophie *développant les progrès d'une problématique* ne servirait ce but qu'à la condition que la recherche des sources soit menée scrupuleusement, que la projection des problèmes n'ait lieu qu'à seule fin d'élargir l'horizon du chercheur, d'aiguiser son jugement et tout autant sa capacité réceptive.

Dans cette perspective historique, la monadologie leibnizienne ne saurait être comprise ni appréciée sans qu'on prît très profondément en compte sa dynamique. En effet, dans la monade, Leibniz veut fonder les « principes de l'unité substantielle [...] dans la matière »[1]. À la différence
54 des *relations et fictions propres aux concepts d'espace et de nombre*, | la monade doit constituer la *base* solide *du réel*[2], comparable à celle que nous

1. G. W. Leibniz, Deuxième lettre à Des Bosses [trad. in Ch. Frémont, *L'Être et la relation*, Paris, Vrin, 1981, 1999, p. 80].

2. « La matière même n'est pas une substance, mais seulement *substantiatum*, un phénomène bien fondé et qui ne trompe point quand on y procède en raisonnant suivant les

cherchons ici à fonder sur les anticipations de la réalité. Mais l'erreur fondamentale de la monadologie pourrait bien consister précisément dans le fait que la monade a pour fonction de représenter à la fois la *réalité et la substance*. Cette erreur va, en effet, bien au-delà de ce rapport prétendu puisque la monade – réalité et substance – signifie également le *simple*. Les imperfections et les incorrections comme les paradoxes de la doctrine leibnizienne reposent sur cette *identification de la monade à ce qui est simple*.

Pour expliquer d'emblée le *phénomène de l'extension*, Leibniz part de l'idée atomistique que tous les corps sont composés d'éléments simples. Et c'est cette simplicité-là que représentent les monades. Mais ainsi, c'est la conception première de la monade qui s'est déplacée, car elle serait censée d'abord fonder la réalisation. Au lieu de la réalisation, la simplicité des monades rend compte, au contraire, de l'extension comprise alors comme *juxtaposition*. Ce qui est simple peut donc bien échapper à l'extension puisque ce qui est étendu est devenu juxtaposition. *Or la monade était censée être le principe réalisant les choses, et non le principe phénoménalisant l'espace*. La monade n'est donc, en fait, que l'adjuvant du *phaenomenon bene fundatum*, mais non la base de la réalité.

On trouvera, chez Euler, de quoi s'instruire sur cette objection qui, à cet égard, ne peut manquer d'être faite à la monadologie[1]. Il est donc compréhensible que Euler, choqué par ce paradoxe des monades, nourrisse de vifs soupçons à l'égard de l'expression analytique de la monade, l'*infiniment petit*. Si, en revanche, nous voulons comprendre le concept de calcul différentiel d'après le sens de ses principes chez celui qui l'a découvert, il nous faut le considérer dans la perspective de l'intérêt qui l'a suscité. C'est | 55
pourquoi, sans faire le détour par l'idée du simple, il suffit au contraire de suivre la direction qui, dans le calcul différentiel, *conduit de la monade à la réalité. Cette voie passe par le concept d'intensif*, mais son origine est, chez Leibniz, une loi fondamentale, celle de la *continuité*.

52. Presque partout dans ses écrits comme dans ses lettres, Leibniz définit la loi de la continuité comme le *fondement du différentiel*. Mais cette loi est, sans conteste, considérée et définie par lui comme une loi métaphysique idéale, comme une *règle* que la nature n'enfreindra jamais ; il

lois idéales de l'arithmétique, de la géométrie et de la dynamique, etc. », Leibniz à Conti, in I. Newton, *Opuscula mathematica, philosophica et philologica*, (J. Castillion, ed.) vol. 1, Lausanne et Genève, 1744, « Excerptum ex duabus Epistolis Newtoni ad Wallisium », p. 381 [trad. fr. de cette lettre par J. Peyroux, in G. G. Leibniz, *Œuvre concernant le calcul infinitésimal*, Blanchard, Paris, 1983, p. 83].

1. L. Euler, *Briefe an eine deutsche Prinzessin über verschiedene Gegenstände aus der Physik und Philosophie*, Leipzig, ^{2}1773, t. I, p. 211 *sq*. [*Lettres à une princesse d'Allemagne sur divers sujets de physique et de philosophie*, Berne, 1775, I, p. 234 *sq*.].

est donc possible de la considérer comme une *loi de la nature*, et tout autant comme une *idée*, une idée nécessaire et, comme telle, une *vérité éternelle*. Or si l'infini se fonde sur l'idée d'une loi de la continuité, il est lui-même compris comme une idée dans la terminologie leibnizienne, comme une idée *nécessaire*, et, par conséquent, la question de la réalité de l'infiniment petit ne peut avoir d'autre sens que d'être *une idée réalisatrice*, en raison de sa nature, de l'importance accordée à sa *validité*, et non en fonction de ce qui en caractérise l'existence dans le monde des choses sensibles. L'oscillation des expressions et le flou des tournures que Leibniz utilise à propos de cette question, il nous faudra simplement l'imputer à un défaut de structuration systématique et à un manque de précision terminologique des concepts fondamentaux, et non pas à une obscurité d'ordre mystique quant au *rapport des vérités aux réalités*.

Si Leibniz avait réussi à distinguer *catégorie* et *idée*, *principe fondamental* et *principe*, il fût parvenu à fonder de manière rigoureuse sa découverte – et, du même coup, il en fût à vrai dire arrivé à l'*idéalisme transcendantal*. C'est seulement la doctrine kantienne des antinomies qui est parvenue à introduire cette distinction à propos de l'infini, selon laquelle l'élément de l'idée de continuité qui correspond à *ce qui est simple* devient *idée*, tandis que ce qui correspond à la *réalisation* du continuum est considéré comme *catégorie* et *principe fondamental* de la théorie de l'expérience. Dans la mesure où Leibniz ne part pas d'un *concept* rigoureux de la *connaissance* – comme le fait Kant qui prend pour point de départ la
56 *physique mathématique* ou | l'expérience –, il n'opère aucune distinction précise entre le *principe fondamental, réalisateur, de l'infini* et le *principe régulateur de ce qui est simple ;* il confond au contraire les deux significations dans la monade *ou* la substance qu'il appelle donc également *atome*. C'est cette oscillation entre présupposés métaphysiques, règles mathématiques et points de départ empiriques qui est responsable d'un manque de fondation philosophique du calcul différentiel, fondation que Leibniz voulut parfois réaliser grâce à la logique ; or, constatant que les distinctions logiques ne viendraient pas à bout de cette fondation, il s'efforça de l'étayer davantage en recourant aux bases fondamentales et métaphysiques de son apriorisme. Lequel n'était pas en mesure de résoudre l'énigme de l'infini, car, en s'appuyant sur l'*intellectus ipse*, qu'il oppose aux sens, il ne pouvait venir à bout des réquisits qu'impose le concept de calcul différentiel dont les présupposés qu'il recèle conduisent à la solution. Il n'a donc pas su trancher ce nœud, mais, ayant une claire conscience des problèmes en question, il a analysé les différents mobiles, apparemment contradictoires, et a tenté de les articuler. Mettre en évidence ce fait n'a pas seulement un intérêt d'ordre historique, mais contribue

directement à la réflexion et à l'intelligence précises de la chose. En effet, lorsque, tantôt parce qu'il tient compte de ses correspondants, tantôt en raison de l'imperfection de son propre système, Leibniz développe des énoncés obscurs et inexacts parmi d'autres qui sont pertinents et des plus profonds, nous pourrons écarter les conceptions erronées que les premiers ont suscitées chez ses contemporains et ses disciples directs – et qui, pour une part, reposent encore aujourd'hui, directement ou indirectement, sur eux –, en accordant aux seconds, *sans ignorer ni occulter ceux-là*, la considération qui leur convient et l'admiration qu'ils méritent.

53. Dans sa *Lettre à Bayle* de 1687, où Leibniz développe sa *loi de la continuité* au point que, plus tard, c'est à cet exposé qu'il se référera, il fait *dépendre* cette loi *de l'infini*, car il veut lui donner une formulation mathématique puisque c'est dans ce domaine qu'elle s'est révélée, à ses yeux, être particulièrement féconde. Il la désigne comme *principe de l'ordre général*, et déclare : « Il a son | origine de l'infini, il est absolument 57
nécessaire dans la géométrie, mais il réussit encore dans la physique … ». Il s'exprime d'abord de manière générale et d'un point de vue mathématique en disant que, si la différence entre deux cas en-deçà de toute grandeur donnée peut être réduite « *in datis* ou dans ce qui est posé », elle devrait pouvoir être également réduite, en-deçà de toute grandeur donnée, « *in quaesitis* ou dans ce qui en résulte ». Et il ajoute immédiatement : « ou, pour parler plus familièrement : lorsque les cas (ou ce qui est donné) s'approchent continuellement et se perdent enfin l'un dans l'autre, il faut, etc. » Et il fait dépendre ce principe d'un autre, plus général : « Lorsque les données comportent un certain ordre, il en va de même des inconnues. » Suivent les exemples, et d'abord ceux qu'il emprunte à la géométrie, l'approximation de l'ellipse à la parabole, puis les exemples empruntés à la physique, la conception du repos comme vitesse infiniment petite « ou comme une tardité infinie ». Cette dernière comparaison se rencontre très souvent chez Galilée. Pour finir, même l'égalité est considérée comme une inégalité infiniment petite[1].

L'*originalité* de cette idée de la continuité tient donc à ce qu'y est mis en valeur le fait qu'elle soit le *mobile créateur de l'analyse* incluant en tout cas son application à la physique. En réalité, le principe de continuité est une ancienne idée, récurrente dans la philosophie grecque, dont Leibniz a pu s'attribuer le mérite de l'avoir plus précisément structurée, en l'exploitant tout d'abord uniquement sur le terrain physico-mathématique, et au niveau des principes. Pourtant, sa conception du rapport entre concept d'infini et concept de continuité s'est peu à peu modifiée : *la continuité devint un concept supérieur dont l'infini était dérivé*. Or cette modification

1. G. W. Leibniz, (J. E. Erdmann, ed.), *op. cit.*, p. 104 *sq.* (Lettre à Bayle, juillet 1687).

allait de pair avec une transformation plus importante dans la *corrélation* des concepts qui ont trait à la différence entre *être* et *pensée*. Il était désormais possible d'examiner la question de savoir quelle valeur l'infini, bien qu'il n'existe pas, avait néanmoins, et précisément pour cette raison,
58 dans la nature. Car l'*être* de l'infini reposait dès lors sur l'*idée de* | *continuité*. Désormais, la continuité était principe, à la fois *idée* et *loi* de la *raison* tout comme de la *nature*.

Dans sa Lettre à Arnauld de 1690, Leibniz dit déjà des *substances indivisibles*, qui constituent les agrégats que sont les corps, que chacune d'elles contient dans sa nature « la loi de développement de la série de ses opérations »[1]. Mais, en 1702, dans sa *Réplique aux réflexions*[2] touchant l'article « Rorarius » du Dictionnaire de Bayle, Leibniz fait de la loi de continuité un élément idéal destiné au *fondement de l'ensemble de la connaissance de la nature*, la règle la plus englobante dont l'application permet aux mathématiques de devenir la physique. Grâce à cette perspective propre à la critique de la connaissance, et qui s'ouvre à lui dans ce contexte, Leibniz acquiert le vrai mérite d'avoir mis au jour ce principe dont il se dit désormais être le créateur avec la même fierté que celle avec laquelle il évoque par ailleurs le système, déjà cité ici, de l'harmonie préétablie. Il acquiert désormais une compréhension propre de son principe de continuité qu'il conçoit comme un *principe réalisateur* lequel accomplit cette réalisation grâce à l'*infinitésimal*, principe qui élabore et fonde *le rapport de l'être à la pensée*, de la chose à l'« idée ».

54. Cet approfondissement que nous venons de décrire, Leibniz l'accomplit dans l'analyse du *concept de possibilité* auquel ont été rattachés les plus importants concepts réels. « Je reconnais que le temps, l'étendue, le mouvement et le continu en général, de la manière qu'on les prend en mathématique, ne sont que des *choses idéales*, c'est-à-dire qui expriment des *possibilités*, tout comme font les *nombres* »[3]. Mais c'est cette *idéalité* et cette *possibilité* qui produisent la *réalité* et l'*effectivité*. Bien qu'il n'y ait pas dans la nature de mouvement parfaitement *uniforme*, « néanmoins les phénomènes *actuels* de la nature sont ménagés et doivent l'être de telle sorte qu'il ne se rencontre jamais rien où la *loi de la continuité* (que j'ai introduite [...]) et *toutes les autres règles* les plus exactes des mathématiques soient violées. Et bien loin de cela, *les choses ne sauraient être rendues intelligibles* que par ces *règles* [...] Ainsi, quoique les méditations
59 | mathématiques soient *idéales*, cela ne diminue rien de leur utilité, parce que *les choses actuelles ne sauraient s'écarter de leurs règles ; et on peut*

1. *Ibid.*, p. 107 [cf. *Correspondance Leibniz-Arnaud*, éd. Rauzy, Paris, 1993, p. 294].
2. *Ibid.*, p. 183 *sq.*
3. *Ibid.*, p. 189.

dire, en effet, que c'est en cela que consiste la réalité des phénomènes qui les distingue des *songes* » [1].

Cette dernière phrase représente tout particulièrement un progrès simple et net par rapport à Descartes qui, se débattant avec le problème du rapport des mathématiques idéales à l'effectivité actuelle, s'efforce aussi, comme on le sait, de distinguer du *rêve*, grâce à des *critères*, la conscience de la réalité. Nous voyons donc Leibniz parvenir ici au point culminant d'une critique de la connaissance – si seulement ce sommet s'était érigé sur un fondement assuré, si seulement les étapes franchies par le cours de la réflexion qui l'avait conduit, par-delà tout le champ de l'expérience, à s'élever jusqu'à cette perspective, n'avaient jamais mobilisé que des spéculations d'ordre méthodique à l'exclusion de toutes autres. Pour ce faire, manquaient la *détermination méthodique des concepts fondamentaux*, leur établissement rigoureux – qui constitue ce par quoi débute, de manière décisive, la critique kantienne de la connaissance –, *la détermination précise du rôle qu'y joue la raison elle-même, et d'abord dans la physique mathématique*.

Leibniz, en revanche, distingue *métaphysique* et *mathématique*, non seulement en ce qui concerne la méthode qu'elles mobilisent pour traiter, chacune à sa manière, les problèmes qui leur sont communs, mais aussi pour ce qui touche à la détermination *logique* des concepts fondamentaux. Il en revient donc aussitôt, dans le contexte des phrases citées plus haut, à la distinction qui existe selon lui – et peut continuer d'exister – entre la signification métaphysique et le sens mathématique de l'infiniment petit. Les mathématiciens n'auraient nul besoin des discussions métaphysiques « ni de s'embarrasser de *l'existence réelle* [!] des points, des individus, des infiniment petits, et des infinis *à la rigueur* » [2]. Or nous avons appris à considérer que la réalité des concepts mathématiques constituait justement leur exclusive fonction *réalisatrice*. Il suffit alors que le mathématicien, au lieu de grandeurs infiniment petites, en prennent d'aussi petites qu'il est nécessaire pour montrer « que l'*erreur* est moindre que celle qu'un adversaire voulait assigner, et par conséquent qu'on n'en saurait assigner aucune » [3]. C'est de pair | avec la démonstration mathématique qu'est **60**
emprunté le chemin glissant de la fondation *dite logique* du calcul différentiel, laquelle consiste essentiellement à corriger une *erreur* en en commettant une autre, tandis que, quelques lignes plus haut, la fondation réalisatrice, propre à la critique de la connaissance, avait été trouvée.

1. *Ibid.*, p. 189 *sq.*
2. *Ibid.*, p. 190.
3. *Ibid.*

Dans l'histoire vivante et génératrice de la philosophie, les idées créatrices qui sécrètent le progrès ont beau *être fort proches*, *ce qui est vraiment nouveau, vraiment original, est néanmoins profondément distinct* de ses médiations historiques. La critique kantienne de la connaissance met un terme radical à la confusion entre la réalité et l'*existence* réelle ; et la racine d'une nouvelle *méthode*, transcendantale, nourrit un type nouveau de connaissances logiques, celles de la *logique transcendantale* que le mathématicien devra préserver le plus rigoureusement à titre de fondements propres à la critique de la connaissance s'il vise à une détermination exacte de ses concepts fondamentaux. L'*exactitude* elle-même est un critère de la critique de la connaissance qui n'est pas exclusivement immanent aux sciences.

Si nous faisons abstraction de cette imperfection qui repose sur une erreur de méthode, nous retrouvons ailleurs, chez Leibniz, l'idée géniale qui a justement précipité sa découverte et qui s'exprime essentiellement dans le fait de dériver la différentielle de la loi de continuité. Gerhardt fait d'ailleurs une remarque à cet égard bien que, ni dans ses préfaces aux différents volumes des œuvres mathématiques de Leibniz qu'il a éditées ni dans ses études sur la découverte de l'analyse supérieure, il ne manifeste qu'il en a compris la portée. Cherchant, en effet, à défendre Leibniz contre le reproche de n'avoir pas clairement reconnu quel était le fondement de l'analyse supérieure, il procède à la restriction suivante qui en dit long : « La loi de la continuité, qu'il fut le premier à élaborer, est seule en mesure de le mettre à l'abri de cette objection »[1]. De fait, la force de cette protection réside dans cette loi et uniquement en elle.

61 55. La | conscience que l'ensemble du nouveau calcul repose sur la continuité s'exprime dans un écrit destiné à Varignon[2] qui, à vrai dire, avait profondément et vigoureusement contribué à la faire surgir. En effet, Leibniz s'était à plusieurs reprises prêté à une *relativisation* de l'infiniment petit en ayant recours à une comparaison insuffisante : l'infiniment petit serait un grain de sable par rapport à la terre. Ses adversaires avaient pris la *métaphore* pour la définition véritable, et c'est pourquoi Varignon, qui découvre pour la chose un terme extrêmement précis, demande une explication. Dans sa réponse, Leibniz s'excuse d'avoir employé cette comparaison en invoquant le prétexte de la vulgarisation (« pour rendre le raisonnement sensible à tout le monde »[3]), et, de nouveau, dans l'intention de ne pas faire dépendre l'analyse mathématique de controverses métaphysiques. C'est ainsi qu'il avait d'abord écrit une phrase que, plus tard,

1. G. W. Leibniz, *Mathematische Schriften*, *op. cit.*, vol. 4, p. 86.
2. *Ibid.*, p. 89 *sq.*
3. *Ibid.*, p. 91.

par oubli, il avait mise entre parenthèses, et qui est tout à fait représentative de sa continuelle oscillation dans ce domaine : « …d'autant qu'il m'a paru que *l'infini pris à la rigueur* doit avoir *sa source dans l'interminé, sans quoi je ne vois pas moyen de trouver un fondement propre à le discerner du fini* » [1]. Or le moyen dont il manque est au contraire donné et fondé dans le fait que l'infini a pour caractéristique la réalité. Varignon avait désigné cette valeur essentielle du terme polysémique d'*inépuisable :* « Au lieu que j'ai appelé infiniment petit ou différentielle d'une grandeur ce en quoi elle est inépuisable » [2].

Leibniz, en revanche, ne comprend cette définition profonde, particulièrement utile lorsqu'il s'agit de *la signification des différentielles supérieures*, qu'au sens de la plus petite erreur et de *l'incomparablement petit :* « C'est peut-être ce que vous entendez, Monsieur, en parlant de l'inépuisable » [3]. Cependant – et c'est à cela que se borne la réfutation par Leibniz de cette objection –, la science de l'infini n'en serait pas pour autant réduite à des « fictions », car il subsiste toujours un *infini syncatégorématique*, comme dit l'École, dont il donne comme exemple la *série*. Il s'en tient donc tout d'abord à son explication insuffisante : « On peut dire de même que les infinis et infiniment petits sont tellement *fondés* que | 62
tout se fait dans la *géométrie*, et même dans la *nature*, *comme si c'étaient des parfaites réalités*, témoins non seulement notre analyse géométrique des transcendantes, mais encore ma *loi de la continuité*, en vertu de laquelle il est permis de considérer le *repos* comme un mouvement infiniment petit (*c'est-à-dire comme équivalent à une espèce de son contradictoire*), et la *coïncidence* comme une distance infiniment petite, et l'*égalité* comme la dernière des inégalités, etc » [4]. Mais quelques lignes plus loin, il donne sa claire valeur à toute la force du raisonnement que recèle la *continuité :* « Cependant, on peut dire en général que *toute la continuité est une chose idéale*, et qu'il n'y a jamais rien dans la nature qui ait des parties parfaitement uniformes, mais en récompense *le réel ne laisse pas de se gouverner parfaitement par l'idéal et l'abstrait*, et il se trouve que *les règles du fini réussissent dans l'infini comme s'il y avait des atomes* (c'est-à-dire des éléments *assignables* de la nature) quoiqu'il n'y en ait point, la matière étant actuellement subdivisée sans fin ; et que, vice versa, *les règles de l'infini réussissent dans le fini*, comme s'il y avait des infiniment petits métaphysiques quoiqu'on n'en ait point besoin, et que la division de la matière ne parvienne jamais à des *parcelles* infiniment

1. *Ibid.*
2. *Ibid.* p. 89.
3. *Ibid.*, p. 92
4. *Ibid.*, p. 93.

petites : *c'est parce que tout se gouverne par raison, et qu'autrement il n'y aurait point de science ni de règle, ce qui ne serait point conforme avec la nature du souverain principe* »[1].

Ainsi le nerf de l'argumentation en faveur d'une indifférence entre idéel et réel réside-t-il dans ce souverain principe. Il en va de même dans le manuscrit tiré de la bibliothèque de Hanovre, édité par Gerhardt, *Specimen dynamicum pro admirandis naturae legibus circa corporum vires et mutuas actiones detegendis et ad suas causas revocandis :* « À cette loi de continuité excluant qu'un changement comporte un quelconque saut, se rattache également le fait que le repos puisse être considéré comme un cas particulier de mouvement, à savoir comme un mouvement évanouissant, c'est-à-dire minimal, et l'égalité comme un cas d'inégalité évanouissante. Il en résulte qu'il faut établir les lois du mouvement de telle manière qu'il ne soit pas nécessaire d'introduire des règles particulières pour les corps égaux et pour les corps immobiles [...] et qu'il faut se garder de les établir
63 en contradiction avec l'hypothèse selon laquelle le repos | est un mouvement naissant ou l'égalité une inégalité ultime, faute de quoi nous violerons l'harmonie des choses de la nature ... »[2]. Et suit le rappel de son texte de 1687 où il avait défini ce *principium ordinis generale :* « [ce principe] prenant naissance dans la notion de l'infini et du continu, s'ajoutant à l'axiome selon lequel, lorsque les données comportent un certain ordre, il en va de même des inconnues »[3].

Enfin, en 1713, Leibniz écrit à Wolff qui a nonobstant le mérite *d'avoir été le premier à faire un cours à l'université sur le calcul infinitésimal :* « Cela est en accord avec la loi de continuité que j'ai proposée pour la première fois dans les *Nouvelles de la République des Lettres* de Bayle, et appliquée aux lois du mouvement. Elle entraîne que, *dans les continus, on peut considérer une limite externe comme une limite interne*, si bien que le dernier cas, même s'il est de nature complètement différente, est compris dans la loi générale gouvernant les autres; dès ce moment, de manière paradoxale et, pour ainsi dire, par une figure philosophico-rhétorique, nous pouvons considérer le point par rapport à la ligne [...] le point apparaissant comme une ligne infiniment petite, évanescente [...] De même pour d'autres formules du même genre, que l'homme très profond qu'était Joachim Jung aurait nommées vraies par tolérance, et qui sont des plus utiles pour l'art d'inventer, même si, à mon avis, elles enveloppent quelque chose de fictif et d'imaginaire [...] Au reste, la nature, qui procède

1. *Ibid.*, p. 93 *sq.*
2. G. W. Leibniz, *Mathematische Schriften*, *op. cit.*, vol. 6, p. 249 *sq.*
3. *Ibid.*

toujours pas à pas et non par sauts, ne saurait violer la loi de continuité »[1]. Dans cet exposé, nous constatons que, obéissant à la continuité, ce qui est exclusif est considéré comme inclusif, le cas ultime, conçu comme latent dans la loi générale des autres cas bien qu'il soit encore pensé comme différent selon sa nature. Finalement, l'accent est mis sur l'utilité de ces « fictions » pour l'*ars inveniendi*.

56. Ce sens et cette valeur de l'infinitésimal sont bien, désormais, d'emblée et largement pris en compte dans la démarche heuristique en géométrie. Mais la source de cette valeur réside néanmoins sur le versant des réalisations possibles qu'elle recèle, donc en mécanique. Il est sans doute permis d'expliquer cette la prépondérance de cette orientation vers la mécanique, le fait que toutes les opérations mobilisant le concept de différentielle débouchent vers elle | en rappelant que Leibniz, pas plus que 64
Newton n'étaient en mesure de faire une différence entre géométrie et mécanique quant à leur *pureté* respective. Pour Leibniz, l'idée du *mouvement* fait partie des *formes éternelles*. On trouvera cette conception dans un traité important et très intéressant qui provient des manuscrits de Hanovre : *De usu Geometriae Statu praesenti ac novissimis ejus incrementis*, c'est le titre que Leibniz lui a ultérieurement donné. Or, cet essai, place si haut la mécanique, en raison justement de sa pureté, pour cette raison que la géométrie en est considérée comme l'élément créateur, de même qu'elle est la part créatrice de la physique : « Le temps viendra, cela ne fait aucun doute, où le feu lui-même sera soumis au même joug auquel les autres éléments ont déjà été soumis »[2].

La géométrie est la médiation entre l'esprit et les choses de la nature : « Seule parmi toutes les autres sciences, la géométrie étudie les formes intermédiaires qui sont éternelles, qui subsistent par elles-mêmes, y compris au sein d'une matière périssable, et dont les idées ne peuvent périr en tant qu'elles sont comme inscrites dans notre esprit, alors même que toute connaissance des faits et des expériences viendrait à disparaître ... »[3] C'est ce qui a fondé la grande valeur que les Anciens accordaient aux formes pures, car ils hypostasiaient la faculté d'abstraction et, ainsi, la *perfection de l'esprit*. Comme l'extension, le mouvement serait lui aussi une forme de ce type : Leibniz ne voit pas pourquoi engendrer une parabole *per motum projectorum* aurait moins de dignité intellectuelle que procéder

1. *Mathematische Schriften, op. cit.*, vol. 5, p. 385 [trad. fr., M. Parmentier, in Leibniz, *La Naissance du calcul différentiel*, Paris, Vrin, 1995, p. 445 *sq.*].

2. *Mathematische Schriften, op. cit.*, vol. 7, p. 316, note (le titre a été établi par Gerhardt).

3. *Ibid.*, p. 323.

per coni planique sectionem[1]. Voilà comment Leibniz écarte nettement et résolument cette « chicanerie d'une raison mal instruite » dont parle Kant[2] : « Par conséquent, la physique, dans la mesure où elle peut éclairer notre esprit, devient finalement géométrie, et nous ne comprenons complètement aucun phénomène matériel avant de l'avoir déduit des idées premières de la figure et du mouvement »[3]. Or cette formule, *physica desinit in geometriam*, rappelle nettement celle que nous avons citée plus haut (cf. § 55), « les règles du fini réussissent dans l'infini ». En fait, la géométrie est ici considérée comme la première instance même en matière d'infini : « En effet, seule la géométrie est capable de donner le fil du labyrinthe de la composition du continu, des maxima et minima, de
65 l'indéterminé et de l'infini, or | personne ne parviendra à une métaphysique solide sans être passé par là »[4].

Ces citations font assez ressortir que, lorsque Leibniz souligne l'importance de l'infinitésimal pour la géométrie, c'est qu'il entend *introduire, en géométrie d'abord,* la signification *réalisatrice* qui caractérise ce concept.

57. Ce n'est donc pas simplement une illustration du concept, mais une extension et un parachèvement que rend possible, pourrait-on dire, *le fait de le rapporter à la géométrie*. En effet, les significations géométriques du calcul différentiel en révèlent les *ordres supérieurs* qui, avec la première différentielle rencontré dans le *problème des tangentes*, avaient déjà mis au jour, et qui aussitôt avaient contribué, pour leur part, à rendre plus précis les concepts fondamentaux de la mécanique de même que cette première différentielle avait déjà résulté, en dernière instance, d'un mobile d'ordre mécanique.

C'est ce qui est clairement dit dans le texte *Responsio ad nonnullas difficultates a Dm. Bernardo Niewentiit circa methodum differentialem seu infinitesimalem motas*[5]. Niewentjit avait, en troisième lieu, contesté les différentielles *d'ordre supérieur*, ce à quoi Leibniz rétorque : « À l'intérieur même de la géométrie, les grandeurs ordinaires sont du ressort de l'algèbre commune, les différentielles d'ordre un correspondent aux tangentes, soit aux directions des courbes, mais les différentielles d'ordre supérieur, aux osculations, c'est-à-dire aux courbures [...] Or sur une courbe, la pente de la direction change en tout point (sinon ce ne serait pas une courbe mais une droite), les angles ne cessent donc également de se

1. *Ibid.*, p. 324.
2. E. Kant, *Critique de la Raison pure*, A 166, B 206.
3. G. W. Leibniz, *Mathematische Schriften*, vol. 7, *op. cit.*, p. 325.
4. *Ibid.*, p. 326.
5. G. W. Leibniz, *Mathematische Schriften*, *op. cit.*, vol. 5, p. 320 *sq.* [trad. cit., M. Parmentier, p. 324].

modifier, même si c'est insensiblement, c'est-à-dire par des différences incomparablement petites »[1].

À Wallis, Leibniz écrivait : « Il n'est pas étonnant que certains problèmes, une fois admis mon calcul, soient tenus pour résolus, ce qu'on n'espérait qu'à peine auparavant, surtout quant il s'agit de ceux qui touchent au passage de la géométrie à la nature ... »[2]. Et Wallis répondit : « Et on en déduit que le point que tu veux d'une courbe quelconque a cette direction, cette obliquité, cette inclinaison (qui sont de ce type) lesquelles sont les mêmes que celles de la droite | tangente ; on peut donc le considérer 66
comme une partie infinitésimale de cette droite »[3].

Dans l'*Additio ad hoc Schediasma*, on peut lire : « S'il n'existait que des différences premières, toutes les quantités croîtraient uniformément, autrement dit, toutes les lignes seraient des droites. Toutefois, si nous poursuivons indéfiniment les différentiations, l'opération doit prendre fin lorsque, parmi les courbes représentant les différences, la seconde, la troisième ou davantage se trouve être une droite [...] Nous voyons par là que nous pouvons faire comme si le calcul différentiel ne concernait que des quantités ordinaires, même s'il faut en rechercher l'origine dans les inassignables pour rendre compte des termes qui sont éliminés ou se détruisent »[4]. Ici, ce sont des différences qualitatives dans les rapports géométriques qui sont définies comme exemples et représentants des ordres de l'infiniment petit, tandis que L'article du Journal des Savants de l'année 1701 constitue une régression décisive vers l'opinion vulgaire, car, dans cette note qui ne remplit pas tout à fait une page, c'est la métaphore quantitative, plusieurs fois répétée, qui est mobilisée : il s'agirait, dans la distinction entre fini et infini, de différence relative, comparable à la distance d'une étoile fixe par rapport au diamètre d'une sphère. Mais ainsi, Leibniz renoncerait lui-même à l'originalité comme au caractère positif de son concept, « de sorte qu'on ne diffère du style d'Archimède que dans les expressions »[5]. De même, dans sa lettre à Bodenhausen : « pour ramener nos calculs infinitésimaux à des démonstrations rigoureuses, on peut se contenter des lemmes relatifs aux incomparables que j'ai déjà publié dans les *Acta ;* il ne s'agit, en effet, que de géométrie ordinaire, à ceci près que, dans mon calcul, on ne tient pas compte de ce qui dans la construction est incomparablement petit [...] car on peut toujours prouver, selon la

1. *Ibid.*, p. 325 *sq.* [trad. cit., M. Parmentier, p. 333 *sq.*].

2. G. W. Leibniz, *Mathematische Schriften*, *op. cit.*, vol. 4, p. 26 [trad. fr. J. Peyroux, in *Œuvre mathématique autre que le calcul infinitésimal*, Paris, Blanchard, 1987, p. 83].

3. *Ibid.*, p. 30 [trad. fr. J. Peyroux, p. 86].

4. G. W. Leibniz, *Mathematische Schriften*, *op. cit.*, vol. 5, p. 327 *sq.* [trad. cit., M. Parmentier, p. 336].

5. *Ibid.*, p. 350.

méthode d'Archimède, que cela doit être éliminé en tant qu'inférieur à toute donnée »[1].

En revanche, après qu'eut éclatée la controverse sur la priorité de la découverte, Leibniz s'applique à placer la véritable signification de son principe sous un tout autre éclairage. Dans son *Historia et origo calculi differentialis*, tirée du manuscrit de Hanovre, il écrit : « Or il observait que les lignes infiniment petites intervenant dans les figures n'étaient rien d'autre que les différences instantanées de lignes variables. Et de même que les lignes que les analystes considéraient jusqu'ici en elles-mêmes pos-
67 sédaient des fonctions qui leur étaient propres, à savoir | les puissances et les racines, de même, lorsqu'on considère des quantités comme des variables, elles possèdent de nouvelles fonctions, à savoir leurs différences. De même que nous possédions jusqu'à présent x, xx, x^3, etc., y, yy, y^3, etc., nous pouvons désormais utiliser dx, ddx, d^3x, etc., dy, ddy, d^3y, etc. [...] et ainsi libérer notre esprit d'une continuelle attention aux figures. Lorsqu'on applique le calcul différentiel à la géométrie, les différentiations du premier ordre ne sont rien d'autre que la construction des courbes osculatrices [...] et on pourrait poursuivre de la même manière »[2].

Dans ce contexte, et contre Newton, il souligne que ce dernier en reste à la *méthode des exhaustions* dont son calcul serait très différent : « Ce qu'il avait dit sous forme énigmatique pour finalement en donner l'explication concerne ce qu'ils appellent fluxions et fluentes, c'est-à-dire des quantités finies et leurs éléments infiniment petits, mais ils ne donnent pas la moindre indication sur la manière de dériver les unes des autres. Et dans la mesure où il considère des raisons naissantes ou évanouissantes, il s'éloigne totalement du calcul différentiel pour se rapprocher de la méthode d'exhaustion qui est très différente [...] et même s'il y est finalement conduit, il n'utilise pas de quantités infiniment petites, mais des quantités ordinaires »[3]. Il reproche à Newton – et, pour l'instant, on ne saurait dire si c'est à bon droit – que sa méthode des fluxions ne permet pas de montrer *la déduction du fini à partir de l'infini*. Or c'est là tout le but et la stricte fonction de la notion d'infini. Ultérieurement, dans le traité où il entend exposer une *logique mathématique* sous le titre *Mathesis universalis* (tiré du manuscrit de Hanovre), il définit les deux parties de cette mathématique générale : « Elle possède deux parties : la science du fini [...] et la science de l'infini dans laquelle on détermine le fini au moyen de l'infini »[4]. Cette détermination du fini par l'infini, faite de sorte que ce dernier, en tant que

1. G. W. Leibniz, *Mathematische Schriften, op. cit.*, vol. 7, p. 391.
2. *Ibid.*, p. 407 *sq.*
3. *Ibid.*, p. 409 *sq.*
4. G. W. Leibniz, *Mathematische Schriften, op. cit.*, vol. 7, p. 53.

principe déterminant, devienne principe producteur, *réunit* la signification du calcul différentiel en *géométrie* et sa signification en *mécanique*.

57a. Dans sa réponse citée plus haut (cf. § 57) aux objections de Niewentjit, Leibniz écrit : « Mais le bien-fondé et l'utilité de ces différentiations | successives trouvent également confirmation dans la nature. 68
Comme je me souviens l'avoir déjà fait observer, le rapport entre une grandeur ordinaire, une grandeur infinitésimale d'ordre un, soit une différentielle, et une grandeur différentio-différentielle, c'est-à-dire infinitésimale d'ordre deux, est le même qu'entre un mouvement, une vitesse et une tendance au mouvement, qui est l'élément de la vitesse. Le mouvement permet de tracer une courbe, la vitesse un élément de courbe, la tendance au mouvement (par exemple, au début d'une chute sous l'effet de la gravité ou d'un mouvement à impulsion centrifuge) un élément d'élément »[1]. Cette signification mécanique des différentielles supérieures est plus précisément et mieux exposée dans le *Tentamen de motuum coelestium causis*, publié, dans sa première version in *Acta Eruditorum* de 1689, et dans une seconde version tirée du manuscrit de Hanovre : « Et l'on peut employer [...] ceux qui [...] sont d'un plus grand usage [...], de même dans presque toute transposition de la géométrie à la nature, car si le mouvement est exposé au moyen d'une ligne commune [...], l'élan ou la vitesse est exposé au moyen d'une ligne infinimment petite, et l'élément même de la vitesse telle qu'est la sollicitation de la gravité [...], par une ligne infiniment infiniment petite. Et j'ai estimé qu'il fallait noter cela, au lieu d'un lemme, selon notre méthode des quantités incomparables et l'analyse des infinis, comme les éléments de cette nouvelle doctrine »[2]. La définition plus précise, grâce au nouveau calcul, des concepts dynamiques fondamentaux, qui fait explicitement référence à Galilée, est donnée dans le *Specimen dynamicum pro admirandis naturae legibus circa corporum vires et mutuas actiones detegendis et ad suas causas revocandis* (Première partie in *Acta Eruditorum*, 1695, Seconde partie in « Manuscrit de Hanovre »). Tandis que le terme de *conatus* est ordinairement employé, même jusqu'en 1693, comme synonyme de *sollicitatio*[3], il englobe ici, non sans que Leibniz invoque Descartes[4], l'*orientation (ou la direction)*, et acquiert donc le même sens que la *force*, particulièrement la force dérivée[5]. « La vitesse prise avec la direction est appelée *effort*, d'autre part,

1. G. W. Leibniz, *Mathematische Schriften, op. cit.*, vol. 5, p. 325 [trad. cit., M. Parmentier, p. 333].

2. G. W. Leibniz, *Mathematische Schriften, op. cit.*, vol. 6, p. 168 [trad. fr. par J. Peyroux, in G. G. Leibniz, *Œuvre concernant la physique*, Paris, Blanchard, 1985, p. 51].

3. *Ibid.*, p. 234.

4. *Ibid.*, p. 239.

5. *Ibid.*, p. 13 (= Introd. de Gerhardt).

l'*impulsion* est constituée d'après la masse multipliée par la vitesse [...] Et même nous pouvons distinguer de l'approche déjà faite ou à faire, l'approche qui est faite comme un accroissement approché ou un élément [...] ainsi nous pouvons distinguer un élément de mouvement présent ou
69 instantané du mouvement même | qui est étalé dans le temps, et l'appeler *mouvement...* »[1]. De manière plus explicite : « ... *si ex continue crescente faciamus scalarem per* infinitesimales... »[2]. Et, dans une lettre à Schulenburg de 1698 : « Et il a été découvert qu'il n'y a pas de meilleure méthode de s'ouvrir par la géométrie un accès à la nature que celle qui procède par une infinité de degrés intermédiaires dans tout mouvement, et cet accès a un caractère qui relève de l'Auteur infini »[3].

58. Les incidences de l'arithmétique et de l'algèbre, ainsi que celles des découvertes faites par Leibniz dans ces deux disciplines, sur son concept de calcul différentiel sont plus connues et plus souvent citées. Mais si nous pouvions résumer toutes ces réflexions préalables en un seul terme qui concentrerait tous les mobiles de l'infiniment petit, nous choisirions, pour ces acquis leibniziens aussi, ce concept que nous avons déjà rencontré, dans ce contexte, chez Galilée : *le concept d'intensif, qui, dans son premier sens d'inextensif, offre un élargissement décisif au concept de nombre*. L'intensif est le premier fruit du principe de continuité. Tant que le passage d'un point à un autre, d'une unité à une autre n'est représenté que négativement et non comme un saut, la méthode des limites est suffisante qui n'exclut pas fondamentalement l'extension intuitive. Mais si l'on prend la méthode infinitésimale dans la rigueur de son principe, c'est-à-dire comme un développement du principe de continuité, on dépasse ainsi la notion de grandeur fondée sur l'extension. En effet, la continuité ne repose pas sur l'intuition spatiale, elle est une présupposition *plus générale* de la conscience qui doit être prise en compte dans la perspective de la faculté d'abstraction de la pensée, et qui, en tant que telle, doit être introduite parmi les conditions de l'intuition dans le but de sa purification accrue.

Ce qui caractérise l'intuition, c'est la donnée pure (cf. § 25), c'est-à-dire la *conditio sine qua non* de tout *commencement* d'objectivation. Mais
70 l'étape suivante en est nécessairement | la présupposition d'un principe réalisateur. C'est ainsi que l'infinitésimal vient répondre à l'attente de la

1. *Ibid.*, p. 237 [trad. fr., J. Peyroux, p. 96]. Sur le terme de *motio* eu égard à l'importance qu'il revêt pour le concept de grandeur du mouvement, cf. la lettre de J. Bernoulli à Leibniz, in Leibniz, *Mathematische Schriften, op. cit.*, vol. 3, p. 188.

2. G. W. Leibniz, *Mathematische Schriften, op. cit.*, vol. 6, p. 259. Le terme « *infinitesimalis* » provient de Nicolas Mercator (cf. Leibniz, *Mathematische Schriften, op. cit.*, vol. 4, p. 63).

3. G. W. Leibniz, *Mathematische Schriften, op. cit.*, vol. 7, p. 240 [trad. fr. J. Peyroux, *Œuvre mathématique autre que le calcul différentiel, op. cit.*, p. 119].

physique mathématique qui cherche, en se fondant, une validité gagée sur la réalité *(Realität)* ; mais nous avons vu que cette réalité doit faire face au soupçon et au préjugé qui veulent n'y voir qu'une fiction idéale. Ce préjugé est corollaire de la *grandeur relative* de l'extension qui, en raison de son unité fixée arbitrairement et de son origine déterminée par des coordonnées, semble fondée sur une convention et une relativité sensible ; il ne peut être éradiqué que si l'on établit rigoureusement qu'il faut abandonner toute extension grevée de relativité, et qu'on implante dans la pure donnée spatio-temporelle le présupposé d'un *inextensif* engendrant toute extension. On acquiert ainsi une position absolue qui permet de fonder positivement *la réalité des objets* de l'expérience scientifique. Nous voyons Leibniz souvent dire *physice id est geometrice et realiter*, et nous voulons maintenant montrer à travers quelques passages que la réalisation opérée par la différentielle réussit *grâce à l'entremise de l'intensif.*

Dans la *Theoria motus abstracti*, déjà citée, on peut lire dans les *fundamenta praedemonstrabilia* : « 4. *Des indivisibles ou inétendus sont donnés* [...] 5. Le *point* n'est pas *ce dont* la partie est nulle ou ce dont on ne considère pas la partie ; mais ce dont l'extension est nulle ou ce dont les parties sont indistantes, dont la grandeur ne peut se considérer, est inassignable [...] est ceci est la base de la *méthode de Cavalieri*, par quoi sa vérité est évidemment démontrée, à savoir que soient pensés certains rudiments, pour ainsi dire, ou commencements des lignes et des figures plus petits qu'aucune grandeur qu'on puisse donner »[1]. Nous avons constaté que tous n'ont pas vu dans cette étendue évanouissante le fondement de la méthode des indivisibles ; et cette conception est plutôt le symptôme de sa propre vision en germe.

Dans le même texte, Leibniz poursuit : « 18. *Un point est plus grand qu'un point, un effort qu'un effort, mais un instant est égal à un instant* [...] D'où suit qu'un arc inassignable d'un cercle plus grand est plus grand que celui d'un cercle plus petit, et n'importe quelle ligne tirée du centre à la circonférence [...] est *le plus petit secteur* perpétuellement croissant, mais à l'intérieur de l'inextension »[2]. Ce qui réfuterait les arguments des sceptiques : « ... la théorie des angles tout entière porte sur des quantités | des 71
inétendus »[3]. Dans la conclusion de cet essai, composée en épigraphe selon l'usage, Leibniz tire les conséquences idéalistes de ce principe qui rejette l'autorité unique de l'intuition sensible, à la fois dans une perspective historique, en évoquant Hobbes, Descartes, Gassendi et Galilée, et du

1. G. W. Leibniz, *Mathematische Schriften, op. cit.*, vol. 6, p. 68 [trad. fr., R. Violette, in *Sciences et techniques en perspectives*, vol. 6, Université de Nantes, 1984-1985, p. 88].

2. *Ibid.*, p. 70 [trad. cit., R. Violette, p. 89].

3. *Ibid.*

point de vue concret, en limitant le tribunal de la sensibilité : « La sensation, en effet, ne peut pas discerner si le même corps est continu ou contigu, ou bien s'il est un monceau de nombreux corps que sépare une béante discontinguïté »[1].

Le *Specimen dynamicum*... débute, après quelques mots d'introduction, par cette phrase : « Dans les choses corporelles, il y a, outre l'extension, quelque chose qui lui est premier, nous l'avons dit ailleurs, c'est-à-dire cette force même de la nature, placée partout par son Auteur, qui ne consiste pas dans cette faculté simple dont paraissent se contenter les écoles, mais qui est en sus de l'effort et qui en est dotée [...] Cet effort est çà et là accessible aux sens, et selon moi, il est partout compris par la raison dans la matière, même lorsque les sens n'en sont pas affectés [...] Il faut certainement que cette force [...] constitue l'intime matière des corps [...] Et rien n'est tant dans ce mouvement réel que cet instant qui doit être situé dans la force qui tend au changement. Il en résulte donc qu'il y a, dans la nature des corps, quelque chose outre l'objet de la géométrie, c'est-à-dire outre l'extension »[2]. Cet *inextensum* constitue l'*intensio*.

Comme Galilée, Leibniz définit donc lui aussi la vitesse comme *intensio* en distinguant la « diffusion de l'action dans le mouvement, c'est-à-dire l'extension de l'action, de l'intensité de cette même action » qui est la *quantitas velocitatis*[3]. Dans le manuscrit *de Ortu, progressu et natura Algebrae*, qui rappelle beaucoup le style de Lessing, Leibniz, après de lumineuses explications sur *le rapport de l'algèbre à la géométrie mais aussi sur son rapport à la logique*, esquisse une brève histoire où il écrit : « Certains scolastiques, notamment anglais, ont construit de singuliers et très subtils calculs relatifs aux intensités et aux affaiblissements des qualités et des formes, ainsi qu'aux forces et aux mouvements, et je m'étonne qu'on s'en soit totalement désintéressé au point que le très célèbre Wallis ne les mentionne même pas dans son *Histoire de l'algèbre*[4],
72 bien qu'il soit lui-même anglais | alors qu'il y a là quelque chose de solide, et que nous est offert, pour ainsi dire, l'échantillon d'une métaphysique mathématique »[5]. Toutefois, dans cet esprit et dans cette même terminologie, Wallis a lui-même donné, dans une lettre à Leibniz, sa propre explication du concept d'infinitésimal : « Je dis que cette mesure est celle de la courbure considérée sur le mode intensif [...] De même qu'un point quelconque de la périphérie est censé avoir une et une autre directions,

1. *Ibid.*, p. 77 [trad. cit., R. Violette, p. 94].
2. *Ibid.*, p. 235 [trad. cit., J. Peyroux, *Œuvre concernant la physique*, *op. cit.*, p. 94].
3. *Ibid.*, p. 355 (p. 399 : « *Intensio, seu motus vigor* »).
4. Cf. J. Wallis, *Opera mathematica*, Oxford, 1693-1699.
5. G. W. Leibniz, *Mathematische Schriften*, *op. cit.*, vol. 7, p. 210.

ainsi, dans les courbes dissemblables, il y a une et une autre courbures intensives en chaque point ou degré de courbure ou flexion; et comme la première est à évaluer d'après la droite tangente, la seconde d'après le cercle osculateur [...] Ton calcul différentiel et la méthode des fluxions de Newton tireraient de là leur origine, si je comprends correctement les deux méthodes »[1]. À vrai dire, dans son *Arithmetica infinitorum*, Wallis n'en a pas moins conçu son *a* – qui, dans sa terminologie, correspond au *dx* – comme *nihil seu evanescens*, alors que, pour Leibniz, il est *infinite exiguum*[2]. Il reconnaît cependant que le *minutum triangulum differentiale* a bien ce cacractère de grandeur abstraite : « Bien sûr, on retiendra ainsi l'espèce de triangle, mais abstraction faite de la grandeur, c'est-à-dire un triangle de cette forme, mais de nulle grandeur déterminée »[3].

Ce à quoi Leibniz rétorque, le 29 décembre 1698 : « Pour ce qui touche le calcul différentiel, j'avoue qu'il y a bien des choses communes dans ce qui a été exploré par toi, Fermat et d'autres, et même déjà par Archimède [...] Je pense qu'il vaut mieux que les éléments ou différentielles momentanées soient considérés comme des quantités, à mon sens, plutôt que d'être tenus pour des néants. En effet, elles aussi ont des différences, et elles peuvent même être représentées par des lignes proportionnelles assignables »[4]. Et sur la *species trianguli*, Leibniz ajoute : « ...je ne sais si on pourrait le comprendre; il semble en tout cas introduire une obscurité inutile. Qui connaît une figure sans grandeur? Et je ne vois pas comment une grandeur pourrait en être ôtée ... »[5]. Wallis corrige ses propos dans sa réponse et définit plus précisément l'expression en cause : « Ce que j'ai dit de l'espèce conservée du triangle abstraction faite de la grandeur, je ne voudrais pas que ce fût compris comme si je voulais qu'un triangle n'ait pas de grandeur, mais qu'il soit | possible de prendre en compte l'espèce ou 73
la forme du triangle abstraction faite faite de la grandeur, c'est-à-dire sans prendre en compte la grandeur [...] ce qui est, certes, l'abstraire. Si vraiment il est déplaisant qu'on parle de l'espèce du triangle, tu diras, si tu veux, degré d'inclinaison ou déclivité de la courbe au point de contact ... »[6].

Cette reconnaissance du degré entraîne celle du *dx* comme grandeur, c'est-à-dire comme ce nouveau type de grandeurs dont les Anciens eurent, certes, une intuition sans être capables de parvenir à une définition :

1. G. W. Leibniz, *Mathematische Schriften*, *op. cit.*, vol. 4, p. 31 [trad. fr. J. Peyroux, *Œuvre mathématique autre que le calcul infinitésimal*, *op. cit.*, p. 86 *sq.*].
2. *Ibid.*, p. 37.
3. *Ibid.*, p. 50 [trad. fr., J. Peyroux, p. 102].
4. *Ibid.*, p. 54 [trad. fr., J. Peyroux, p. 105 *sq.*].
5. *Ibid.*
6. *Ibid.*, p. 58 [trad. fr., J. Peyroux, p. 109].

grandeur *qui repose sur l'intensif et qui est produite par le biais de l'inextensif.* « Ainsi, au nombre des grandeurs réelles en leur genre, je ne compte pas seulement les lignes infiniment petites, *dx*, *dy*, mais aussi leurs carrés ou leurs produits, *dxdx*, *dydy*, *dxdy*, il en va de même d'après moi de leurs cubes et de leurs puissances supérieures, compte tenu notamment de la fécondité que j'y ai découverte dans les raisonnements et les inventions »[1]. En affirmant la *quantitas vera in suo genere*, Leibniz établit le caractère principal de l'infiniment petit et la *caractéristique décisive* du concept de différentielle : *l'ordre des différentielles supérieures.*

59. Qui ne saisit pas clairement la possibilité, la nécessité d'une différentiation supérieure n'a pas compris le concept de calcul différentiel ni la racine de sa signification. Leibniz lui-même s'étonne, étant donné justement l'utilité patente des différentielles supérieures, qu'on en soit si choqué. C'est ainsi qu'au sujet des objections de Niewentjit, il écrit, en 1695, à de l'Hôpital : « Or il serait étrange de dire que *x* et *dx* sont des grandeurs, et que leur troisième proportionnelle *ddx* ne le soit point, outre l'utilité des différentio-différentielles, tant aux osculations qu'ailleurs, que l'effet même a fait connaître. »[2] Ce sont en premier lieu les différentielles supérieures qui révèlent la fécondité du concept de calcul différentiel dans sa signification pour la mécanique. En effet, si, grâce à elle, Leibniz a pu rejeter et railler l'hypothèse atomistique – « dans l'hypothèse des atomes, l'attouchement fait l'office d'un *glouten* »[3] –, cela tient uniquement à la possibilité de rapports plus étroits, possibilité qu'offrait et que garantissait sa conception fondamentale : « Il semble que le contact par osculation
74 devrait donner plus de connexion que le simple | contact »[4]. Cette connexion plus profonde est le fait des différentielles supérieures. Donc, si le premier différentiel signifie la vitesse, le sens du second ne peut qu'être l'accélération : le premier calcul différentiel a été inventé aux fins de la réalisation, il faut donc que, dans la différentielle supérieure, il soit conduit à une réalisation plus étendue, avec la même légitimité que celle qui cautionne la présupposition du premier.

Il semble cependant qu'il y ait dans cette démarche une contradiction : on serait autorisé à *laisser de côté* les différentielles supérieures dans la première différentiation, alors que non seulement on en a reconnu l'importance fondamentale, mais qu'ils sont découverts et construits lorsqu'on poursuit plus avant cette démarche. Cette difficulté, elle aussi, est levée par

1. G. W. Leibniz, *Mathematische Schriften*, *op. cit.*, vol. 5, p. 322 [trad. cit., p. 328].

2. *Mathematische Schriften*, *op. cit.*, vol. 2, p. 288.

3. *Ibid.*, p. 157 (Lettre à Huygens, 1693).

4. *Ibid.*, p. 158. Cf. J. Bernoulli à Leibniz (in Leibniz, *Mathematische Schriften*, *op. cit.*, vol. 3, p. 189) : « *Certe destruitor unico actu* atomistarum *opinio.* »

Leibniz dans une lettre à Wallis : « Mais lorsqu'on en vient à la différentiation seconde, les produits d'une grandeur assignable par une grandeur élémentaire disparaissent également; ne subsistent que les produits de deux grandeurs élémentaires, ainsi que les produits d'une grandeur assignable par une différentio-différentielle qui sont homogènes aux précédents (ce qui est tout à fait remarquable) . Nous n'avons donc rien négligé, sinon parce qu'il y avait lieu de le faire, et nous n'avons assimilé aucune grandeur à zéro, sinon relativement à d'autres. Or aucun autre postulat n'est nécessaire. Ainsi *ddxy* est égal à *2dx.dy+x.ddy+y.ddx.* Ce calcul est utile pour les osculations et pour quantité d'autres choses du même genre. Plus simplement, j'avoue que ce que tu dis est vrai et que le produit de quelque chose par rien donne rien, mais on peut tirer de cette formule les usages que j'ai proposés »[1]. Suit cette phrase : « Je ne discute pas de la question de savoir si les quantités inassignables sont vraies ou fictives ... »[2]. Mais toute cette phrase ajoutée à l'argumentation bien connue est entre parenthèses, « vraisemblablement » pour être abandonnée lors de la copie au net.

Les membres supérieurs seront donc abandonnés dans la première différentiation car ils ne font pas partie de la tendance de cette différentiation parce qu'ils représentent des *niveaux de réalité* dont l'établissement n'est pas l'objectif de la première différentiation. En revanche, si ces réalités complexes peuvent être mises en question, il faut admettre qu'elles doivent ressortir au caractère variable de la première assomption de l'intensité. La *nature universelle de la continuité* s'applique tout autant au
fait de l'infiniment petit qu'à sa *production.* | « En outre, *ddx* est l'élément 75
d'un élément, c'est-à-dire la différence des différences; en effet, la quantité *dx* n'est pas toujours constante, mais, la plupart du temps, croît ou décroît (de manière continue) à son tour. On peut poursuivre de la même manière jusqu'à *dddx*, soit d^3x, et ainsi de suite ; bien plus, il peut arriver qu'on ait $d^e x$ lorsque l'exposant de la différentiation est indéterminé »[3].

Lorsqu'on a compris la signification du calcul différentiel quant à la réalité, la question ne pose plus de difficulté sérieuse de savoir si *dx* lui-même est discret ou continu. Il est *discret à l'intérieur* d'un *ordre de différentiation* requis aux fins d'une réalisation problématique. En effet, ce n'est que grâce à ce caractère discret supposé que le continuum, c'est-à-dire une fonction répondant à la loi de la continuité, peut être mesuré et déterminé. Mais cette discrétion, qui suffit à son propre niveau de réalisation, n'en demeure pas moins soumise au principe de continuité, lequel, dès que d'autres réalités sont en cause, doit et peut satisfaire à ces intérêts de la

1. *Mathematische Schriften, op. cit.*, vol. 4, p. 63.
2. *Ibid.*
3. *Mathematische Schriften, op. cit.*, vol. 7, p. 223.

différentiation supérieure. Dans la *Publication de l'année 1686*, Leibniz écrit : « Avant de finir, je voudrais mettre en garde contre le fait de négliger témérairement *dx*, dans les équations différentielles du type qu'on a vu un peu plus haut, $a = \int dx \sqrt{1\text{-}xx}$, sous prétexte que dans ce cas [...] il pourrait être négligé : en effet, ce serait pécher dans ce cas comme dans bien d'autres, et se fermer la voie vers d'autres solutions, que de ne pas conserver leur universalité aux indivisibles de ce type, à savoir *dx* (la progression de ces *x* pouvant être quelconque), alors que de ce seul *dx* peuvent surgir d'innombrables transformations de figures et d'innombrables équivalences »[1]. Au baron von Bodenhausen, Leibniz écrit : « Il n'est nullement nécessaire *ad summandum* que *dx* ou *dy* soient constants ni que *ddx* = 0, mais on supposera la progression de *x* ou de *y* [...] comme on jugera bon. Et c'est précisément là aussi un des avantages de mon calcul différentiel ... »[2].

60. Voilà pour quelle raison positive, qui ressortit au concept de calcul différentiel, Leibniz rejette *l'équivalence du dx et du zéro*. C'est de Grandi qu'il tient l'expression *nihil respectivum*. « Nous concevons les infiniment
76 petits | non pas comme des riens, lorsqu'on les considère en eux-mêmes et absolument, mais comme des riens relatifs (comme tu le notes toi-même à juste titre), c'est-à-dire comme des quantités qui, certes, s'amenuisent jusqu'à zéro, mais qui conservent la propriété de s'amenuiser. Nous concevons que la multiplication de telles quantités par une quantité infinie ou la transformation d'une quantité infinie produisent une quantité ordinaire. Et tu y as vu une illustration assez élégante du mécanisme de la Création, dans lequel une puissance absolument infinie produit quelque chose à partir d'un pur néant [...] Certes, des grandeurs numériquement infinies (c'est-à-dire plus nombreuses qu'un nombre quelconque) ne constituent jamais un tout infini, et la véritable infinité ne se rencontre que dans l'infinité de la puissance, laquelle ne comporte pas de parties [...] les quantités autres que les quantités ordinaires intervenant dans mon calcul sont des fictions, elles ne sont pourtant pas à rejeter [...] dans la mesure où, au sein du calcul, tout se passe comme si elles étaient de véritables quantités, et dans la mesure où elles possèdent, à l'exemple des racines imaginaires, un fondement réel et une certaine vérité idéale [...] Et les Philosophes Scolastiques, sans qu'il s'agisse de pédanterie de leur part, n'ont pas ignoré

1. *Mathematische Schriften*, *op. cit.*, vol. 5, p. 233 [*de Geometria recondita et analysi indivisibilium atque infinitorum*, trad. et présentation par M. Parmentier, in Leibniz, *Naissance du calcul différentiel*, Paris, Vrin, 1995, p. 126-143 ; trad. fr. J. Peyroux, in *Œuvre concernant le calcul infinitésimal*, *op. cit.*, p. 15].

2. *Mathematische Schriften*, *op. cit.*, vol. 7, p. 387.

ces subtilités de la philosophie ni, pour ainsi dire, cette Métaphysique de la Géométrie (que Caramuel appelait Métagéométrie) … »[1].

Là encore, nous constatons que l'inextensif est pris en compte lorsqu'il s'agit de la vraie quantité située dans la « vérité idéale » : la vraie infinité est dans cet infinitum qui est dépourvu de toute partie. Les grandeurs numériquement infinies ne peuvent avoir pour résultat un *unum totum infinitum*. Leibniz s'exprimera de la même manière dans ses lettres à Bernoulli qui regorgent d'analyses philosophiques : « Ces choses résident dans les raisons idéales qui gouvernent les choses à la manière de lois, même si elles n'existent pas dans les parties de la matière […] Le vrai infini est peut-être l'absolu lui-même, lequel n'est pas composé de parties, mais comprend des choses qui en possèdent, d'une manière éminente, et, pour ainsi dire, à travers leur degré de perfection »[2]. Nous voyons donc que, partout, le nerf de l'argument se situe dans le principe mécanique de l'intensif, et, en premier lieu, dans la signification de l'*in*extensif : « Et, en réalité, je conçois les points, non comme des éléments de la ligne, mais comme leurs limites, c'est-à-dire comme la négation d'un prolongement, c'est-à-dire encore comme les extrémités de la ligne […] d'ailleurs, on ne peut dériver les principes mêmes de la mécanique, en d'autres termes les principes des lois du mouvement, seulement de l'extension et de l'impénétrabilité ; c'est pourquoi, il faut affirmer qu'il y a dans le corps quelque chose d'autre | dont les modalités produisent le conatus et l'impetus, de la 77
même manière que les modalités de l'extension produisent les figures »[3]. « Sous le nom de monade, je comprends une substance véritablement simple, c'est-à-dire une substance qui ne soit pas un aggrégat de substances »[4]. Pareille substance ne serait ni *materia prima* ou *moles* ni *materia secunda* ou *massa* : « Mais s'il n'y avait pas d'âmes ou ce qui leur est analogue, il n'y aurait pas de Moi, ni aucune monade, ni aucune unité réelle, et, par conséquent, aucune multiplicité substantielle ; bien plus, ne subsisteraient dans les corps que des apparences »[5]. Nous constatons ainsi que l'ensemble du *système de la monadologie* est fondé sur le caractère intensif-inextensif de l'infini.

Nous remarquons également dans ce passage, qui donne à réfléchir, que le *problème du moi* dépend du concept d'infiniment petit et y est inclus. Nous pouvons aussi nous rappeler, à propos de ce point d'histoire des idées, le rapport que Kant instaure entre *la grandeur intensive et la réalité*

1. *Mathematische Schriften*, *op. cit.*, vol. 4, p. 218 *sq.*
2. *Mathematische Schriften*, *op. cit.*, vol. 3, p. 499 *sq.*
3. *Ibid.*, p. 537.
4. *Ibid.*, p. 536 *sq.*
5. *Ibid.*, p. 537.

de la sensation. Il n'y a, en fait, pas de relation plus étroite qu'entre ce qu'on appelle l'objet concret et l'unité de la sensation. En effet, s'il n'existait pas de réalité *(Realität)* fondée sur l'infiniment petit intensif, la sensation serait et resterait simplement subjective, et il n'y aurait aucun moyen d'y objectiver un élément *a priori*, concret, réel. C'est ce que dit Leibniz : il n'y aurait que *phantasmata*. Mais, d'autre part, il n'est pas d'exemple plus dynamique de la réalité recherchée que la *sensation*. En effet, toute réalité n'est-elle pas située dans la conscience ? Où se trouveraient sinon matière, mouvement, force, nature ? Où leur loi universelle, la *loi de continuité ?* Le rapport historique que nous venons d'établir nous permet d'anticiper ceci que le réel peut en général être pensé comme étant aussi le *réel de la sensation*, que l'objet, dans la mesure où il est conçu comme réalisé, doit être réalisé dans une *présupposition qui à la fois satisfait à l'exigence de réalité de la sensation et accomplit la réalisation de la conscience.*

Leibniz, nous le voyons, articule l'infiniment petit et sa conception systématique du monde, et c'est d'après leurs rapports qu'il définit la
78 fécondité de cette idée fondamentale |, sinon de manière détaillée du moins selon des critères pertinents de validité. Une seule chose pourrait être critiquée dans l'ensemble de ses exposés – ce que réclamèrent certains de ses adversaires et de ses tenants – : *le terme même de différentielle.*

61. Tous ceux qui ont exposé la méthode de Leibniz ont d'abord souligné qu'il était parvenu à l'élaborer grâce à ses recherches sur les propriétés des *nombres :* il avait, chez Boyle, rencontré le mathématicien Pell lequel, déclarant qu'il possédait une méthode pour opérer la sommation de séries de nombres grâce à leurs différences, l'a renvoyé à Mouton et Mercator. C'est donc très tôt que Leibniz passe du calcul au nouveau concept de nombre. Mais il est instructif de noter que Leibniz, dans ses premiers manuscrits concernant ces recherches orientées essentiellement vers les problèmes des nombres, n'a pas encore réussi à triompher des difficultés méthodologiques et conceptuelles, et que, pour ce faire, il avait inévitablement besoin des présupposés de la *mécanique*. Dans le manuscrit du 29 octobre 1675, où pour la première fois sont utilisés les signes *dx* et $\int$, règne encore l'idée que *dx* deviendrait une constante. « L'ensemble de la recherche n'aborde jamais la question de savoir *quel type de grandeurs* représentent *dx* et *dy* ni de quoi ils sont faits »[1]. Dans une note, Gerhardt poursuit : « Que Leibniz les considère comme des grandeurs ordinaires ressort de sa remarque *"Idem est dx et x / d, id est differentia inter duas x proximas"* ».

1. C. I. Gerhardt, *Die Entdeckungen der höheren Analysis, op. cit.*, p. 60 *sq.*

Cette caractéristique héritée de la nature des nombres gêne et obscurcit le sens positif et réalisateur de l'infiniment petit. Leibniz a suffisamment mis en avant cette force productrice de son concept, mais, par ailleurs, il ne voulait pas renoncer à cet avantage qui tenait au fait que, pour l'opinion publique, sa démarche était confondue avec la *méthode des limites ;* aussi, a-t-il très souvent évoqué cet accord avec le *stilus Archimedeus*, comme si le calcul différentiel ne signifiait rien de plus précis que la limite des différences.

|62. À cette conception s'oppose le terme introduit par Newton et à 79
travers lequel il a mis sur pied sa démarche qui obéit aux mêmes règles et à la même orientation. Mais, bien entendu, si nous considérons ainsi les concepts newtoniens comme des compléments, des éclaircissements et des correctifs, il nous faut faire abstraction de l'anxiété avec laquelle Newton cherche à se rattacher à la méthode des Anciens, au point qu'il ne situe pas avec assurance, en leur accordant une place essentielle, ses découvertes originales au principe de son œuvre principale, mais se contente de les citer brièvement une seule fois, tandis que, pour le développement propre de ses démonstrations, il en reste à l'ancienne tradition. Il n'en a pourtant pas moins approfondi le concept d'*indivisible* par celui de *fluxion*. Nous allons maintenant montrer que, là encore, le mobile actif de la réflexion est l'idée de *réalité (Realität)*, et que, du même coup, seront écartées de la conception du problème obéissant à cette terminologique les réflexions arithmétiques annexes propres à l'expression du calcul différentiel. Le terme de fluxion permet de dépasser dans l'incrément[1] le caractère *fictif* du nombre, tandis que ce qui est producteur, réalisateur – qui est propre à l'assomption, inévitable donc, d'un point absolu du mouvement, du *moment* – est mis en avant, établi comme le *principe* de la nouvelle méthode.

Dans le contenu de la démarche comme dans son orientation, force nous est donc de constater une totale unité de vues chez Leibniz et chez Newton. C'est la réflexion de Barrow, le maître de Newton, qui a permis d'introduire le caractère réalisateur de la fluxion. Barrow, nous l'avons vu plus haut (cf. § 46), a fait valoir, dans la mesure des courbes, l'idée de *mouvement*, déjà présente chez Cavalieri, et tout particulièrement mobilisée par Kepler et Galilée. D'emblée, Newton cherche à établir *de manière systématique les lois du mouvement ;* il était certain de pouvoir déterminer par ces lois et uniquement grâce à elles, en évitant toutes les qualités cachées et les hypothèses de ce genre, les véritables *forces* à l'œuvre dans la nature ainsi que son *être effectif*. Le concept de mouvement, notion adjuvante dans la problématique géométrique, devait donc nécessairement se présenter à ses yeux comme le concept fondamental et universel de la nature.

1. C'est-à-dire l'accroissement arbitraire (*N. d. T.*).

Ceux qui lui ont reproché d'avoir importé le concept de mouvement semblent ne pas avoir tenu compte de ce contexte d'ensemble.

Or le mouvement, appréhendé dans ce rapport-là aux choses et aux
80 grandeurs, se réfère aux *modalités* générales | *de la conscience*, définies, depuis la plus ancienne réflexion spéculative grecque, par le termes d'*espace* et de *temps*. Nous avons vu que, chez Galilée déjà, les espaces de la chute étaient engendrés à travers les vitesses et à partir d'elles, donc que l'espace avait pour origine le temps. C'est *le trait éminemment idéaliste de la méthode des fluxions : elle dérive les grandeurs spatiales des grandeurs temporelles*. C'est dans cette perspective de la réflexion qu'apparaît la fluxion qui *produit la fluente*, et confirme ainsi la nature réalisatrice de l'infiniment petit jusque dans la précision du terme lui-même.

63. Le biais immédiat qui conduit à cette conception est le concept de *moment* qu'on trouve mentionné comme étant déjà connu, et y est donc introduit sans être défini, dans la première et la plus ancienne étude consacrée par Newton à ces questions, rédigée en 1669, publiée en 1711, *de Analysi per aequationes numero terminorum infinitas*[1]. Dans cette étude où le terme de fluxion n'est pas encore employé, Newton se réfère explicitement à la méthode de l'indivisible. Et il est significatif qu'il définisse le moment comme *unité*, mais ainsi également comme un *principe de mesure* différant en fonction de la nature des problèmes : « Mais il faut remarquer que cette unité posée comme moment est une surface s'il s'agit de solides, une ligne s'il s'agit de surfaces, un point s'il s'agit de lignes. Car je ne crains pas de parler d'unité pour des points ou des lignes infiniment petites, puisque les géomètres, de nos jours, considèrent des proportions entre ces unité lorsqu'ils font usage des méthodes des indivisibles »[2].

Il accorde à cette analyse qui est la sienne le même degré de certitude qu'à l'analyse ordinairement admise : « Si bien que je n'ai jamais hésité à lui donner le nom d'analyse. En effet, les raisonnements ne sont pas moins certains dans cette analyse que dans l'autre, ni les équations moins exactes, même si nous qui sommes des hommes doués d'une raison finie, sommes incapables d'en désigner tous les termes ni de les concevoir de manière à connaître exactement les quantités que nous cherchons à déterminer grâce à eux »[3]. L'expression *desideratas quantitates* qui résulte de ces métaphores désigne aussi bien le moment que la *validité accordée à la présupposition*.

1. Cf. C. I. Gerhardt, *Die Entdeckung höheren Analysis ..., op. cit.*, p. 80.

2. I. Newton, *Opuscula mathematica, philosophica et philologica*, ed. J. Castillion, t. I, Lausanne et Genève, 1744, « Analysis per aequationes numero terminorum infinitas », p. 19.

3. *Ibid.*, p. 25.

| En effet, *momentum* désigne la grandeur décrite par le mouvement au sein de l'unité temporelle. Par conséquent, Newton procède ici comme Barrow dans sa méthode des tangentes : *il conclut*, à partir des modifications infiniment petites de la grandeur produite par le mouvement, *à la grandeur elle-même*[1]. 81

64. Le deuxième texte de Newton qui s'inscrit dans le contexte présent est intitulé *Methodus fluxionum*, date de 1671, mais n'a été publié qu'en 1736, après sa mort. Il y développe le concept de fluxion qu'il emprunte, comme le remarque son disciple Mac Laurin, à Napier : « *Their nature and genesis is proposed by the inventor in a method similar to that which is applied in this doctrine [sc. of fluxions] for explaining the genesis of quantities of all sorts, and is described by him almost in the same terms* »[2]. En fait, il ne s'agit, dans la méthode des fluxions, que de la *production des grandeurs*. Et bien que Newton rejette, ici comme partout ailleurs, la manière traditionnelle de philosopher, sa méthode de recherche est si bonne, si juste, disons mieux, elle est la méthode *exemplaire*, que nous sommes tenus de considérer, même sur cette question particulière capitale, que Kant est newtonien.

Newton, dans la donnée dogmatico-empirique, ne se contente pas de *ne pas* présupposer l'espace : il ne présuppose pas non plus le temps. De même, il introduit, pour prendre en compte l'espace, ce qu'aujourd'hui il nous faut appeler le point de vue transcendantal : « Par conséquent, je considèrerai les quantités comme engendrées par un accroissement continu, comme l'espace que décrit un corps ou un mobile quelconque »[3]. En effet, bien que le corps et la chose mue semblent ici encore être donnés pour tels et supposés l'être, la recherche toute entière n'est mise en œuvre que dans le seul but de les objectiver. L'espace, aux fins de cette fondation, est considéré comme produit par une croissance constante. La raison de sa grandeur exacte se trouve donc dans la constance de l'incrément. Or l'accroissement et sa constance *présupposent le temps*. Toutefois, même le temps désigne, | 82
ce que nous appellerions la modalité du déroulement de ce qui arrive. Newton dit : « Je ne prends pas ici le temps formellement considéré »[4]. Le déroulement de ce qui arrive, Newton le saisit à travers l'expression de *flux*, terme introduit avec succès par Napier pour désigner la production des grandeurs. Ainsi la rigueur et l'exactitude des concepts d'espace, de temps et de grandeur sont-elles exposées en prenant appui sur la conformité à une

1. C. I. Gerhardt, *Die Entdeckung höheren Analysis ..., op. cit.*, p. 82.
2. C. Mac Laurin, *A Treatise of Fluxions*, t. I, Edimbourg, 1742, p. 158.
3. I. Newton, *Opuscula mathematica ..., op. cit.*, t. I, « Methodus fluxionum et seriarrum infinitarum cum ejusdem applicatione ad curvarum geometriam », p. 54.
4. *Ibid.*

loi dont il est possible d'affirmer que le flux participe : « Je suppose que l'une des quantités proposées, homogène aux autres, croisse d'un flux uniforme, et qu'à cette quantité les autres soient rapportées comme au temps ; il ne sera donc pas inapproprié d'appeler temps cette quantité, par analogie »[1]. Le temps lui-même est exposé en fonction de la grandeur à laquelle il est mesuré « par un accroissement uniforme ou flux »[2].

Par conséquent, les types de grandeurs qu'il faudra distinguer seront déduits et définis comme des *modifications du flux*. La grandeur spatiale habituelle, parce qu'elle est considérée, et pour autant qu'elle le soit, comme croissant *gradatim et infinite* dans le flux, sera appelée *fluente* et symbolisée par x, y, z. Cet accroissement par étape, *indefinite*, ce sont les *vitesses* qui le définissent « selon lesquelles chacune des fluentes s'accroît grâce au mouvement qui l'engendre »[3] ; c'est pourquoi elles sont appelées *fluxions* et sont symbolisées par $\dot{x}$, $\dot{y}$, $\dot{z}$.

On pourrait alors penser que la fluxion recouvrirait entièrement l'infiniment petit dans sa potentialité réalisatrice, qu'ainsi l'*impetus* galiléen serait remis à l'honneur, et que tout ce que Leibniz se proposait d'atteindre en parlant de grandeur *intensive* serait acquis et assuré. En effet, les vitesses sont bien les archétypes de la force, donc les grandeurs génératrices par excellence. La chose n'est toutefois pas si claire ni si simple chez Newton bien qu'elle ait souvent été présentée comme telle, même par Gerhardt[4]. La conception de Newton reste au contraire prisonnière du « mouvement producteur » et, donc, de l'espace parcouru, c'est-à-dire de l'*extensif*. Et pour le souligner, il en revient au concept qui, pour lui, devait, dans l'étude précédente, occuper encore la place qui reviendra à la fluxion : le concept de *moment :* « Les moments des quantités fluentes (c'est-à-dire leurs parties indéfiniment petites dont l'addition durant des parties indéfiniment
83 étroites de temps constitue l'augmentation de ces quantités) | sont comme les vitesses de leur flux ou de leur croissance »[5]. Le rapport des moments est égal au rapport des vitesses. Le moment est néanmoins quelque chose d'extérieur à la vitesse : « Le moment d'une quantité (mettons x) est représenté par le produit de sa vitesse $\dot{x}$ par la quantité indéfiniment petite *o* (c'est-à-dire $\dot{x}o$) »[6].

1. *Ibid.*
2. *Ibid.*
3. *Ibid.*
4. C. I. Gerhardt, *Die Entdeckung höheren Analysis ..., op. cit.*, p. 84.
5. I. Newton, *Opuscula mathematica ..., op. cit.*, t. I, p. 59.
6. *Ibid.*

Mais ainsi, la valeur réalisatrice de l'infiniment petit est *neutralisée*, et toute sa signification, répondant à sa désignation par *o*, se voit accorder la dignité singulière d'avoir à disparaître après qu'il aura joué son rôle dans les opérations : « Puisque nous avons supposé que cette quantité *o* est infiniment petite, de manière à représenter les moments des quantités, les termes multipliés par cette quantité *o* peuvent être considérés comme nuls en comparaison des autres ; je les néglige donc… »[1]. Du même coup, s'évanouit aussi la signification au regard de laquelle, dans cet apparent zéro, des sources plus profondes de réalité sont latentes et doivent être rendues accessibles dans la suite de la démarche. Les tenants de Leibniz ont pensé, ce qui est pour le moins compréhensible, que Newton n'avait pas saisi, dans ses premiers travaux, le sens du *concept de différentielles supérieures*. Un Lacroix, dans son avant-propos à son *Traité du calcul différentiel et du calcul intégral*, avant-propos qui contient un excellent panaorama historique, écrit : « Les fluxions n'étaient pour Newton rien d'autre, à proprement parler, qu'un moyen de donner aux grandeurs dont il traitait *un objet qui échût aux sens* »[2]. Sa méthode aurait plutôt été celle des premiers et des derniers rapports. Cette opinion s'appuie, comme on l'a dit, sur le fait que Newton ne développe brièvement qu'à un seul endroit de ses *Principia* la théorie des fluxions, et que, au lieu de cette dernière, c'est la « méthode des premiers et des derniers rapports » dont il fait la base de tout l'exposé de son opus magnum. En effet, la première section du premier livre a pour titre : *de Methodo rationum primarum et ultimum*. À vrai dire, ce qui vient affaiblir cette argumentation c'est la prédilection bien connue de Newton pour un mode d'exposition strictement géométrique, ainsi que cette déclaration expresse que nous allons aussitôt examiner.

65. Toutefois, la méthode des premiers et des derniers | rapports est 84
entièrement différente de la méthode des limites qu'elle est prioritairement méthode des *premiers* rapports et pas simplement des derniers. Ce qui met au premier plan le problème de la production des grandeurs : « … le premier rapport des quantités naissantes est celui que les quantités qui augmentent ont au moment qu'elles naissent, et la première ou dernière somme de ces quantités est celle qui répond au commencement ou à la fin de leur existence, c'est-à-dire au moment qu'elles commencent à augmenter ou qu'elles cessent de diminuer »[3]. Grâce à la méthode des *indivisibles*, les

1. *Ibid.*, p. 60.

2. S. F. Lacroix, *Lehrbegriff des Differential- und Integralkalküls*, 1ère partie, Berlin, 1799 (trad. allem. par J. Ph. Grüson), p. XXXIV [*Traité du calcul différentiel et du calcul intégral*, Paris, 1797-1798].

3. I. Newton, *Principes mathématiques*, Paris, Gabay, 1990, Scolie au Lemme XI [Cohen utilise l'édition suivante : *Opera quae extant omnia*, vol. 2, Londres, 1779-1785 (ed. S. Horsley), et nous utilisons la traduction de la Marquise du Châtelet *(N. d. T.)*].

démonstrations sont, certes, *contractiores*, mais cette hypothèse serait néanmoins « trop dure à admettre » et jugée « peu géométrique »[1]. C'est pourquoi, Newton aurait préféré la méthode des limites. Il ne l'en a pas moins étendue, y incorporant sa fluxion de sorte qu'il ne se vit autorisé à en faire expressément état que dans son deuxième livre.

Significative est aussi la manière dont il écarte l'objection selon laquelle il n'y aurait pas de dernier rapport de grandeurs évanescentes; en effet, avant leur disparition, il n'y aurait pas d'ultime rapport, et, après, il n'y aurait plus de rapport du tout. Sa réponse obéit au mobile mécanique, à l'idée de fluxion : « Mais on pourrait soutenir par le même raisonnement qu'un corps qui parvient [...] à un certain lieu où son mouvement s'éteind n'a point de dernière vitesse [...] Or, la réponse à cet argument est facile ; on doit entendre par la dernière vitesse de ce corps celle avec laquelle il se meut, non pas avant d'avoir atteint le lieu où son mouvement cesse, non pas après qu'il a atteint ce lieu, mais celle qu'il a dans l'instant même qu'il atteint ce dernier lieu et avec laquelle son mouvement cesse. Il en est de même de la dernière raison [rapport] des quantités évanouissantes, il faut entendre par cette raison celle qu'ont entre elles des quantités qui diminuent, non pas avant de s'évanouir ni après qu'elles sont évanouies, mais celle qu'elles ont dans le moment même qu'elles s'évanouissent. »[2] Nous pouvons donc considérer le dernier rapport comme l'*achèvement* de la progression du premier. Car, sans le premier rapport, on ne pourrait pas commencer à décrire et à définir mathématiquement la production des grandeurs. Résoudre cet unique et simple problème exige qu'on prolonge ces points de départ, qu'on achève le trajet des premiers au derniers rapports
85 qui sont du même type. |

Dans le paragraphe qui suit immédiatement, Newton ne voit subsister qu'une seule difficulté possible, suscitée par l'expression derniers rapports : que ces derniers, avec lesquels les grandeurs disparaissent, ne soient pas, en fait, les rapports des ultimes grandeurs, mais les limites dont continûment s'approchent les rapports et qu'ils ne peuvent cependant pas atteindre avant que les grandeurs ne soient réduites à l'infini. Mais Newton entend bien, en l'occurrence précisément, ne pas convoquer l'indivisible, et sa fluxion, qui, là aussi, constitue le ressort probatoire, est comprise comme la relève de l'indivisible. Par conséquent, la réponse citée plus haut concerne en réalité l'objection selon laquelle tout serait constitué par de l'indivisible, ce qui, du même coup, réfuterait la fluxion et la rendrait vaine. Or l'indivisible n'a justement pas son sens fort, sa signification

1. *Ibid.*

2. I. Newton, *op. cit.*, Scolie au Lemme 11 [Cohen utilise la traduction en allemand par J. Ph. Wolfers, parue en 1872 à Berlin *(N. d. T.)*].

productrice, géométrique et mécanique, ce qui ressort sans ambiguïté de la phrase suivante : « On comprendra ceci plus clairement dans les quantités infiniment grandes. Si deux quantités, dont la différence est donnée, augmentent à l'infini, leur dernier rapport sera donné et sera certainement un rapport d'égalité ; cependant les dernières ou les plus grandes quantités auxquelles répond ce rapport ne seront point des quantités données »[1]. Newton comprend le *dari* avec tant de précision qu'il s'agit là de la détermination géométrique et non d'*une manière de rendre la chose accessible aux sens*.

C'est ce que regrette Berkeley lorsque, se moquant de lui-même sans savoir à quel point, il qualifie les fluxions de *shadowy entities*, et poursuit : « *So difficult to imagin or conceive distinctly* »[2]. Il comprend si peu la signification d'abord réalisatrice de la fluxion qu'il croit pouvoir, en raillant, qualifier les derniers rapports avec lesquels les grandeurs disparaissent de *ghosts of departed quantities*[3].

Le sens producteur de la fluxion peut, en revanche, être d'emblée déduit, dans le seul passage des *Principia* où Newton en fait mention, du terme de *genita* qu'il emploie pour la désigner. Les grandeurs auxquelles ce terme s'applique, les produits, les racines, les carrés, les cubes, sont considérées comme croissant ou décroissant *motu fluxuve perpetuo*[4]. Leur incrément ou décrément momentané, Newton l'appelle, ici comme dans le premier traité qui touche ces questions, le *moment :* « Prenez garde cependant de ne pas entendre par là des quantités finies. Car les particules finies ne sont pas des moments mais | les quantités mêmes produites par **86**
ces moments. Il faut donc prendre pour particules les principes naissants des quantités finies »[5]. La grandeur des moments n'est pas non plus ici prise en compte, mais simplement *prima nascentium proportio*. Ces moments seraient, selon Newton, à comprendre aussi comme vitesses, mouvements, modifications et *fluxions* des grandeurs ou comme *n'importe quelle* grandeur finie proportionnelle à ces vitesses[6]. Il s'agit du passage où se trouvait, dans les deux premières éditions, le scholie mentionnant la méthode de Leibniz « qui diffère à peine de la mienne sinon

1. *Ibid.*

2. *The Analyst* in *The Works of George Berkeley*, t. III, Oxford, 1871 (ed. A.C. Fraser), p. 283 [trad. fr. M. Blay, *Œuvres*, 3 vol., sous la dir. de G. Brykman, Paris, PUF, 1987, t. II, § 49, p. 322].

3. *Ibid.*, trad. cit., § 35, p. 314.

4. I. Newton, *Principes mathématiques, op. cit.*, Livre II, Lemme II, p. 260.

5. *Ibid.* (la première édition de 1687 donne la version suivante : « Momenta quam primum finitae sunt magnitudinis, desinunt esse momenta. Finiri enim repugnat aliquatenus perpetuo eorum incremento vel decremento. »).

6. I. Newton, *Principes mathématiques, op. cit.*, sect. II, Lemme II (trad. cit., p. 260).

dans le choix des termes et des signes, et l'idée de la production des grandeurs »[1]. Nous avons pourtant vu que cette dernière différence dans la conception de la production des grandeurs est à peine discernable du point de vue de la réflexion essentielle. Ce qui ressortira de manière plus claire et plus précise encore de l'examen du dernier traité, auquel nous allons nous consacrer, où Newton lui-même, pour la première fois, rend publique sa méthode, le *Tractatus de quadratura curvarum* de 1704.

66. Dans l'introduction à ce texte, Newton souligne avec insistance quel rôle le point de vue de la production des grandeurs a joué dans la découverte de la méthode des fluxions. La première phrase de l'essai dit ceci : « Je considère ici les quantités mathématiques non comme constituées de parties les plus petites possibles, mais comme décrites d'un mouvement continu. Les lignes sont décrites et sont engendrées dans leur description non par l'adjonction de parties, mais par le mouvement continu des points ; les surfaces [...], les solides [...], les angles [...], les temps, par un flux continu, et ainsi du reste. *Ces engendrements ont vraiment lieu dans la nature* et se voient tous les jours dans le mouvement des corps [...] Considérant donc que des quantités qui croissent en des temps égaux et s'engendrent par cet accroissement, se trouvent être plus grandes ou plus petites selon la vitesse plus ou moins grande de leur croissance et de leur engendrement, je cherchais une méthode pour déterminer les quantités à partir de la vitesse des mouvements ou accroissements qui les engendre ; et appelant fluxions ces vitesses de mouvement ou d'accroissement et fluentes les quantités engendrées, j'en vins peu à peu, durant les années
87 1665 et 1666, à la méthode des fluxions | dont j'ai fait ici usage pour la quadrature des courbes »[2]. Il suffira d'indiquer l'accord avec Leibniz, au niveau des principes, que Newton a formulé en disant « *hae geneses in rerum natura locum vere habent (Ces engendrements ont vraiment lieu dans la nature)* ». S'y exprime de manière claire et rectrice la tendance à rejeter toute représentation d'ordre mystique accompagnant l'idée d'infiniment petit : « J'ai voulu montrer que, dans la méthode des fluxions, il n'est pas nécessaire d'introduire des figures infiniment petites dans la géométrie. L'analyse peut au contraire s'effectuer sur des figures quelconques, finies ou infiniment petites que l'on imaginera semblables à des figures évanouissantes, aussi bien que sur des figures tenues pour infiniment petites à la manière habituelle de la méthode des indivisibles, pourvu que l'on procède avec prudence »[3]. Or c'est d'autant plus vigoureusement qu'il pourra établir l'idée féconde, créatrice dans la fluxion qui désormais ne

1. I. Newton, *Principia, op. cit.*, trad. allem. cit., p. 598.
2. I. Newton, *Opuscula mathematica ..., op. cit.*, « De quadratura curvarum », p. 203 *sq.*
3. *Ibid.*, p. 207.

s'appelle plus moment. Même le *temps* est lui aussi fondé dans le flux. Ainsi, Newton peut-il dire : « La génération des figures et des quantités par un mouvement continu est plus naturelle »[1].

67. Leibniz et Newton ont tous deux bien vu que leur concept reposait sur un fondement qui relevait de la critique de la connaissance. Tous deux l'ont découvert. Et c'est en découvreurs qu'ils se révèlent dans cette fondation effectuée selon une critique de la connaissance, dans la perception d'ensemble de la portée de sa présupposition et dans la mise au point de moments concrets que l'on peut reconnaître comme mobiles *créateurs*. De ce point de vue, la *querelle sur la priorité* s'avère être sans objet. Chez Leibniz comme chez Newton, le concept d'infinitésimal est une expression de *l'idée systématique fondamentale*, de la conception idéaliste qu'ils ont de la *réalité (Realität)*. « Je trouve que les règles du fini réussissent dans l'infini [...] et vice versa que les règles de l'infini réussissent dans le fini », dit Leibniz[2]. C'est cette intrication et cette interpénétration du fini et de l'infini qu'exprime, chez Newton, cette formule concise : « *Hae geneses in rerum natura locum vere habent.* » C'est pourquoi, chez Leibniz, le calcul différentiel est une expression de la *réalité intensive*, à ceci près qu'il la conçoit comme une *substance simple*, une *monade*. Chez Newton, la fluxion est encore maintenue dans la *méthode des rapports*, | pour autant 88
qu'elle ne soit pas simplement celle des derniers rapports, mais celle des *premiers*.

Pour introduire leur découverte, tous deux ont donc cherché à la fonder du point de vue de la critique de la connaissance, fondation où se situe la source de leur concept. En revanche, cédant en même temps à leur propre incertitude comme aux préjugés de l'époque, ils n'ont pu éviter de chercher après coup à rattacher leurs concepts nouveaux et critiqués aux méthodes du passé. Chez Leibniz, cette réconciliation va si loin qu'il caractérise le calcul différentiel comme un *modus loquendi* et, dans ses lettres, multiplie aux fins d'explication, en les variant, les comparaisons qui ont pour effet de transformer *l'unité de la réalité productrice* en un critère relatif et subjectif de comparaison, tel, par exemple, le grain de sable comparé à la sphère terrestre. Newton, lui, en revient à la méthode des limites, pourtant *corrigée dans ses principes*, donc dépassée, et consacre à cette découverte, dont il revendique la paternité en se livrant à une controverse acerbe, à peine une brève mention dans son ouvrage principal. Il n'en demeure pas moins patent que l'éclairage donné par la critique de la connaissance a pris part à la découverte de l'idée, bien que celle-ci n'eût jusque là pas trouvé d'expression bien claire.

1. *Ibid.*, p. 363.
2. G.W. Leibniz, *Mathematische Schriften*, *op. cit.*, vol. 6, p. 249 *sq.*

Toutefois, la découverte une fois faite et circonscrite, on comprend que même ses « inventeurs » aient tenté de la formuler et de la protéger grâce à la méthode *traditionnelle* des limites. En effet, nous avons maintes fois pris connaissance des difficultés qui grèvent le fait de présupposer un concept fondamental d'ordre *réalisateur*. Ce qui a néanmoins suscité l'illusion que l'ancienne méthode, parce qu'elle paraissait éviter cette présupposition cognitive difficile, eût été ainsi plus conforme à la *logique* que celle qui, en fait, ne présuppose pas la *réalité*. Cette illusion s'est maintenue jusqu'à nos jours puisque l'on considère la méthode des limites comme étant la plus conforme à la rigueur logique. Cette opinion ne révèle pas seulement un défaut de différenciation entre logique et critique de la connaissance, elle véhicule en outre une équivoque propre à l'égard de ce que sont la rigueur et de la précision en logique.

68. Nous avons dit plus haut (cf. § 2) que la méthode des limites repose
89 sur *l'indifférenciation entre limite et* | *égalité*. Or nous savons depuis Leibniz que l'égalité est une inégalité infiniment petite (cf. § 51). Ainsi, le concept de limite *corrige*-t-il celui d'égalité mais grâce à la supposition de l'infiniment petit désigné comme limite lors de la correction de l'égalité. Cette correction répond à une exigence et elle est confirmée, non pas d'un point de vue logique mais uniquement du point de vue de la critique de la connaissance. L'égalité signifie un rapport d'ordre *extensif* entre des unités supposées dont la production a lieu dans l'*intuition*. L'égalité extensive est par conséquent une *identité de nature* entre des unités, peu importe ce qu'elles sont et la manière dont elles changent. La sommation de ces unités est donc elle aussi fictive et reste simplement en suspens dans une comparaison.

Afin de dépasser cette fiction, intervient une *autre espèce* de grandeur, une espèce nouvelle qui apporte la *réalité (Realität)* jusque-là manquante. Il ne s'agit pas de compléter l'*identité logique* laquelle ne pourrait se porter caution que pour *assurer* et fixer les opérations de la *pensée* (cf. § 4), alors qu'il est ici question de *données* de l'intuition (cf. § 25). Or, pour autant qu'elle est grandeur, la grandeur intensive de la réalité *(Realität)* peut et doit elle aussi atteindre la donnée, cette caractéristique de l'intuition. La grandeur intensive doit elle aussi être comprise comme un *principe fondamental* (cf. § 30), et, avec elle comme avec la grandeur extensive nous nous trouvons sur une base qui relève de la critique de la connaissance.

Et pourtant l'idée n'est pas mauvaise, bien qu'elle soit mal comprise, qui veut que la méthode infinitésimale – ou, du côté des épigones, la méthode des limites – se réclame des fondements universels de la *logique*. En fait, l'abstraction des lois logiques est censée offrir des bases élémentaires à tous les développements des formations de la connaissance, même

si elle n'en fournit pas tous les instruments. Ce fondement logique universel, qui s'étend également aux racines de l'intuition, nous l'avons situé au principe de la loi fondamentale de la continuité à laquelle obéit la conscience. À la condition de présupposer cette loi fondamentale, et à cette seule condition, il est possible de parler de la méthode des limites comme d'une méthode *logique*. *Grâce à l'adjuvant de la grandeur intensive, la continuité comble la faille* qui subsisterait *sur le mode extensif entre rapport de limite et rapport d'égalité*. Mais la grandeur intensive elle-même, | conséquence de la constance n'est pas en soi une grandeur **90**
opérationnelle purement logique, mais une donnée de l'intuition où s'enracine le concept de réalité.

On se montre donc plus exact et l'on prévient malentendus, obscurités et graves erreurs en ne parlant *jamais d'égalité en logique et seulement d'identité* (cf. § 2). La loi fondamentale de la conscience, vantée comme *principe d'identité*, se réfère exclusivement à des opérations, c'est-à-dire à la conscience de la *pensée*, tandis que la *loi de continuité s'étend aussi à la conscience de l'intuition* ou de la *sensibilité*. L'identité assure les formations de la pensée en tant que telles, abstraction faite de leur référence ou de la possibilité de les référer à un donné. Par conséquent, l'identité répond exactement à la *validité d'une conformité d'ordre logique à des lois*, aux *procédures d'établissement et de définition précise* qu'opère la pensée quelle que soit la *variabilité* des concepts.

La récente *logique anglaise* a pour point de départ le fait de négliger cette différence entre égalité et identité. Il est d'emblée faux d'affirmer que tous les A = B, comme il est faux de dire A = A. Du même coup disparaît le besoin de quantifier le prédicat B pour corriger la prétendue erreur de l'égalité. Au demeurant, et c'est en en rapport avec ce problème, *une conception logique correcte du jugement satisfait à cette exigence*.

Il ressort de ces réflexions que la puissance logique supposée de la méthode des limites repose seulement sur la loi fondamentale – qui de toute façon est d'ordre logique – de la *continuité de la conscience* qu'elle applique cependant à la conscience de la sensibilité, aux formations et aux grandeurs de l'intuition. À propos de cette application *transgressive*, l'usage mathématique interne de la limite doit être bien conscient qu'il ne peut être justifié que par la *critique de la connaissance* où cette autre signification de la continuité, cette signification appliquée trouve un fondement. *Or, selon cette signification, la grandeur extensive devient grandeur intensive*.

En effet, d'après la continuité logique, je ne puis être assuré que de ceci : ce qui n'est pas table n'est pas nécessairement mélancolie ; les formations de la pensée *en tant que telles* trouvent dans le *non*-A un refuge

riche d'orientations partout où ce qui se ressemble s'assemble. Mais, table
91 et mélancolie | sont des illustrations anticipatrices (cf. § 41) de ces produits purement logiques qui n'ont d'autre rôle que d'assurer comme A et non-A les opérations de la pensée. La continuité du point de vue de la critique de la connaissance garantit davantage; elle permet de *penser en outre* une unité qui n'est pas simplement unité comparative, extensive et arbitraire, mais l'unité d'une *réalité (Realität)* qui, en tant que telle, pose un point absolu *d'où* part une droite, non pas simplement unité *vers* laquelle, comme vers sa *limite*, s'étend toute la droite, *imo extensione prius* (cf. § 58). La continuité de la conscience intuitive fait de l'unité comparative l'unité génératrice (cf. § 44). La réalité cesse ainsi d'être simple *concept* et doit représenter une *donnée ;* et c'est ainsi qu'elle acquiert son sens plein relevant de la critique de la connaissance : *réalité signifie grandeur intensive*. C'est l'élargissement, réalisé par la critique de la connaissance, de la continuité qui commande et suscite ce passage de la grandeur extensive à la réalité intensive.

Nous comprenons alors le *double défaut* de la méthode des limites. En affirmant l'*indifférenciation entre égalité et limite*, elle présuppose, premièrement, une *loi fondamentale de la conscience*, celle de la *continuité*, à laquelle cependant – et c'est sa deuxième erreur – elle ne souscrit pas dans la limite. *En effet, la continuité exige, rend possible et garantit la réalité*, laquelle ne peut ni ne doit signifier la limite. C'est dans l'idée de réalité, par opposition aux leges phantasticas (cf. § 51) de la mathématique extensive, qu'est apparu le calcul infinitésimal comme *mathesis intensorum*. Mais une fois apparu, on le comprendra à partir des vues acquises en matière de ce qu'on prétendra être la logique, à l'exemple des héritiers de cette découverte qui ont pu confondre et intervertir le mobile créateur de l'infinitésimal et le concept négatif de limite.

69. Chez ces successeurs il s'est agi surtout de ce qu'on a appelé communément la fondation logique, il s'est agi de justifier qu'on laisse de côté des grandeurs qu'on avait auparavant considérées comme existantes et dont on avait tenu compte, ainsi que de la reconnaissance et de la validation après-coup de ces grandeurs qu'on avait prétendu être autorisé à négliger. Parmi ces penseurs, Euler occupe, à bien des égards, une place éminente,
92 non seulement comme mathématicien à qui | l'on reconnaîtra les plus grands mérites dans le développement du calcul infinitésimal, mais aussi comme métaphysicien dont les conceptions furent admirées, chez ses contemporains, surtout par Kant tout au long de sa carrière.

Nous avons déjà indiqué (cf. § 51 *in fine*) que l'opposition manifestée par Euler à l'égard des différentielles comme type de grandeurs ayant la même origine que les nombres extensifs reposait sans doute sur son opposition à la *monadologie*, plus exactement sur la confusion entre grandeur intensive ou inextensive avec le *simple*. Le mobile de son opposition ressort sans ambiguïté des considérations qui introduisent le troisième chapitre de son ouvrage *Institutiones calculi differentialis*, où il traite de l'infini et de l'infiniment petit en liaison avec la question de la *divisibilité de la matière*. En revenir à quelque chose qui serait sans étendue signifie pour lui simplement faire l'hypothèse de particules simples [1]. En revanche, il y a dans le *dx* un DX [2] latent, c'est-à-dire quelque chose de plus simple qui, cependant, ne doit pas être compris comme étant une particule. Mais, pour Euler, cette conséquence du calcul n'était pas un argument contre l'identification de la différentielle à la monade simple, mais une mise en garde et une défense contre le fait de critiquer et de dévaloriser la grandeur prétendue intensive de la différentielle. Il a recours, dans ce but, à un moyen désespéré auquel les inventeurs eux-mêmes avaient prêté la main. Tous deux avaient parlé d'un *status evanescens*, mais avec cette réserve : l'infiniment petit était situé dans la disparition elle-même, et ni avant ni après. Euler semble ici pressentir une faiblesse de l'argmentation, et transforme la différentielle ou la fluxion – car il accorde la même valeur à ces deux termes [2] – en *zéro*.

Il est manifeste qu'il suit ici uniquement la méthode des limites en la dépassant pourtant puisqu'il considère l'incrément lui-même, et non pas le processus, comme évanouissant *(incrementum evanescens)*, comme zéro. Toutefois, les calculs effectués avec ce genre de zéros ont pour résultats des grandeurs finies, car, grâce à cette sorte de calcul, on parvient à la seule chose qui était visée : déterminer des régularités dans les transformations des grandeurs. Ces régularités dans les rapports entre grandeurs variables, | 93
les fonctions, peuvent être découvertes dans la relation qu'entetiennent les incréments. Si, par exemple, x est augmenté de ω, la fonction x^2 subit l'accroissement $2x\omega+\omega^2$, et l'accroissement de x est dans le même rapport à l'accroissement de x^2 que ω par rapport à $2x\omega+\omega^2$, c'est-à-dire comme 1 par rapport à $2x+\omega$. Plus ω est supposé petit et plus le rapport $2x+\omega : 1$ est proche du rapport $2x : 1$. Et ce rapport de l'incrément de la fonction x^2 à celui de la grandeur variable x demeure, bien que l'accroissement de x^2, « lorsque l'accroissement de x devient zéro, disparaisse avec ce dernier » [3].

1. L. Euler, *Institutiones calculi differentialis*, Saint Petersbourg, 1755 (in *Opera omnia*, I, 10, Leipzig et Berlin, 1913), § 79.

2. *Ibid.*, § 114-117.

3. L. Euler, *Vollständige Anleitung zur Differentialrechnung*, Berlin, 1790 (trad. all. par J. A. Ch. Michelsen), 1re partie, p. LI.

Le calcul différentiel est par conséquent « la méthode qui permet de déterminer le *rapport* entre les incréments évanouissants »[1]. Elle s'occupe donc moins des « incréments eux-mêmes, puisqu'ils sont des zéros, mais plutôt de la détermination du rapport qu'ils entretiennent; et comme ce rapport peut être exprimé par des grandeurs finies, il faut dire [...] en fait que le calcul différentiel a pour objet des grandeurs *finies* »[2]. Mais seule la *limite* permet le passage du zéro à la grandeur finie, donc c'est plus exactement la limite qui est l'objet du calcul différentiel. « Cette limite, qui est *en quelque sorte* le dernier rapport entre les incréments donnés, constitue proprement l'objet du calcul différentiel; et le premier à avoir donné la base de cette discipline est celui qui est parvenu à l'idée d'analyser ces *ultimes rapports* »[3]. Définir $\omega = dx = 0$ signifie donc le *situer dans le concept de limite*.

Cette conception du zéro pourrait être justifiée du point de vue de la critique de la connaissance pour autant que l'on conçoive le zéro comme non-A, et qu'ainsi on le détermine de manière *limitative*. Mais il est toujours nécessaire que l'idée de réalité soit elle-même rajoutée comme un présupposé obéissant à sa propre autorité. La réalité ne peut pas procéder du zéro, mais pas davantage la grandeur finie. Euler n'en est donc pas resté à cette conception logique de la limite, et il a élaboré une argumentation mathématique afin de justifier la transformation en zéro de la différentielle.
94 Il est | significatif que cette argumentation elle aussi se réfère elle aussi au concept d'égalité en en examinant la validité et la portée.

70. Euler distingue « deux sortes de comparaison des grandeurs »[4], et admet donc deux types de rapports d'égalité : le type arithmétique et le type géométrique. Le rapport arithmétique entre deux zéros doit nécessairement, en quelque sens que ce soit, avoir pour résultat une égalité; il n'en va pas de même pour la rapport géométrique : $2 : 1 = 0 : 0$. Dans le calcul infinitésimal, c'est le rapport entre deux grandeurs différentes et infiniment petites, c'est-à-dire deux zéros, qui est analysé. Ainsi, le rapport $a dx : dx$ est le rapport fini $a : 1$. D'où $a \pm n dx = a$; les deux membres de l'équation forment, en arithmétique comme en géométrie, un rapport d'égalité. Négliger les zéros lorsqu'il s'agit de grandeurs finies ne lèse en rien la rigueur géométrique. De même, DX^2 doit disparaître face à dx, car $dx \pm \mathrm{DX}^2$ et dx sont dans un rapport d'égalité que ce soit en géométrie ou en arithmétique. Aussi, Euler parvient-il à cette échappatoire que $dx = 0$ peut

1. *Ibid.*, p. LIV.

2. *Ibid.*

3. *Ibid.*, p. LXX. Cf. § 99 où le zéro est défini comme étant « en quelque sorte » la limite qui permet de passer des grandeurs réelles aux grandeurs imaginaires.

4. *Ibid.*, p. 80.

être introduit dans le calcul parce que cela sert une comparaison d'ordre *géométrique* – et pour autant que ce lui est utile –, mais peut également être négligé et doit l'être lorsque – et cette mesure-là – le rapport qui s'établit entre des zéros a pour résultat une égalité *arithmétique*.

Cependant, que cette manière de voir soit ou non rigoureuse du point de vue purement mathématique, elle *acquiert indûment un présupposé* dont la discussion fait apparaître la relativité de sa force probante. Aussi différents que puissent être deux zéros dans un rapport arithmétique et dans un rapport géométrique, ils ont pourtant bien d'emblée en commun une *identité* logique, laquelle doit nécessairement être sans cesse présupposée, et son intangibilité préservée. Si cette *identité de la négation conceptuelle* est indubitablement maintenue dans chacun des deux zéros, leur double signification est soutenue par le *principe de constance* qui empêche la pensée de basculer dans un abîme, ce qui se produirait si elle se mettait à additionner un zéro ou à multiplier un nombre fini avec un zéro, sans, en outre, négliger ce zéro.| Or la constance peut dissiper le soupçon de 95
sophisme qui, aujourd'hui comme toujours, tient au fait d'admettre et de mobiliser ce zéro.

En fait, Euler se réfère à la *loi de constance*, et, dans ce contexte, ce n'est pas tant de zéros qu'il parle que de *grandeurs* infiniment petites vers lesquelles il faudrait passer à partir de grandeurs finies [1]. Ce n'est donc pas l'énigme numérique de l'inégalité des zéros qui avait contraint à l'hypothèse d'un type particulier de zéros ; au contraire, l'inévitable et nécessaire position d'un type particulier de *grandeurs* nous sera imposée dès que, comme Euler lui-même le montre si clairement, nous voudrons étudier et déterminer des *processus de mouvement*, la trajectoire d'un obus, par exemple.

71. Mais cet exemple révèle précisément l'insuffisance et la dépendance cachée de toute cette manière de voir. Euler dit, en effet, qu'il est difficile de déterminer la trajectoire de l'obus, car sa direction et sa vitesse changent à chaque instant. Si, en revanche, on faisait *complétement disparaître la dimension temporelle*, ces différences disparaîtraient également et l'on pourrait donner la modification du mouvement correspondant à un instant [2]. La captation de la *positivité* indûment acquise pour le zéro est ici patente. En effet, si le temps disparaît, l'instant disparaît également, et, par conséquent, la modification qui en est corollaire. S'il s'agit, en revanche, de saisir cette modification, l'*impetus*, et de la définir comme *origine intensive* du mouvement, le temps ne saurait complètement disparaître. *Par conséquent,* dt *ne peut pas davantage être conçu comme zéro que* dx *en*

1. *Ibid.*, p. 90 et p. 93.
2. *Ibid.*, p. LXXIV.

général défini comme zéro. Cette conception ne fait qu'obscurcir la découverte et son orientation ; ce qui est positif, autonome et irremplaçable et qui est au principe de ce nouveau type de grandeurs se retrouve nivelé au profit d'une méthode qui procède de manière illusoirement autonome, et emprunte ce qui la soutient à la perspective qu'elle veut justement éviter.

L'erreur d'Euler est parfaitement idoine pour *illustrer l'utilité et la nécessité de la distinction logique entre limitation et négation.* En effet,
96 Euler ne peut faire l'économie de la *constance.* Mais au lieu de | l'admettre, du point de vue de la critique de la connaissance, dans sa positivité, il se ferme – parce qu'il n'accorde de valeur sur le plan de la critique de la connaissance qu'à la *monade simple* – à la signification créatrice de la chose, et n'a recours qu'à une exposition dont il pense qu'elle serait logique alors qu'elle ne repose ni sur le principe d'*identité* ni sur celui de *constance*, et tombe donc dans certaines erreurs, se livre à des captations, en dépit de toute sa rigueur paradoxale – outre qu'elle reste insuffisante.

Ainsi voyons-nous L'Huilier, dans son texte envoyé en réponse à la question mise au concours en 1784 par l'Académie de Berlin, *Exposition élémentaire des principes des calculs supérieurs* (1786), en revenir, contre Euler, à la *méthode des limites*[1] qui continue d'être privilégiée.

72. Lagrange s'oppose également à cette échappatoire, car l'idée ne serait pas assez claire pour « servir de *principe* à une science dont la certitude doit être fondée sur l'*évidence* »[2]. La « véritable métaphysique » de ce calcul consiste au contraire, selon lui, à compenser efficacement, au sein du calcul, cette *erreur* avec laquelle il débute. Cependant, cette perspective, que l'on trouve déjà chez Leibniz, se condamne elle-même dans la mesure où Lagrange ajoute : « C'est ce qu'on peut faire voir aisément dans des exemples, mais dont il serait peut-être *difficile de donner une démonstration générale* »[3]. Lagrange voit ainsi dans la méthode newtonienne des fluxions, non sans éviter l'infiniment petit, une « métaphysique qui semble plus claire, parce que tout le monde a ou croit avoir une idée de la vitesse »[4]. Et pourtant, elle serait « une idée *étrangère*, et qui oblige à regarder ces quantités comme des *lignes parcourues par un mobiles* »[5]. Lagrange définit donc la vitesse comme une idée étrangère à ce mode de calcul, car il rencontre dans le concept de fluxion la nécessité de

1. Cf. § LXVII ; cf. également les appendices que J. K. F. Hauff donne à sa traduction des considérations de L. Carnot sur la théorie du calcul infinitésimal, p. 101, où l'on peut déceler, vers la fin, quelques traces d'influence kantienne (cf., p. 109).

2. J. L. Lagrange, *Théorie des fonctions analytiques contenant les principes du calcul différentiel*, Paris, 1797, § 4, p. 3.

3. *Ibid.*

4. *Ibid.*

5. *Ibid.*

tenir ces grandeurs pour des lignes parcourues par *un mobile*. Nous avons au contraire déjà admis que ce prétendu | mobile était lui-même *produit* par 97
la vitesse, que *la fluente était produite par la fluxion*.

Le concept créateur que recèle la découverte de la méthode des fluxions, n'est pas non plus reconnu par Lagrange puisqu'il poursuit : « Il faut avouer qu'on n'a pas même une *idée bien nette* de ce que c'est que la vitesse d'un point *à chaque instant* lorsque cette vitesse est variable »[1]. L'idée qu'il ne voit pas est pourtant bien celle qui, critiquée, ne cesse de s'imposer aux esprits, de Galilée à Leibniz et Newton. Lorsque Lagrange écarte donc cette métaphysique, même lorsqu'elle est inévitable comme c'est le cas dans la méthode des limites, il trahit sans ambiguïté ce qu'il entend par *métaphysique* puisqu'il définit son *calcul des fonctions* comme indépendant « de toute *supposition* et de toute métaphysique »[2].

Au demeurant, comme il le dit dans les paragraphes qui concluent son traité, Lagrange a voulu montrer que la méthode de l'infiniment petit n'était qu'un « instrument ingénieux », fondé sur la théorie des fonctions. Il l'utilise lui-même dans sa *Mécanique analytique* (2ᵉ édition). De même, à la fin de sa *Théorie des fonctions*, il se réclame du « nouveau traité du calcul différentiel de Lacroix où ce calcul est présenté *sous tous ces points de vue* »[3]. Et Lacroix, dans l'avant-propos de son ouvrage qui contient une *esquisse historique*, cite cette phrase d'une lettre que lui a envoyée Lagrange : « Le rapprochement des méthodes que vous comptez faire sert à les éclairer mutuellement, et ce qu'elles ont de commun renferme le plus souvent leur *vraie métaphysique :* voilà pourquoi cette métaphysique est *presque toujours la dernière chose qu'on découvre* »[4].

73. Il nous faut examiner un autre essai français qui cherche à rendre claire cette métaphysique, et auquel Lacroix, à qui il fut communiqué sous forme de manuscrit, se réfère en en reconnaissant la valeur et en témoignant de son accord, les *Réflexions sur la métaphysique du calcul infinitésimal* de Carnot (1797). Comme presque tous les Français, Carnot s'en tient à la métaphysique du calcul, et il écarte expressément les questions portant sur la divisibilité infinie | de la *matière* et de l'*espace* dans la mesure où il 98
déclare à leur propos : « ...si tant est qu'elles méritent d'être appelées des questions »[5]. Cette limitation le fait se cantonner au problème de la fondation interne, mathématico-logique, du calcul, justification où, cependant,

1. *Ibid.*, § 5, p. 4.
2. *Ibid.*, § 9, p. 7.
3. *Ibid.*, § 228, p. 277.
4. S. F. Lacroix, *Traité du calcul différentiel et du calcul intégral*, Paris, 1810 (deuxième édition augmentée), p. XIX.
5. L. Carnot, *Réflexions sur la métaphysique du calcul infinitésimal*, Paris, 1797, § 13.

le début du calcul reste, en dépit de la vraisemblance des exemples, arbitraire et problématique.

Sa manière de voir a pour particularité de distinguer entre des quantités *désignées*, qui sont données par l'énoncé du problème ou en sont des fonctions, et des quantités non désignées ou *auxiliaires* qui sont introduites dans le calcul pour faciliter la comparaison des grandeurs données [1]. Il définit donc la *limite* comme la grandeur désignée qui confine en permanence à une grandeur auxiliaire. Le concept de limite n'est applicable qu'à des grandeurs auxiliaires ; la grandeur désignée est sa propre limite [2]. Puisque l'introduction de l'infiniment petit n'est que l'introduction d'une grandeur auxiliaire, à laquelle on donne, au début, une valeur arbitraire pour la faire disparaître dès qu'elle a accompli sa tâche, on peut dire « que le calcul infinitésimal est un calcul *non fini* ou qui n'est pas encore achevé ». Le calcul infinitésimal s'achève dans le calcul algébrique ordinaire [3].

Carnot compare ainsi l'analyse de l'infini à la *méthode cartésienne des coefficients indéterminés* [4] dont il serait le prolongement. En fait, le caractère de ces grandeurs réelles ne consiste pas dans leur « petitesse réelle, mais plutôt dans leur *indétermination absolue* » [5], c'est-à-dire dans leur propriété de rester arbitraire durant tout le calcul et indépendantes des grandeurs désignées. Les grandeurs infinitésimales ne sont donc pas des « *êtres chimériques*, mais de *simples quantités variables* cacatérisées par la nature de leur limite qui est 0 pour pour les quantités infiniment petites ». Et c'est pourquoi il distingue, dans l'infini *mathématique*, deux types : « L'infini *sensible* ou *assignable* et l'infini *absolu* ou *métaphysique*, lequel n'est autre chose que la *limite* du premier ». Comme Newton, il
99 appelle cet infini mathématico-métaphysique | une « quantité *évanouissante* ». Car ces grandeurs évanouissantes ne seraient d'aucune utilité si elles étaient de simples zéros ; elles indiquent au contraire « que de tous les *rapports* et *relations* dont elles sont susceptibles en qualité de quantités nulles on ne veut considérer et faire entrer dans les combinaisons du calcul que celles qui leur sont assignées *par la loi de continuité* » [6]. Le nerf de tout le développement est donc la loi de continuité selon laquelle le système des grandeurs auxiliaires pourra confiner à celui des grandeurs désignées [7].

1. *Ibid.*, § 14-15.
2. *Ibid.*, § 17.
3. *Ibid.*, § 30.
4. *Ibid.*, § 37.
5. *Ibid.*, § 40.
6. *Ibid.*, § 42.
7. *Ibid.*, § 18 et 44-45.

Or, en parvenant à un *fondement* de ce type, Carnot quitte sans le vouloir la perspective mathématico-logique pour s'élever à une considération qui relève de la critique de la connaissance. Les grandeurs évanouissantes seraient en vérité des « êtres de raison, mais cela n'empêche pas qu'elles aient des *propriétés mathématiques* ». Personne ne met en doute l'exactitude du calcul qui mobilise des grandeurs imaginaires qui, pourtant, ne sont que les *« hiéroglyphes de quantités absurdes » ;* par contre, les grandeurs évanouissantes seraient néanmoins les limites « de quantités effectives et *touchent pour ainsi dire à l'existence* »[1]. La raison du fait qu'elles « confinent à l'existence » tient à la loi de continuité, à la perspective de la critique de la connaissance.

La justification mathématico-logique de Carnot s'abolit d'elle-même dans la mesure où il forme la nature réelle, *« effective »* des grandeurs à partir des égalités *imparfaites* qui n'assurent que la compensation des erreurs, désormais grâce à la continuité, laquelle réalise aussi cette compensation. C'est ainsi qu'il reconnaît la différence *de principe* qui distingue la méthode infinitésimale de la méthode des limites, « et qu'enfin cette méthode, *loin d'être la même que celle du calcul de l'infini*, n'est au contraire que *l'art de s'en passer* et d'y suppléer par le calcul algébrique ordinaire »[2]. Ce sont des indications que Carnot ne développe pas davantage, obéissant au but qu'il s'est fixé, mais qui lui permettent d'aller au-delà. À la fin de son traité, quelques mots significatifs lui échappent, contre ceux qui proscrivent le concept de grandeurs infinitésimales : ceux-là se voient encore contraints d'employer les termes d'infini et d'infiniment petit [...] « et *traitent de chimères l'existence* | *des choses mêmes* **100**
dont ils sont les hiéroglyphes ». Le sens positif est ici clairement exprimé que recèle la grandeur infinitésimale par rapport aux concepts de limite et de zéro de l'infiniment petit, grandeur infinitésimale qui, conformément à la loi de constance, (surgit et) disparaît.

74. On voit ainsi surgir, dans ce courant qui s'efforce de se tenir à distance de la métaphysique, la nécessité d'admettre une nouvelle sorte de grandeurs afin de comprendre de manière véritablement vivante le nouveau mode de calcul. Cette nouvelle grandeur, c'est la grandeur intensive. Et nous avons vu que le sens de cette grandeur intensive est à l'œuvre, non seulement chez Leibniz, mais déjà chez Galilée. Wolff, en revanche, dans le chapitre de *Ente finito et infinito* de son *Ontologia*, s'en tient à l'expression lancée par Leibniz selon laquelle l'infini serait un *modus loquendi*, et

1. *Ibid.*, § 46.
2. *Ibid.*, § 48.

en a conclut d'abord que « *infinite parva* impossibilia *sunt* »[1] [...] « *non sunt* verae quantitates *sed saltem* imaginariae »[2]. Il ajoute néanmoins dans une note : « *Entia imaginaria* substituuntur veris *quibus notio realis respondet. Atque adeo* datur aliquid in quantitate reali *quod per modum infinite parvi aut infinite magni fingitur* »[3]. Wolff *ne va pas* jusqu'à dire qu'en mécanique cet infiniment petit « fictif », qui est « donné » dans la grandeur réelle, est défini comme grandeur intensive; mais il n'en décrit pas moins cette dernière de manière correcte et conforme à ce rapprochement.

Il commence, dans cette perspective, par définir le *degré : « Gradus est* discrimen internum *qualitatum earundem, scilicet quod solum* salva identitate *in easdem cadit* »[4]. Donc : « *Gradus sunt* quantitates qualitatum »[5]. Selon le principe scolastique, le degré est *quantitas virtutis* par opposition à la *quantitas molis quae est extensorum*[6]. Or dans la mesure où les degrés peuvent eux aussi être exprimés par des lignes droites, il conclut : « *Qualitatum possibilem esse cognitionem mathematicam* », et il remarque à ce propos : « *Non desunt exempla hujus cognitionis in scriptis mathematicorum recentiorum.* » Ce qui fait pourtant défaut, c'est une « mensura qualitatum [...] Praesupponitur *enim qualitatum cognitio certa*
101 *cum historica, tum subinde philosophica,* | *antequam de gradibus metiendis cogitare possis. In* desideratis *itaque adhuc est disciplina in qua* principia *cognitionis rerum* finitarum generalia *traduntur,* unde mensuras hauriant geometriae *in cognitione naturae mathematica calculos suos utiliter exercituri, sicut ratiocinandi principia ex elementis Euclidis petunt. Atque illa disciplina potiori jure* mathesis universalis *appellaretur, quam quantitatem in genere seu numerorum indeterminatorum scientia [...] atque sic demum obtineremus* vera philosophia naturalis ac psychologiae principia mathematica, *philosophis ad ulteriora et promiscue omnibus ad praxim accuratam profutura* »[7].

Il est significatif que les *vera principia mathematica* qui font défaut sont cependant requis comme principes *philosophiae naturalis ac psychologiae*. Le fait que ce concept général de grandeur repose sur celui d'infini, et qu'en lui la réalité soit ainsi fondée, voilà à quoi Wolff reste fermé bien qu'il tienne de Leibniz que « *nihil in motu reale esse quam momentaneum*

1. Ch. Wolff, *Philosophia prima sive Ontologia*, Francfort et Leipzig, 1736 (*Gesammelte Werke*, 2e section, vol. 3), § 803.

2. *Ibid.*, § 804.

3. *Ibid.*

4. *Ibid.*, § 746.

5. *Ibid.*, § 747.

6. *Ibid.*, § 760.

7. *Ibid.*, § 755.

illud quod in vi ad mutationem nitente constitui debet », et bien qu'il cite Tschirnhaus pour souligner qu'il est contradictoire « *ut extensio absque motu concipiatur* », ce qu'il tient pour équivalent de l'énoncé selon lequel l'*extensio* ne saurait être pensée sans cela « *quod est reale in motu* »[1]. En effet, il ne prend en compte cette réalité qu'au profit du concept leibnizien de *force*.

Il reconnaît, en revanche, l'importance de l'*intensif* ou du *degré* pour la connaissance mathématique dans la mesure où la mesure des grandeurs qualitatives y est présupposée : « *Ut adeo* intensitas *sive* intensio *sit* [...] gradum multitudo *quemadmodum* magnitudo partium *multitudo*. » Mais là encore il établit une différence entre grandeur extensive et degré : « *Quod partes lineae rectae actu extra se invicem existant et* extensum continuum *forment ; in gradu autem minores [...] cum partes tantummodo* imaginaria *sint, extra se invicem non existant,* neque adeo extensum efficiant »[2]. C'est donc à juste titre que, pour ce concept de degré, Wolff se réfère, dans les paragraphes suivants, à un accord *cum notione philosophorum recepta*. | 102

75. Ce rapport établi entre le concept *scolastique* d'intensité et les recherches mathématiques, même s'il est erroné lorsqu'il s'agit des *adplicata* de la *mathesis*, a cependant maintenu en éveil la réflexion sur la liaison qui existerait ou serait en suspens entre l'*intensité* comme grandeur mathématique et la *réalité*. Et bien que Baumgarten ait peu de lumières sur l'orientation et l'importance de cette liaison, il parle néanmoins d'une « mathématique des grandeurs *inextensives*, *mathesis intensorum* »[3], ainsi que, dans ce contexte, de réalité et de ses degrés. « *L'infinité est une réalité* »[4].

76. Lambert critique ces références de Baumgarten aux mathématiques, et remarque en les examinant « qu'on serait presque obligé de croire que ce qui est juste en philosophie serait faux en mathématique et inversement »[5]. Il en appelle, par contre, souvent et en en adoptant les vues, à Wolff et à son « concept d'une *mathématique universelle* »[6]. Mais dans le même temps, il s'en ferme lui-même l'accès par la manière dont il en cherche la « première base ». « Cette première base a pour point de départ, comme le reste de notre connaissance, les *sens* et les *sensations*, et, de même que nous parvenons peu à peu aux concepts des choses et à leurs propriétés,

1. *Ibid.*, § 761.
2. *Ibid.*, § 759.
3. A. G. Baumgarten, *Metaphysica*, Halle, 1779, § 249 (§ 170 de la nouvelle édition de 1783).
4. *Ibid.*, § 261 (§ 181 in nelle éd., 1783).
5. J. H. Lambert, *Anlage zur Architektonik oder Theorie des Ersten und des Einfachen in der philosophischen und mathematischen Erkenntnis*, vol. 2, Riga, 1771, § 688, p. 306.
6. *Ibid.*, § 688, p. 312.

nous parvenons alors également aux concepts de leur *grandeur* et de leur *degré* »[1]. En donnant un tel point de départ à sa recherche scientifique, il lui est bien entendu impossible de parvenir à une vue claire de la signification dont l'intensif a pu faire preuve pour la *découverte* de sa valeur mathématique; mais il connaît trop bien cette valeur mathématique pour négliger de la définir.

Il évite donc tout d'abord l'inexactitude et l'ambiguïté qui grèvent, chez Baumgarten, la traduction de l'intensif par la notion d'« inétendu », à la place de quoi il introduit celle d'« intensité » *(Stärke)* : « ...une partie de l'espace ou du temps n'est pas *intensive*, plus espace ou davantage temps qu'une autre »[2]. L'absolue continuité y règne; mais nous y rencontrons des « choses dont chacune peut être prise pour un *tout* ou une *unité*, et, par
103 conséquent, peut faire l'objet d'un *dénombrement* qui | s'effectue selon autant de *nombres entiers* »[3]. En procédant par « imitation », nous pourrions prendre également pour *unités* des parties de l'espace et du temps. En revanche, il n'admet pas simplement des *degrés* d'intensité, mais aussi des *modes*, comme ceux des sons plus aigus et plus intenses.

Ainsi, la difficulté principale de la distinction et des « caractéristiques » des deux modes de grandeurs tient à la manière dont elles sont... ressenties. En se référant à la *conscience*, Lambert introduit alors une modification décisive dans la signification de cette distinction. Dans l'extension, les *parties* existent « en quelque sorte chacune séparément, et l'on pense leur somme sans qu'elles s'y agglomèrent ou cessent d'être séparées. Par contre, lorsque la chose doit être prise *intensive*, *nous ne nous représentons plus que la somme*, et celle-ci consiste dans un *amoncellement* des parties de sorte que *nous ne les percevons plus chacune en particulier* »[4]. Il n'y aurait donc, dans l'extension, que « développement, précision et clarté »[5], dans l'intensif, en revanche, « il n'y aurait de clarté que dans leur *sensation* et leur *représentation*. Par conséquent, le *calcul (Zählen)* est plus aisé dans le premier cas que dans le second, et il faut donc être d'autant plus attentif lorsque le premier se présente, et déterminer *dans quelle mesure le second peut être réduit au premier* »[6]. Ainsi, la sensation et la représentation de l'intensif sont cependant soumises au contrôle du calcul. Nous voyons donc sans cesse Lambert faire plus que confiner au

1. *Ibid.*, § 689, p. 313.
2. *Ibid.*, § 690, p. 314.
3. *Ibid.*, § 690, p. 314 *sq.*
4. *Ibid.*, § 693, p. 316.
5. *Ibid.*
6. *Ibid.*

concept d'infiniment petit, prolongeant les nombres, sans qu'il en arrive à la conception simple que ce serait cela et rien d'autre qui serait l'intensif.

Dans des développements ultérieurs, il traite plus précisément encore ce point : « Ce qui n'est pas *unité absolue*, mais est susceptible d'avoir des degrés selon l'intensité, n'accroît *pas de lui-même* l'intensité de ces degrés »[1]. On peut cependant imaginer un amoncellement de nouvelles parties, sans tenir compte du fait qu'il s'agit toujours, avec les *intenses*, uniquement d'une *somme totale*. « Nous faisons ici cette remarque dans une double intension. En effet d'une part, nous sommes habitués à représenter par des *nombres ou des droites* la *mesure* de la force ou de l'intensité tout comme la mesure de l'*étendue* [...] D'autre part, cette remarque montre que pareil mode de représentation a sa raison; et lorsqu'il s'agit de l'intensité, | *il intervient toujours quelque chose d'autre qui ou bien est* 104
effectivement étendu ou bien est analogue à ce qui est étendu, et peut donc être traité justement selon cette modalité »[2].

Ce tournant fait déboucher Lambert dans le cours des réflexions qui marquent le début d'une nouvelle époque pour le traitement de l'intensif, bien que ce soit là encore le point de vue de la *conscience* qu'il fasse valoir : « Si nous devons trouver *la source véritable de l'intensité* dans une quelconque substance, il ne peut s'agir de ce qui est *solide*, qui, en tant que tel, est seulement étendu, mais de la *force* laquelle admet des degrés et peut être plus faible. *Nous pouvons y réduire aussi la sensation d'intensité* qui se révèle à nous, selon la diversité des *nerfs sensibles et sensoriels*, sous maintes images variées, eu égard auxquelles cependant elle éveille une sensation de *douleur* si elle dépasse un certain degré. Dans le *domaine de la réflexion, l'intensité de l'attention, par exemple, entretient un rapport précis avec les fibres du cerveau*, et elle est, en même temps qu'eux, plus faible ou plus forte »[3]. Si nous faisons d'abord abstraction de cette application utilitaire d'ordre *psychologique*, nous constatons que l'intensif est mis en relation avec le *concept de force*, et cette relation deviendra plus précise encore dans le paragraphe suivant, en même temps que s'aiguise la polémique contre Baumgarten évoqué à propos du premier exemple de ce concept : « En revanche, la *vitesse* de la transformation aurait plutôt donné un mode d'intensité, car les forces qui la produisent agissent plus puissamment, *plus impétueusement*, plus intensément ... »[4]. Là encore, nous constatons que le *mathématicien* qu'est Lambert n'introduit pas l'infini dans l'intensif qu'il faut déterminer. Et cet aspect de la question n'est pas

1. *Ibid.*, § 695, p. 317 *sq.*
2. *Ibid.*, § 695, p. 318.
3. *Ibid.*, § 696, p. 318 *sq.*
4. *Ibid.*, § 697, p. 321.

non plus traité dans le chapitre de conclusion de son *Architectonique* consacré au fini et à l'infini. En revanche, la signification de l'intensif mis en rapport avec la sensation et la conscience passe au premier plan, ce qui s'était déjà produit chez Leibniz, et avait été représenté comme relation directe et empirique dans l'intensification et l'affaiblissement de la sensation.

C'est cela qui doit limiter la formulation (cf. § 19) : différentielle et grandeur intensive sont en relation, par le biais du degré ; mais leur « équivalence » semble compromise par le rapport établi avec la conscience [1].

105 | 77. Souligner l'importance de l'intensif pour la conscience et, particulièrement, pour la sensation afin de rendre cette dernière a priori et, ainsi, la réaliser, voilà qui définit la position que Kant adopte à l'égard de notre concept. Afin, d'une part, de comprendre ce qui est nouveau et, du point de vue systématique, ce qui est décisif dans la conception kantienne de la grandeur intensive, mais aussi, d'autre part, pour reconnaître ce qui est lacunaire dans sa justification et son exposition, ce sur quoi August Stadler a, le premier, attiré l'attention [2], c'est-à-dire l'insuffisance de clarté et d'assurance dans la disposition de ce concept fondamental, il est nécessaire d'examiner en premier lieu quelle *parenté systématique existe entre l'infiniment petit et la sensation*, et pourquoi le concept de grandeur intensive semble intervenir pour traiter ces deux problématiques de manière fructueuse.

Tant que cette relation à la conscience reste dissimulée, tant qu'on ne comprend pas que le calcul différentiel représente la tentative la plus audacieuse pour aller au-delà et dépasser tout ce qui est subjectif et fictif dans l'intuition et le nombre, et pour aborder directement ce qui constitue, non pas simplement *par analogie*, l'être des choses ; donc, tant qu'on ne voit pas, dans l'infiniment petit, la *disposition fondamentale de la réalité*, et, par conséquent, les linéaments de son objectivation, armée des concepts de force et de substance, le sens indépendant et *créateur* du calcul différentiel, comme celui de la fluxion, reste obscur.

L'usage que Kant fait de ce concept offre un bon exemple de cet état de choses. Dans son premier écrit de 1747, *Gedanken von der wahren Schätzung der lebendigen Kräfte*, il fonde la résolution du conflit à propos de la mesure des forces sur l'idée que l'*« intension »* serait simplement l'« aspiration à » *(Bestrebung)*, et ne pourrait donc signifier la force vive dont l'inertie est présupposée. Or l'inertie est un concept de la théorie de la

1. Cf., du reste, les § 80 et 81.

2. A. Stadler, *Die Grundsätze der reinen Erkenntnis in der Kantischen Philosophie. Kritische Darstellung*, Leipzig, 1876, p. 144 *sq.*; cf. également, du même auteur, « Das Gesetz der Stetigkeit bei Kant », in *Philosophische Monatshefte*, XVI, 1880, p. 583 *sq.*

nature, et il fonde l'intension à « l'*intérieur* du corps physique ». En revanche, l'intension elle-même est un concept mathématique. Ainsi, | le **106** thème mécanique n'est pas encore aperçu dans le concept pur d'intension, thème grâce auquel l'accélération peut être dégagée à partir de l'intension. En effet, pas plus que l'accélération, l'intention ne vient elle-même « de l'extérieur », mais fonde en soi la réalité et l'atteste. Cette signification de l'intension comme réalité n'est cependant pas encore reconnue ici, et le concept d'intensif n'est pas non plus déterminé avec précision. Ce concept reste en suspens dans son indétermination scolastique, dans l'équivoque qui grève sa représentation par la monade simple. Milite également en faveur du lien qui rattache la signification de l'intension comme réalité à la conscience et à la sensation le fait, pour cette raison même remarquable, que Kant considère synonymes la méthode de l'infiniment petit et celle de l'indivisible : « Si l'on se représente ces lignes [...] infiniment proches, elles seront évaluées selon la *méthode de l'infiniment petit* que Cavalieri a introduite dans la technique de mesure ... » [1]. La différence entre infiniment petit et indivisible réside en fait uniquement dans la signification positive et réalisatrice du concept de calcul différentiel laquelle ressortit aux *raisons dernières de la conscience*.

Il y avait pour Kant une occasion particulière de s'en tenir à ce rapport de l'intensif à la conscience et à la sensation : il lui garantissait la possibilité de distinguer, au sein de la conscience, la *sensation* comme modalité de cette dernière et l'*intuition* comme modalité autre, ainsi que la possibilité de déterminer le type de participation de chacune d'elles au contenu et à la *valeur* de la connaissance. *Or, c'est ce qui a fait surgir le risque de fonder la réalité non pas en vue de la sensation, mais en elle.*

78. Examinons tout d'abord l'importance de cette distinction terminologique entre intuition et sensation, qui, à ce niveau de précision du développement, est une caractéristique tout à fait *originale* et déterminante *sur le plan systématique* de la critique kantienne. L'intuition est en premier lieu définie dans l'espace et le temps dans la perspective de la sensibilité. En ce sens, l'intuition spatiale est le fondement cognitif de la *géométrie plane*, de même que le temps peut être considéré, dans les limites de la sensibilité, comme fondement du *nombre* et de la *dynamique*. | En **107** revanche, le *premier principe synthétique* confère à l'intuition une validité dans cet autre rapport qui repose sur la liaison avec la pensée et ses concepts. Le principe ou l'énoncé fondamental des *axiomes* de l'intuition fonde en même temps la géométrie *métrique*, la mesure, le nombre en général, partant, la grandeur. C'est dans ce rapport de l'intuition et de la

1. E. Kant, *Gesammelte Schriften*, éd. Akademie, t. I, p. 119 [Cohen utilise l'édition de K. Rosenkranz et F. W. Schubert, parue en douze volumes à Leipzig, en 1879 (*N. d. T.*)].

pensée, exposé par le concept schématique de grandeur, que s'élabore le premier principe fondamental ou la *première* et la plus essentielle *instance* de légitimation, *instance constitutive* de la connaissance synthétique, de la connaissance de l'*objet (Gegenstand)*. L'objet apparaît nécessairement, en tout premier lieu, comme grandeur reposant sur la mesure et le nombre et consistant dans la production homogène des unités. Ce n'est pas seulement du point de vue historique que le *nombre* est la première expression *scientifiquement utilisable* de la substance des choses.

L'intuition est donc définie en fonction du mobile créateur qui y est situé et dans la perspective des sciences qui garantissent, par excellence et en première instance, les objets *(Objekte)* ; et cet éclairage n'oblique jamais, détourné vers les voies de traverse de la sensation. Tandis que la distinction entre *intuition pure* et *intuition empirique* n'est pas toujours, chez Kant, accomplie avec sûreté ni avec une prudence systématique, l'exposé du premier principe, comme les énoncés de l'esthétique transcendantale se signalent, dans la *seconde* édition de la *Critique*, par une grande précision dans ce sens. Déterminer une sensibilité pure implique acquise une *intuition pure*, préservée de l'analogie avec toute forme de sensation. L'espace qui fait l'objet d'une intuition *pure ne sera pas* ressenti. Cette signification donnée du point de vue de la critique de la connaissance au casse-tête psychologique de l'espace met un terme à toutes les discussions sur la *représentation* de l'espace qui, certes, recèle, en tant que telle, l'élément de la sensation et se fonde sur lui. La pure intuition spatiale, en revanche, est un élément de l'abstraction propre à la critique de la connaissance (cf. § 21), élément qui s'élabore en liaison avec la pensée pour devenir le premier principe mathématique. Ainsi se justifie le fait qu'on *évite la sensation* lorsqu'on évalue l'intuition et son apriorisation.

Cependant, nous avons toujours pris en compte l'élément *fictif* qui réside dans l'intuition seule, pour autant que le calcul et la mesure reposent
108 sur elle. Néanmoins, c'est uniquement une *comparaison* | à quoi l'on parvient avec cette unité hypothétique selon laquelle s'établit et se dispose toute grandeur inchoative. Mais cette unité elle-même, que serait-elle d'autre que l'unité qui produit et garantit absolument tout ? C'est à elle que doivent nécessairement être ramenés tous les rapports et tous les objets : *l'unité de la conscience*. Et elle est là pour chaque principe puisqu'elle est, en tant qu'aperception transcendantale, le résumé, l'expression générique de toutes les espèces particulières de catégories et de principes. Elle est, bien entendu, également là pour le premier principe de la grandeur, mais ce dernier exige d'être complété ; en effet, la grandeur n'est précisément pas simplement extensive ou grandeur de l'intuition.

Le concept d'unité révèle ce besoin d'être complété puisqu'il ne contient ni ne délivre *aucune mesure complètement exacte*. En considérant, à l'inverse, le rapport de l'*unité numérique* à l'*unité de la conscience*, on pourra constater un mouvement irrésistible vers une unité plus précise : cette unité *numérique ne peut pas directement* jouer le rôle d'unité de la *conscience*. Cette dernière doit, par rapport à l'unité numérique extensive, développer une autre unité, plus rigoureuse qui saisit plus profondément le processus comparatif dans la *production* de la grandeur. Il nous faut ici faire abstraction de la raison pour laquelle précisément un tel approfondissement de l'unité est au principe des recherches mathématiques elles-mêmes et de leurs progrès, de la raison pour laquelle le nombre entier devient, par la division, nombre fractionnel, ainsi que de la manière dont les fractions *irrationnelles* surgissent des fractions rationnelles, préalable arithmétique de l'intensif.

Kant devait pourtant placer au premier plan de son analyse la relation plus précise et plus complète qui existe dans la grandeur intensive requise *par la conscience* et qui est l'espèce d'unité qui lui est propre, tout comme nous avons observé, chez Leibniz déjà et chez Lambert pareil référence à la conscience et à la sensation. Désormais, l*a prise en compte de la sensation devient inévitable*. Si par unité nous ne voulons pas entendre seulement l'unité extensive, seulement celle qui existe au début d'un processus comparatif pris au hasard, nous ne pouvons pas esquiver la relation à la sensation. En effet, la *sensation* désigne ce qui est *indescriptible pour la conscience* aux fondements de quoi | nous pouvons pourtant aller puiser **109**
cette unité plus profonde destinée au nombre et à la mesure. Ce qui est purement et simplement intérieur, qui, néanmoins, devra être exploité comme ce qui est objectivant, gît de manière plus contraignante dans la sensation que dans l'intuition – si seulement il pouvait, comme cette dernière, être purifié et rendu *a priori*. Dans l'intuition, les Anciens avaient pu construire des sections coniques sans être en mesure de parvenir à les appliquer dans la nature des choses. Dans la sensation, en revanche, nous pensons expressément et d'emblée poser quelque chose d'objectif, non pas au sens où il émanerait de notre propre disposition, comme ces constructions de l'intuition pure. Dans la sensation, le contenu apparaît avec plus d'exigence comme contenu *donné*. À cette exigence semble pouvoir satisfaire l'unité qui dépasse l'unité extensive. *Ainsi s'articulent deux requisits :* la nécessaire extériorisation de l'intuition vers la pureté de la sensation, et l'achèvement qui fait défaut à l'unité numérique extensive, achèvement qui a lieu *avec le deuxième principe lequel doit réaliser la sensation dans la grandeur intensive*.

Il ne faut pourtant pas se dissimuler que l'articulation de ces deux tendances a rendu *ambiguë* la signification de la grandeur intensive. Elle est responsable de l'illusion que la réalité serait fondée et déterminée dans la sensation et non pas en vue d'elle. Kant a lui-même vu ce risque : il n'a pu être évité dans la première édition de la *Critique de la Raison pure* où le principe des anticipations de la perception est ainsi formulé : « Dans tous les phénomènes, la *sensation et* le réel qui lui correspond dans l'objet ont une grandeur intensive, c'est-à-dire un degré ». Ce « et » a été corrigé dans la seconde édition : « Dans tous les phénomènes, le réel *qui est un objet de la sensation* a une grandeur intensive »[1]. Mais, là encore, l'illusion demeure que le réel aurait une grandeur intensive *dans la mesure où* il serait un objet de la sensation. Et la conclusion de cette démonstration renforce cette illusion : « ...une grandeur intensive en correspondance avec laquelle il faut attribuer à tous les objets de la perception, *en tant qu'elle contient une sensation*, une grandeur intensive c'est-à-dire *un degré d'influence sur les*
110 *sens* »[2]. Mais le degré est une détermination moins de la sensation que | de la pensée pure, et c'est uniquement parce qu'il est détermination de la pensée pure qu'il est transposable à la sensation pour la rendre *a priori* en lui.

79. L'exposition et l'explication de ce principe ne manquent pourtant pas de remarques qui rendent, sinon contraignante, du moins vraisemblable l'hypothèse que Kant aurait compris et voulu comprendre, sous l'expression de grandeur intensive, la même chose que visait déjà Galilée avec ce terme, que Leibniz, celui qui a parachevé cette idée, a définie par ce mot, et que nous avons trouvée chez Wolff, Baumgarten et Lambert, du moins mise en rapport avec cette notion.

Nous n'avons pas l'intention, dans ce traité, d'analyser plus avant la manière dont Kant, dans ses différents écrits et, surtout, dans ses *Premiers principes métaphysiques de la science de la nature*, a traité et désigné l'infiniment petit comme grandeur intensive. Il suffira de citer un passage de l'ouvrage qu'on vient de mentionner : « Mais si l'on dit d'une vitesse double qu'elle est un mouvement grâce auquel, dans un même temps, serait parcouru un espace d'une grandeur double, on admet ici quelque chose *qui ne va pas de soi*, à savoir que deux vitesses égales pourraient être additionnées comme deux espaces égaux ; et *il n'est pas en soi évident* qu'une vitesse donnée soit constituée de vitesses moindres ni qu'une rapidité soit faite de plusieurs lenteurs, comme un espace se compose d'espaces plus petits ; en effet, les *parties* d'une vitesse *ne sont pas extérieures les unes aux autres* comme celles d'un espace, et si la vitesse doit être considérée comme une grandeur, il est nécessaire que le concept de sa

1. E. Kant, *Critique de la Raison pure*, B 207.
2. *Ibid.*, B 208.

grandeur, *puisqu'elle est intensive*, soit construit autrement que le concept de la grandeur *extensive* de l'espace »[1]. Nous voyons que la production de la vitesse est présupposée et admise comme une sorte de grandeur intensive, et, donc, que les grandeurs infiniment petites sont définies et pensées comme intensives.

De même que, chez Galilée et, | plus résolument encore chez Leibniz, 111
nous avons constaté une priorité marquée de l'intensif sur l'extensif, c'est-à-dire la nécessité de dériver le second du premier, comme la déductibilité du second par rapport au premier, de même Kant, dans son premier écrit sur la mesure des forces, en appelle à cet énoncé leibnizien : « *Est aliquid praeter extensionem* imo extensione prius »[2]. Cette idée est reprise dans un fragment publié de son œuvre posthume, ce que l'on peut considérer comme un indice du fait que bien des choses essentielles et des plus instructives y sont encore à découvrir : « Il faut donc considérer le moment de la vitesse comme n'étant pas lui-même déjà de la vitesse, mais simplement comme l'effort pour communiquer une certaine vitesse à un corps ; non pas comme une grandeur extensive, mais comme une grandeur intensive qui cependant contient la raison de la première. Mais on n'est pas non plus fondé à dire que le moment de la vitesse serait égal à zéro, car, si c'était le cas, la sommation de la vitesse ne produirait aucune grandeur finie »[3].

On peut supposer qu'il ait écrit cela en pensant à Euler. Et nous comprenons ainsi que la conception qui voit dans l'infiniment petit une *espèce* particulière *de grandeurs*, les grandeurs intensives, et *non pas* une sous-espèce de la grandeur numérique extensive dotée de l'artifice du zéro, correspondait à ses vues ordinaires dont il a donné une expression systématique dans le *principe des anticipations*, non sans exploiter en même temps des thèmes différents qui, de fait, en étaient corrélatifs. Simplement, il n'a pu ressentir la nécessité d'insister davantage sur l'identification des deux concepts, puisque l'usage terminologique de la tradition remontant jusqu'aux scolastiques s'opposait à l'expression de cette idée. Ce qui, au contraire, importait à Kant, c'était de *mettre l'accent principal sur le concept de réalité (Realität)*. C'est ce rapport des concepts qui a dû lui sembler nouveau, car, quand bien même ce rapport avait déjà été introduit par Leibniz, c'est pourtant seulement lorsque la réalité a été pensée comme une *catégorie* qu'elle a acquis sa validité exacte et spéciale, grâce à quoi était écartée la simplicité monadique, enchevêtrée avec le réel *(Real)*. À vrai

1. E. Kant, *Gesammelte Schriften*, *op. cit.*, vol. 4, p. 493 *sq.* [cf. trad. fr. F. de Gandt, in E. Kant, *Œuvres philosophiques*, Paris, Gallimard, 1985, "La Pléiade", t. II, p. 396 *sq.*].

2. E. Kant, *Gesammelte Schriften*, *op. cit.*, vol. 1, p. 17.

3. E. Kant, *Werke*, vol. 4, Berlin, 1922, p. 527 (E. Cassirer, ed. [= éd. Rosenkranz, t. XI a, p. 270]).

dire, cette signification catégoriale de la réalité impliquait un déplacement
112 du sens | de l'intensif *vers la sensation* puisqu'il avait été découvert qu'elle était une *modalité de l'unité de la conscience*, une catégorie.

Une fois qu'on a reconnu quelles étaient les racines systématiques de ces deux mobiles, il faut dans un premier temps les maintenir distincts pour ensuite, et d'autant plus vivement, pouvoir les comprendre dans leur union. *Notre objectif de recherche est ici la distinction comme l'union de ces deux ressorts de l'intensif.* Nous allons d'abord indiquer comment, dans la première école kantienne déjà, s'est formée la conception de la grandeur intensive comme grandeur infiniment petite et quelle validité lui a été accordée – sans toutefois qu'y ait été aussitôt reconnu ou mis en avant qu'elle avait pour signification la *réalité*. Mais c'est uniquement dans cette union que le principe peut enfin surgir.

80. Il faudrait ici mentionner, en premier lieu, Lazarus Bendavid qui, dans son ouvrage *Versuch einer logischen Auseinandersetzung des mathematischen Unendlichen*[1], se révèle peu kantien, à ceci près qu'il présuppose connue la différence entre grandeur extensive et grandeur intensive. Sans doute n'a-t-il pas lui-même considéré cette différence comme une originalité kantienne, ce qui pourrait à bon droit ressortir d'un développement caractéristique de sa manière d'envisager la problématique. Il part, en effet, de la différence entre *plan* et *mesure*, entre *quantité* et *grandeur*. La géométrie, selon lui, traite des propriétés absolues, comme le *plan*, l'arithmétique, en revanche, ne s'occupant que des *concepts de relations :* « Pour le géomètre, la privation du concept de grandeur n'est donc pas d'emblée privation du concept de quantité, encore moins de tout concept »[2]. Il s'interroge ensuite sur l'infini pour autant qu'il s'agit d'un donné de l'arithmétique, lequel, pourtant, ne peut être construit selon la mesure et le nombre : « Qu'est-ce donc ? Par quel biais en recevons-nous un concept? Comment peut-on effectuer des calculs avec l'infini ? », et il répond : « Ce sont des questions que, *depuis l'époque de Galilée*, on a posées à maintes reprises ; et, *depuis ce temps-là*, le calcul de l'infini a fait d'extraordinaires
113 progrès »[3]. Il reconnaît donc | que le calcul différentiel doit, historiquement, être rattaché à Galilée. Par conséquent, il définit aussi en toute confiance, sans indiquer qu'il entreprend alors de modifier ou de préciser l'usage terminologique, la quantité immesurable comme *qualité*[4], puis – en sous-main et comme en passant, mais avec la plus grande insistance, à maintes reprises et en lui donnant une valeur conceptuelle –, comme

1. La première édition est de 1789 ; c'est la seconde, Berlin, 1796, qui est citée ici.
2. L. Bendavid, *Versuch einer logischen Auseinandersetzung ...*, *op. cit.*, p. 40 *sq.*
3. *Ibid.*, p. 23.
4. *Ibid.*, p. 44.

« *propriété intensive* »[1]. On rencontre également chez lui cette idée, qui inverse l'argumentation, que la grandeur finie serait à considérer comme le produit d'un facteur infiniment petit et infiniment grand, et « que l'infiniment petit entretient le même rapport avec ce qui est fini que ce dernier avec l'infiniment grand »[2]. Nous voyons ici l'*intension* comme la *qualité* appliquées à l'infiniment petit.

81. C'est le même usage terminologique que pense introduire le physicien berlinois Ernst Gottfried Fischer qui développe une remarquable conception transcendantale, et qui a traité notre problématique dans deux textes dont le premier date de 1808, *Untersuchung über den eigentlichen Sinn der höheren Analysis nebst einer idealistischen Übersicht der Mathematik und Naturkunde nach ihrem ganzen Umfang*. Fischer, lui aussi, commence par une esquisse historique qu'il achève, selon sa conception de l'époque, en parfait kantien : « Le résultat de tout ce qui précède devrait être celui-ci : le concept d'infini et sa définition particulière comme différentielle n'est pas une invention arbitraire que l'on pourrait à sa guise admettre ou rejeter. Il doit au contraire nécessairement émaner *de l'essence de notre représentation* ... »[3]. Et il espère ainsi que l'on remarquera dans sa propre tentative l'effort « de parvenir, autant que possible, à des notions claires *sur la nature de notre faculté de représentation* »[4].

Néanmoins, Fischer en reste à la conclusion de Euler, à savoir que $dx=0$. Il considère par conséquent comme étant « l'opération véritablement fondamentale du calcul différentiel » qu'« il conduise à une expression propre, mais rigoureusement exacte, de la *limite finie* d'une fonction »[5]. Et | il tient cette conception pour identique, quant à l'essentiel, à celle de 114
Leibniz, tandis qu'il qualifie d'« artifice » la manière dont Newton élude l'infiniment petit. Mais le concept leibnizien d'une *variation* infiniment petite reste, à ses yeux, « un concept peu clair et donc mal établi ; en revanche, la représentation d'une limite finie est un concept tout à fait déterminé et, dans le domaine des grandeurs spatiales, c'est même un concept de l'*intuition* [...] qui [...] repose sur *les premières lois fondamentales de notre faculté de représentation* »[6]. Il formule donc la définition suivante : « Le différentiel d'une grandeur variable est sa limite finie, *symboliquement* représentée comme une *partie finie* évanouissante »[7].

1. *Ibid.*, p. 48, 52, 53, 61.
2. *Ibid.*, p. 88.
3. E. G. Fischer, *Untersuchung über den eigentlichen Sinn ..., op. cit.*, p. 142.
4. *Ibid.*, p. 143.
5. *Ibid.*, p. 150.
6. *Ibid.*, p. 179.
7. *Ibid.*, p. 180.

Mais il ne semble pas vouloir maintenir cette indifférenciation entre limite finie et partie finie quand bien même elle ne serait envisagée que symboliquement, car, outre la grandeur intuitive, outre le privilège, surprenant pour un kantien, accordé à un « concept intuitif », il admet le caractère inéluctable d'une dimension conceptuellement et principiellement *non* intuitive, revenant ainsi, sans qu'il le nomme, à Lambert : « Je me rappelle avoir souvent lu et entendu, avoir autrefois même jugé qu'il nous manquait une *mathématique de l'intensif.* Aujourd'hui, je tiens ce jugement pour *infondé.* En soi, l'intensif *n'est pas d'ordre intuitif* [...] il est, par conséquent, un objet de la mathématique *générale* (c'est ainsi que je qualifie toute la partie arithmétique des mathématiques) ; or celle-ci concerne aussi bien toutes les grandeurs *intensives* que les grandeurs extensives. Ce qui nous fait défaut, en ce qui concerne les grandeurs intensives, c'est davantage le *critère de mesure* que la *méthode* qui permettrait de les traiter [...] nous en avons un pour certaines sortes de grandeurs, par exemple pour la *masse*, le *poids* spécifique, la *force* motrice ou d'accélération [...] pour d'autres, la *chaleur*, l'*intensité lumineuse*, etc., nous sommes bien près d'en avoir un [...] on ne saurait dire *si nous arriverons jamais à disposer d'une mesure pour des forces d'ordre psychique* »[1].

Outre la mesure, ce qui lui manque, c'est aussi une connaissance claire de la « forme pure de la pensée » qui est au principe de la représentation de ce qui est empiriquement intensif qu'il qualifie d'*« interpénétration »*[2]. Il détermine alors, conformément à sa notion de limite finie, le rapport entre l'inter*pénétration*, qui ne relève pas de l'intuition mais seulement de la
115 pensée, avec la *juxta*position | : « Le rapport *extensif* devient, lorsque disparaît l'extension, un *rapport intensif* »[3]. Ainsi, la limite finie n'est-elle plus « même un concept intuitif » ; on ne peut plus penser alors à *« aucun rapport extensif »*, et seul peut être admis un *« rapport interne ou intensif »*[4]. En fait, toutes les conditions sont ici présentes pour qu'apparaisse un rapport intensif : « La possibilité essentielle d'attribuer à deux grandeurs évanescentes un rapport intensif reposerait au fond sur le fait qu'une grandeur qui, d'un certain point de vue, n'est "rien" resterait, précisément de ce même point de vue, "rien" en dépit de toute multiplication quelle qu'elle soit, et que, cependant, toute multiplication serait en soi, *dans la représentation*, un effectif *accroissement*, c'est-à-dire une *représentation effective d'une grandeur intensive* »[5]. L'intension est ici

1. *Ibid.*, p. 156 *sq.*
2. *Ibid.*, p. 157 *sq.*
3. *Ibid.*, p. 165.
4. *Ibid.*, p. 189.
5. *Ibid.*, p. 189 *sq.*

limitée au sens qu'elle a pour la conscience, mais non pas en tant qu'elle est référée à son illustration par elle : *sans qu'on lui accorde la valeur d'être réalité (Realität)* l'intensif ne saurait accéder à sa signification. C'est pourquoi, en fin de compte, Fischer argumente d*e manière psychologique :* on ne peut se dérober à la grandeur intensive, « car nous la rencontrons inévitablement dans la réalité effective *(Wirklichkeit)* et dans *notre propre faculté de représentation* »[1]. Ce par quoi il parvient à s'élever au-delà de considérations psychologiques, c'est le recours, qui n'est pas systématiquement présent, à la *loi de constance.*

82. Ce recours est plus clair et plus précis dans le deuxième écrit de Fischer consacré à cet objet, *Über das Unendlichkleine und die Atome*[2]. La liaison profonde de l'infiniment petit et du principe de constance y est explicite : « Dans le concept de constance, on pense en fait déjà celui d'infiniment petit comme un élément constitutif, simplement il est pensé de manière originaire, sans qu'intervienne la conscience »[3]. L'idée cavaliérienne d'*indivisibilité* lui paraît donc l'immixtion d'un concept « tout à fait erroné », | de même que la *méthode des exhaustions* n'était qu'un **116**
« chemin glissant » qui ne faisait que « contourner et masquer » le concept d'infiniment petit. Néanmoins, la nécessité de ce concept repose, ici encore, sur la conception *psychologique – métaphysique*, dans son interprétation la plus favorable, mais justement pas *transcendantale* – que ce concept « est présent, et ne peut manquer de l'être, dans *toute faculté humaine de représentation* »[4]. C'est conformément à cela qu'il définit alors le concept pur d'une grandeur intensive : « En un point, il y a quelque chose qui peut être *représenté* et qui peut *en lui-même* croître et décroître »[5]. Notre « *faculté de penser* contient *a priori* la faculté [...] de penser l'*interprénétration* »[6]. C'est ainsi que nous pensons la congruence en géométrie. Lorsque nous imaginons des points qui coïncident en *un seul* point, il n'y a pour l'intuition qu'*un* point, « [mais] pour l'entendement, il y a un certain nombre de points qui ne peuvent pas être pensés comme étant juxtaposés mais comme *s'interpénètrant*, c'est-à-dire sous la forme d'une grandeur intensive »[7].

1. *Ibid.*, p. 190.
2. *Über das Unendlichkleine und die Atome. Zwei Abhandlungen der königlichen Preußischen Akademie der Wissenschaften aus den Jahren 1828 und 1829*, Berlin, 1831.
3. *Ibid.*, p. 30.
4. *Ibid.*, p. 31.
5. *Ibid.*, p. 38.
6. *Ibid.*, p. 39.
7. *Ibid.*

À partir de quoi, Fischer parvient à certaines vues intéressantes sur la signification de l'intensif pour l'intuition, pour la géométrie – à propos du concept de *courbe* qui ne peut plus, désormais, être conçu comme grandeur extensive : « On peut du moins dire qu'elle [la courbe] se situe à la limite la plus extrême qui sépare l'extensif de l'intensif, et qu'elle participe des propriétés des deux domaines »[1]. Il s'entient cependant à la conception pour laquelle $dx=0$, et, dans une définition formelle, ne prend nullement ombrage de l'association des concepts de zéro et de grandeur intensive, car il distingue un zéro *absolu* et un zéro *relatif*. Le zéro relatif n'annule que la mesure d'ordre extérieur. « La valeur zéro [...] signifie une grandeur infiniment petite pour autant que, grâce au concept de x et de ce qu'on pense être son rapport avec d'autres grandeurs, on est contraint de lui attribuer une certaine grandeur intensive »[2].

Par conséquent, les règles du calcul différentiel qui peuvent être déduites de cette conception se fondent en dernier ressort sur la nullification de Euler, et la signification logique de la nouvelle espèce de grandeurs intensives est donc ruinée. Mais ce qui est le plus singulier, c'est
117 que ce penseur extraordinairement | intelligent qui souligne avec prédilection *ses liens avec Kant*, le méconnaît complètement et expressément dans cette problématique : « C'est Kant qui, *le premier*, nous a donné une explication satisfaisante de la nature de l'*extensif. Sur celle de l'intensif, il n'a, du moins pas à ma connaissance, entrepris de pareille recherche* »[3]. Voilà une déclaration qui ne manque pas d'être instructive quant à l'histoire profonde de la problématique philosophique.

Récemment, Freyer a repris l'explication de Fischer, en la considérant comme une solution définitive du problème dans un texte qui n'offre pas tant l'intuition effective de la solution juste, mais confirme de manière remarquable l'intérêt de la perspective historique[4]. L'importance de l'intensif pour l'extensif est acquise ; seule fait défaut la compréhension du lien entre l'intensif et la réalité.

83. Jacob Friedrich Fries se réclame lui aussi de Fischer puisqu'il pose que $dx=0$. « Le *zéro* est, en fait, un symbole numérique qui désigne un rapport à une grandeur qui doit être mesurée, comme Fischer l'a développé

1. *Ibid.*, p. 48.
2. *Ibid.*, p. 40.
3. *Ibid.*, p. 36.
4. P. Freyer, « Studien zur Metaphysik der Differential-Rechnung », in *Jahresbericht über die königlichen Klosterschule zu Ilfeld*, Pâques 1882-Pâques 1883, Nordhausen, 1883, p. 1-39.

de manière particulièrement claire »[1]. Et l'énoncé $dx=0$ a, pour lui, une « signification analytico-syntaxique précise »[2]. « Le calcul différentiel *n'est pas une fiction*, mais simplement une *abstraction*, un concept mathématique d'ordre général »[3]. Le *dx* ne bénéficie donc pas d'un sens métaphysique, voire transcendantal, qui en ferait un représentant de la réalité intensive. Fries n'a pas eu l'intelligence du fait que l'infiniment petit serait réalité, car il ne voyait dans la loi de *constance* qu'une « *loi issue de l'intuition pure* » et non « une loi issue de concepts »[4]. « Lorsque nous voulons conceptualiser les rapports entre les grandeurs de la nature, nous n'avons pas à déduire la constance à partir de concepts (à calculer une grandeur à partir de ses parties supposées les plus petites, ou à faire la somme d'un événement à partir de ses modifications les plus infimes), mais, inversement, *à ordonner nos concepts de telle manière qu'ils soient capables de saisir ce qui est constant* »[5]. Pour lui, la constance | se réfère donc à **118**
l'*espace* et au *temps*, et, par leur biais, aux transformations dans la nature. Donc, le calcul différentiel est une *abstraction* afin qu'elle corresponde, *sur le plan conceptuel*, à l'*intuition* de ce qui est constant. Cette interprétation pourrait bien suffire, en tout cas, à la définition *logique* de l'infinitésimal, mais elle laisse subsister une lacune dans la constitution de la nature, du point de vue de la critique de la connaissance, lacune qui ne peut être comblée que par la réalité *(Realität)*, laquelle présuppose la constance.

E. F. Apelt témoigne d'une claire intelligence de la signification du calcul infinitésimal comme de sa genèse historique à travers les problèmes d'ordre général, et, comme son maître Fries, renvoie la constance à la « nature de notre connaissance mathématique »[6].

Herbart a lui aussi une formule pertinente en rappelant que « les différentielles ne sont pas à confondre avec la *succession* spatiale. En effet, tout ce qui est contigu est un élément effectif de l'espace, est donc incomparable avec des différentielles qui désignent uniquement un processus d'*accroissement* et sa *règle*, mais nullement des parties effectives des

1. J. F. Fries, *Die mathematische Naturphilosophie nach philosophischer Methode bearbeitet*, Heidelberg, 1822, p. 279.
2. *Ibid.*, p. 278.
3. *Ibid.*, p. 277.
4. *Ibid.*, p. 272.
5. *Ibid.*
6. E. F. Apelt, *Die Epochen der Geschichte der Menscheit. Eine historisch-philosophische Skizze*, vol. 1, Iéna, 1845, p. 271 *sq.*; cf., du même auteur, *Die Theorie der Induktion*, Leipzig, 1854, p. 25 *sq.*

grandeurs accrues. Aucune intégrale n'est, à strictement parler, une somme de différentielles »[1].

84. Durant notre siècle et aujourd'hui encore, on a maintes fois entrepris de fonder le concept de calcul différentiel. Mais aucune des recherches consacrées à cette question, pour autant que j'aie pu m'en assurer, n'a reconnu l'idée de *réalité* comme ressort et comme problème, ni au sens précritique de Galilée et Leibniz ni au sens plein qui est celui de Kant. Cette fondation a toujours été cherchée soit dans des spéculations métaphysiques, soit à travers des développements internes aux mathématiques.

Les tentatives d'ordre métaphysiques ont Hegel pour initiateur qui a placé, pourrait-on dire, au principe de sa *logique* une *critique du concept d'infinitésimal*. Cette critique, aussi erronée et fausse qu'elle soit, contient néanmoins nombre d'idées plus profondes que ne le laisserait supposer la
119 mise à plat qu'en a donné Schnuse[2]. Ne serait-ce que l'accent mis sur | la *qualité* ou sur le « *moment qualitatif de la quantité* », est d'une importance capitale au regard de l'infinitésimal[3]. La différence entre les grandeurs finies « a sombré dans l'*intensité* simple »[4]. Cependant – et quand bien même il doit être souligné, contre l'idée courante, que Hegel a consacré bien plus d'efforts à la compréhension et à l'orientation historique de l'analyse supérieure qu'on ne pourrait le penser à travers les citations qu'en donne Schnuse –, il est impossible ici d'examiner plus avant son exposé qui représente une centaine de pages, car il repose sur des *présupposés philosophiques* qui ne nous sont pas proches, qui sont plus lointains que les conceptions philosophiques d'un Descartes ou d'un Leibniz. Ces penseurs sont, en effet, à la fois ceux qui ont collaboré à la production de connaissances effectives et les précurseurs de la critique de la connaissance. Il nous faut donc, chez Descartes et chez Leibniz, étudier la genèse de la validité accordée au *rapport des mathématiques à la physique*, et qui sera fixée par Kant.

Hegel, en revanche, écrit : « Or les *mathématiques* ne peuvent absolument pas prouver les déterminations de grandeurs de la *physique*, pour autant qu'il s'agit de lois qui reposent sur la *nature qualitative* de leurs

1. J. F. Herbart, *Schriften zur Metaphysik*, t. IV/2 (= *Allgemeine Metaphysik*, 2e partie), Hambourg et Leipzig, 21886 (G. Hartenstein, *ed.*), p. 195.

2. Cf. sa préface à sa traduction de A. Cournot [*Traité élémentaire de la théorie des fonctions et du calcul infinitésimal*, Paris, Hachette, 1841], *Elementarlehrbuch der Theorie der Functionen oder Infinitesimalanalysis*, Darmstadt, 1845 (p. V-XV).

3. G. W. F. Hegel, *Wissenschaft der Logik* (1812), in *Sämtliche Werke*, Stuttgart, éd. H. Glockner, vol. 4, p. 316 [*Science de la logique, I, 1, l'Être*, trad. fr. par P.-J. Labarrière et G. Jarczik, Paris, Aubier, 1972, p. 258].

4. *Ibid.*, p. 332 (trad. fr., p. 272).

moments, pour cette simple raison que cette *science n'est pas philosophie*, n'a pas pour point de départ le *concept*, et que, par conséquent, ce qui est d'ordre *qualitatif*, pour autant qu'on ne le tient pas de l'*expérience* sur un mode lemmatique, reste hors de sa sphère »[1]. Nous avons vu, au contraire, que ce n'est pas de l'*expérience* que les mathématiques tiennent la qualité ni ne pouvaient la recevoir, et que, cependant, ce n'est pas non plus de la *philosophie du concept* qu'elles pouvaient l'attendre. La *qualité, entendue comme réalité*, est un exemple de ce qui distingue ce qu'on appelle philosophie du concept et critique de la connaissance. Ce qui doit être le point de départ, ce n'est pas le *concept*, mais le *principe*, et c'est pourtant bien la *science* qui l'explicite.

Si la grande controverse sur la méthode ne doit pas tourner à la querelle terminologique, il s'agit de reconnaître le *factum de la science mathématique de la nature*. Mais pour l'admettre, il ne suffit nullement – pas plus que cela | ne clarifierait l'orientation – de définir la science de la nature **120**
comme *« simple transition »*[2]. La différence entre *factum*, dont les présupposés dans la pensée sont à découvrir, et « transition » (vers quel ailleurs ?) va de pair avec la différence entre *méthode transcendantale et méthode métaphysique*.

Dans d'autres exposés, le concept de *qualité*, pour n'être pas conçu comme *réalité*, ne peut pas accéder à une signification indépendante du point de vue de la critique de la connaissance, et, ce, en dépit du fait que certains de ces développements vont jusqu'aux relations de la qualité à la quantité et à l'intensité, et en donnent une esquisse. Ce qui est le cas, notamment, des exposés de Hermann Schwarz[3] qui s'appuie sur Hegel, tandis que les explications de Oskar Schmitz-Dumont[4] se cantonnent davantage au domaine de la logique formelle.

Ce défaut de pénétration dans la signification du principe et du concept indépendants de réalité intensive grève également les efforts consentis par Eugen Dühring pour résoudre notre problème. Il s'en tient pour l'essentiel à l'« activité de la pensée et de la *représentation* », et c'est pourquoi il établit une différence entre « faits de la nature » et « nécessités de notre

1. *Ibid.*, p. 336 [trad. fr., p. 275]; cf., p. 362 *sq.*, l'application à la mécanique [trad. fr., p. 308-310].

2. G. Thiele, *Grundriß der Logik und Metaphysik, dargestellt als Entwickelung des endlichen Geistes*, Halle, 1878 (Préface).

3. H. Schwarz, *Versuch einer Philosophie der Mathematik verbunben mit einer Kritik der Austellungen Hegels über den Zweck und die Natur der höheren Analysis*, Halle, 1853, cf., surtout, p. 85 *sq.*, 88, 90, 98 *sq.*

4. O. Schmitz-Dumont, *Die mathematischen Elemente der Erkenntnistheorie. Grundriß einer Philosophie der mathematischen Naturwissenschaften*, Berlin, 1878, p. 257.

seule pensée »[1]. Dans l'explication qu'il consacre à l'infinitésimal, il nous semble donc lutter contre des moulins puisque rien de remarquable, dans toute la littérature consacrée à cette question, ne nous a frappé qui réclamât et valût qu'on souligne cette vérité banale que Dühring qualifie de « forme rationalisée », attribuée, à ce concept depuis 1861 : « En mathématique, l'illimité ne doit avoir que le sens de la possibilité sans entrave d'accroître et de diminuer par la pensée, c'est-à-dire la possibilité d'accumuler ou d'intercaler, de multiplier ou de diviser; autrement, il serait une chimère logique »[2]. Mais cette « forme rationalisée » ne serait accessible qu'à la condition que « ce qu'on appelle constance soit réduite, en tant que *réalité effective (Wirklichkeit)*, à une *juxtaposition de parties* ». Son *concept*
121 *fondamental erroné* | *de « réalité effective inconsciente »*[3], dont fait litière la *réalité (Realität) selon son rapport à ce qui existe*, a conduit à la conception rationaliste triviale de l'infinitésimal auquel on oppose une réalité effective.

Cette vision des choses qui ne comprend pas la production *idéaliste* de l'infinitésimal se révèle déjà dans le premier texte que Dühring consacre au problème. Il y fait valoir, contre Lagrange, la différence suivante : « *Infinite parva esse non* supponimus, *sed* sancimus »[4]. Mais il semble admettre, dans la sanction, une différence entre ce concept et les autres concepts purement mathématiques puisqu'il poursuit : « *Si quis* recentius exemplum suppositionis *entis inter quantitatem et absentiam quantitatis* intermedii *quaerat, introductionem libri Poisson [...] inspiciat [...] ubi propter* continuitatem temporis *ejus quantitatem per* gradus *quovis dato minores crescere concluditur*. Continuitatem vero agnoscere et omino gradus incrementorum admittere plane contradictorium est... »[5]. Or ce concept de degré n'est nullement un « exemple plus récent », mais l'ancien prototype classique de l'infiniment petit, le premier rejeton de cette « métaphysique » créatrice qui a enrichi de ses « suppositions » ce qu'étaient jusque-là les fondements de la mathématique extensive, et qui les a approfondi en élaborant la réalité intensive.

85. Sauf lorsqu'on y parvient de manière générale au sein de la *méthode des limites*, la fondation intramathématique *dépasse nos compétences et ce dont nous sommes familiers*. En effet, les développements proprement mathématiques qui installent le concept de différentiel à titre de *définition*

1. E. Dühring, *Logik und Wissenschaftstheorie*, Leipzig, 1878, p. 255.
2. *Ibid.*, p. 268.
3. *Ibid.*, p. 159 *sq.*
4. E. Dühring, *de Tempore, spatio, causalitate atque de Analysis infinitesimalis logica*, Berlin, 1871, p. 107 (Thèse).
5. *Ibid.*, p. 107 *sq.*

ressortissent à la théorie générale des fonctions, et ne peuvent se vérifier comme s'effectuer que dans son cadre.

C'est l'erreur opposée que Paul Dubois-Reymond a récemment commise en se livrant, au sein d'une *Théorie générale des fonctions*, à une sorte de « théorie de la connaissance » à laquelle il consacre d'amples explications, mais qui ne peut être prise en compte ici, car, nonobstant les lacunes et les faiblesses de l'exposé, elle | ne correspond pas à ce que nous 122
avons défini sous le terme de critique de la connaissance. Citons tout de même cette phrase du mathématicien : « Aujourd'hui encore, au sein de « la plus infaillible des sciences », c'est à peine si deux livres paraissant l'un à la suite de l'autre ne se contredisent pas de la manière la plus brutale lorsqu'ils abordent les concepts fondamentaux. En ce qui concerne sa fondation, la théorie du calcul différentiel n'a pour ainsi dire pas fait de progrès [...] depuis Leibniz »[1].

En revanche, le mathématicien et philosophe Cournot s'est avec une grande précision rapproché du point de vue de la critique de la connaissance dans son évaluation du concept d'infinitésimal dans la mesure où il a développé une compréhension claire et profonde de la méthode des fluxions comme de la méthode infinitésimale, bien que sa conclusion subtile et juste à propos de la différence entre l'acuïté ou la rigueur des concepts et leur définition logique aurait besoin d'être plus précisément conçue : « Dans tous les cas, la conception de Newton, appliquée aux grandeurs qui varient effectivement avec le temps, a l'avantage de fixer la signification *réelle* des fonctions dérivées, et par là même de donner *à l'avance la raison du rôle* qu'elles jouent dans les applications de l'analyse à l*a discussion des phénomènes physiques*. Newton se proposait aussi de fonder la théorie des fonctions sur une idée que l'esprit pût saisir directement, *sans passer par la considération des limites* et sans s'assujettir à une marche jusqu'à un certain point *détournée* et indirecte. Il entendait exprimer directement la *continuité* dans la variation [des grandeurs au moyen] du phénomène [le plus familier où cette continuité tombe sous les sens]. On a objecté, d'après d'Alembert, que, pour définir une vitesse continuellement variable, il faut toujours recourir à la considération des *limites ;* mais, en faisant cette objection, *on a mal à propos subordonné la précision des idées à leur définition logique* »[2].

1. P. Dubois-Reymond, *Die allgemeine Funktionstheorie*, Tübingen, 1882, 1re partie, p. 133 *sq.*

2. A. Cournot, *Traité élémentaire de la théorie des fonctions et du calcul infinitésimal* (Hachette, 1841) [in *Œuvres complètes*, vol. 6/1, Paris, Vrin, 1984, p. 72 (= I-42)], (trad. all. par C. G. Schnuse, Darmstadt, 1845).

C'est la raison pour laquelle Cournot critique l'idée d'une métaphysique du calcul infinitésimal développée par Lagrange, et s'oppose à l'opinion que ce calcul serait un *artifice* : « D'ailleurs, la méthode infini-
123 tésimale ne constitue pas seulement un artifice ingénieux : | elle est *l'expression naturelle du mode de génération des grandeurs physiques* qui croissent par éléments plus petits que toute grandeur finie [...] Sous ce point de vue, on a pu dire avec fondement que les infiniment petits *existent dans la nature* ; et il conviendrait certainement, dans le même ordre d'idée, d'appeler $f'x$ la *fonction génératrice ou primitive*, et fx la fonction *dérivée*, au lieu d'appliquer ces dénominations en sens inverse, comme l'a fait Lagrange, guidé en cela par des considérations de pure algèbre »[1].

Cournot s'est exprimé de la même manière dans son principal ouvrage de philosophie. Le dx ne serait nullement une *abstraction artificielle*, mais une abstraction *rationnelle* : « Elle *s'adapte* directement au mode de génération des phénomènes naturels et à l'expression de la loi de continuité qui les régit »[2]. Là encore, la formulation devrait être corrigée, mais l'idée est en elle-même suffisamment élaborée pour être en mesure de définir logiquement la tendance du concept. En fait, l'infinitésimal ne s'adapte pas à l'expression de la loi de continuité, il est cette expression elle-même. Et dans la mesure où la loi de continuité *régit* les phénomènes naturels, c'est par métaphore qu'on affirme que l'infinitésimal « *s'adapte* au mode de génération des phénomènes naturels », car c'est *l'unique* moyen dont on dispose ne serait-ce que pour présenter ce mode de génération. Envisagé du point de vue de la critique de la connaissance, le rapport entre être et connaissance, entre nature et expérience, nous permet de comprendre qu'*il n'y a pas d'autre moyen de penser* ce mode d'engendrement, pas d'autre moyen, donc, de produire conformément à des lois ces phénomènes naturels que cette « abstraction rationnelle et naturelle ». Pourquoi ne devrait-on pas qualifier de naturelle cette abstraction qui constitue la nature en première instance comme réelle ?

Nous arrêtons ici notre *panorama historique*, et nous nous consacrons désormais aux conséquences que notre conception de la différentielle comme réalité intensive entraîne pour le système de la critique de la connaissance.

1. *Ibid.*, p. I-49.

2. A. Cournot, *Essai sur les fondements de nos connaissances et sur les caractères de la critique philosophique*, (Hachette, 1851) [in *Œuvres complètes*, 2, Paris, Vrin, 1975, p. 248 ; cf. p. 155].

DÉVELOPPEMENTS

| 86. Prendre en compte tous les autres principes lorsqu'on entreprend 124
d'en *définir* un (cf. § 13) doit aussi valoir, en premier lieu, pour les *deux types d'éléments* réunis en chacun d'eux, et, ensuite, pour le rapport existant, dans chaque type, entre leurs *déterminations* particulières. En effet, un principe particulier ne peut pas simplement fixer de manière précise soit des éléments de la *sensibilité*, soit des éléments de la *pensée*, mais – et bien qu'un principe en tant que tel ne puisse tout à fait échapper à aucun de ces deux types d'éléments – il est néanmoins plus à même de définir, par exemple, la donnée dans le *temps* plutôt que dans l'*espace*, ou d'expliciter la conscience intellectuelle davantage dans la continuité que dans le cadre de toute autre forme de légalité intellectuelle. C'est le cas de la réalité intensive.

La signification de la réalité pour le *système* de la critique de la connaissance, aussi bien quant à son fondement que dans la perspective de son achèvement (cf. § 13), consiste en ceci qu'elle définit plus précisément d'abord le *rapport entre sensibilité et pensée*, ensuite, le *rapport de l'espace au temps, ainsi qu'aux éléments de la pensée*. C'est seulement grâce à la délimitation et la distinction des contributions respectives de l'intuition et de la pensée au principe qu'on peut avoir une vue parfaitement claire de la signification de ce dernier : être l*e fondement et le présupposé* de la connaissance.

87. Depuis l'esthétique transcendantale de Kant, on a pris l'habitude de considérer l'espace et le temps comme les moyens et les fondements indépendants, inévitables, qui revendiquent la première place dans la hiérarchie des conditions de la connaissance. Je suis bien loin de vouloir aller contre cette conception; cependant, s'il faut éviter qu'avec ses avantages elle ne crée quelques inconvénients, elle a besoin d'être restreinte et complétée. L'inconvénient serait, en effet, | inéluctable si l'on entendait 125

accorder à la sensibilité une *validité définitive*, de même, d'autre part, que l'échafaudage de la pensée subirait une tension trop forte si la donnée sensible était négligée. L'inconvénient qu'il y a à vouloir surestimer l'intuition spatiale est illustré par la discussion à propos de la *méta-géométrie*, laquelle, indéniablement, est fructueuse et a raison lorsqu'elle souligne les liens qui unissent pensée et intuition, comme lorsqu'elle prétend pouvoir et devoir articuler la pensée sur l'intuition. Il faut encore considérer comme relevant de l'intuition, souligne Helmholtz, ce qui est conduit à l'intuition par les moyens de la pensée quand bien même cela resterait inaccessible à la première. C'est là, en fait, une idée qui est juste non seulement en géométrie, mais aussi du point de vue de la critique de la connaissance, à laquelle ne peut s'opposer que le crédit naïf accordé à la réalité sensible. Mais pareille idée ne ressortit pas à la critique de la connaissance en vertu d'une conquête toute récente, c'est la conception même de Kant. Les explications qui touchent à ce qu'on appelle la métagéométrie révèlent donc leur incompréhension de la signification du principe synthétique dans le fait qu'elles ne traitent exclusivement que les quelques passages consacrés par l'*esthétique transcendantale* à l'espace, alors qu'elles négligent complètement le *principe des axiomes*.

La réalité, si on la pense jusqu'au bout comme grandeur intensive, nous enseigne, en revanche, que l'espace et le temps ne sont pas les présupposés ultimes et définitifs des choses réelles, et qu'ils ont eux-mêmes besoin tout autant de présupposer la réalité si, par ailleurs, des objets *spatiaux* et des processus *temporels* doivent s'y manifester, bien qu'ils n'en soient pas moins nécessaires pour, à leur tour, compléter la réalité en la prolongeant vers *ce qui existe* (cf. § 32). Ainsi, l'infinitésimal, représentant de la réalité intensive, acquiert-il une signification décisive dans la fondation et l'achèvement de l'idéalisme critique.

88. Pénétrer la scientificité fiable de l'idéalisme critique a pour condition l'intelligence de deux moments qui sont également constitutifs, mais ne sont pris en compte ensemble qu'avec difficulté. D'une part, le caractère constructif de la pensée doit demeurer au premier plan, à savoir que le monde des choses repose sur ce fond que sont les lois de la *pensée ;* que les choses ne sont pas données telles quelles purement et simplement, telles
126 qu'elles semblent investir | nos sens ; que ce sont, au contraire, les structures fondamentales de notre conscience pensante qui sont d'emblée les matériaux de construction grâce auxquels nous assemblons ce qu'on appelle les choses dans des particules matérielles et à partir de ces dernières, et qui sont les normes grâce auxquelles nous ébauchons les lois et les relations de ces assemblages, et les attestons comme objets de l'expérience

scientifique. Voilà ce qui détermine l'*idée* au sein de l'idéalisme : pas de chose autrement que dans la pensée et à partir d'elle.

Mais c'est ce qui suscite l'apparence d'un subjectivisme : les choses *ne seraient que* des idées, et que, hors du cerveau humain, elles seraient dépossédées de leur existence sur le terrain de la donnée qui leur fût propre. Il n'est pas d'un grand secours alors de mobiliser la sensibilité comme une source de connaissance aussi originaire que la pensée, et cela n'a pas beaucoup servi Kant que de déterminer dans cette perspective la différence qu'il a établie d'avec les idéalistes dogmatiques, en affirmant que ces derniers n'auraient pas été jusqu'à penser que même les sens étaient susceptibles d'une intuition *a priori*. Même cette différence marquée ne lève pas l'objection, car la puissance de la sensibilité, elle aussi, vole en éclats face au reproche d'idéalisme subjectif. C'est précisément parce que et dans la mesure où les sens, eux aussi, garantissent une intuition *a priori* que les choses qui se révèlent aux sens apparaissent comme des reflets et des produits des ces formes *a priori* de l'intuition.

Si, donc, face à l'*ubris* de la pensée, la sensibilité est destinée à constituer une instance affranchie de toute objection, il ne faut d'emblée pas la considérer, dans notre expérience vécue, comme une source d'excitations pour les sensations, car c'est elle qui demeure le grand point d'interrogation. La sensibilité pure ne doit pas, elle non plus, être comprise dans le sens que, débarrassée d'un contenu empirique, pourrait émaner d'elle ce qui peut revendiquer une quelconque réalité effective dans le monde des choses. Ce malentendu à propos de l'intuition pure, de la sensibilité pure – comme si elle pouvait être affranchie et vide de tout contenu alors que, en tant que forme justement, elle inclut tout contenu, la possibilité synthétique de tout contenu –, cette erreur font échouer toute tentative de comprendre l'esthétique transcendantale de Kant. Vaine et creuse s'avère toute discussion qui tourne autour de l'opinion selon laquelle, d'après Kant, la sensibilité serait pour finir la forme de notre subjectivité, alors que le centre de gravité se situe au contraire, de manière claire et précise, dans *l'explication transcendantale* qui veut que l'espace soit *la condition de la géométrie*. | 127

C'est le second moment qui caractérise l'idéalisme critique comme tel. Le premier moment, c'est-à-dire la déduction des choses à partir de la conscience *pensante*, est le *genus* de l'idéalisme. Le fait de prendre en compte la conscience sensible ne suffit pas à définir la différence entre idéalisme critique et idéalisme dogmatique : la *differencia specifica* se situe d'abord et exclusivement dans la *référence à la science* au sein de laquelle seulement des *choses sont données* et sont abordables aux questions de la philosophie ; ce n'est pas dans le ciel que les étoiles sont *données*, mais c'est en *astronomie* que nous définissons comme donnés les objets que nous distinguons, pour être fondés dans la sensibilité, des produits et des échafaudages – quand bien même ils seraient fruits d'une réflexion sérieuse – de la *pensée*. La sensibilité n'est pas dans l'œil, mais dans *les raisons de l'astronomie*[1]. C'est le sens de l'exemple cartésien classique du soleil.

Cette conception du *ressort transcendantal* ne définit pas seulement la différence spécifique du *criticisme*, mais en même temps le concept suprême de l'idéalisme. Pas plus que la sensibilité n'est celle de la structure corporelle humaine, la pensée n'est pas non plus naturelle, arbitraire, voire artificielle, capable aussi bien d'élaborations saines que de toutes les contorsions sophistiques; c'est au contraire uniquement ce qui s'atteste en tant que *moyen* légitime *de la connaissance. La conscience pensante est ainsi une étape et une abstraction de la conscience cognitive.*

Cette dernière, en tant que *factum* susceptible d'être analysé, ne se situe pas dans ce que la psychologie comprend de ce qu'on appelle notre *organisation* psychophysiologique; c'est au contraire uniquement dans le *fait de la connaissance scientifique* que la conscience cognitive a cette réalité effective à laquelle peut se référer une recherche philosophique qui ne craint pas de déduire de la conscience les objets de la *nature*. C'est pourquoi une recherche de ce type, pour laquelle la conscience ne se situe pas dans chaque individu mais dans la science objective, est un idéalisme *critique*, ou elle est dite *transcendantale* ou encore *critique de la connaissance*. Elle critique la possibilité, la possibilité synthétique, de la connaissance effective (cf. § 9).

128 | 89. À travers cette recherche quant à la possibilité du *factum* de la connaissance, effectif dans la *physique mathématique*, le concept, l'élaboration intellectuelle de la réalité, se révèle être un indispensable instrument de pensée pour cette connaissance. Considérée comme instrument de la pensée, la réalité doit cependant pouvoir soutenir toute *collision avec la sensibilité*. Envisager que la réalité soit nécessaire à la fondation de la connaissance ne peut en aucune manière aliéner la légitimité de la sensibilité, pas plus que la donnée de l'intuition sensible ne rendrait négligeable le concept de réalité. Et c'est précisément en cela que consiste la contribution de la réalité à la production comme à la définition de l'idéalisme critique : elle ne révèle pas seulement comment pareille élaboration de la pensée constitue la nature, mais elle montre aussi que la *sensibilité*, elle aussi, ne saurait être évaluée autrement qu'en fonction de la spécificité de sa contribution à l'état de la connaissance, et que, par conséquent, la donnée

1. En français dans le texte (*N. d. T.*).

de ses formations ne peut consister que dans sa *valeur constitutive* quand bien même ce serait dans la particularité de cette valeur.

C'est le caractère éminemment *idéaliste* de la réalité qu'elle règle plus précisément et de manière plus transparente la *corrélation de la sensibilité avec la pensée*. Si, dans un premier temps, nous ne prenons pas encore en considération la détermination plus précise du rapport réciproque entre espace et temps, détermination qui, de même, résulte du concept de réalité, au moins ceci apparaît inestimable : que la signification du concept de calcul différentiel interprété comme réalité *déracine le réalisme naïf*, dans la mesure où elle nous débarrasse de l'habitude qui consiste à exiger d'emblée une donnée sensible, à titre de réquisit de la vérité objective (cf. § 28-30).

Cette modification de la corrélation entre sensibilité et pensée ne permet pas seulement de trancher un conflit de hiérarchie opposant les éléments *a priori*, car c'est de son application que dépend la juste intelligence de ces éléments sous l'angle de la critique de la connaissance. Ils ne doivent, en effet, pas être pris pour des aptitudes psychologiques essentielles de l'esprit, mais, au contraire et uniquement, pour des conditions dont c'est de leur efficace et de leur validité qu'on déduira celles de la connaissance scientifique. Car, sans le concept de réalité, il ne serait certes pas judicieux de faire de la pensée, au lieu de la sensibilité, la première condition de la connaissance | scientifique, et, ce, non pas simplement par **129**
crainte d'une usurpation vengeresse de la part de la perspective sensible ordinaire, mais bien plutôt par égard pour la situation et le déroulement de la production de la connaissance.

En effet, si l'on inversait *l'ordre des conditions a priori*, en négligeant la réalité, si l'on plaçait en premier lieu les concepts et ensuite l'intuition, on risquerait de quitter la voie tracée par Descartes pour toute la descendance de la philosophie rigoureuse, on oublierait que ce qui doit en tout premier lieu correspondre aux lois fondamentales et aux formations essentielles de *l'intuition mathématique pure*, c'est ce qui existe *in rerum natura*. En ce sens, l'espace et le temps précèdent les catégories, comme *la géométrie précède la physique*. Mais nous savons désormais que la réalité s'impose, *même en géométrie*, comme postulat de l'infiniment petit. Par conséquent, la réalité fait, elle aussi, partie des présupposés de la science que l'on peut opportunément appeler science de l'espace – sans pourtant qu'on puisse aucunement oublier d'y inclure l'autre présupposition. Ce sous-entendu est une erreur très embarrassante qui ne peut être corrigée qu'en analysant clairement les idées annexes restées latentes. En soi, la réalité n'est pas une donnée sensible comme l'espace et le temps. L'infiniment petit ne peut tout simplement pas être objet d'intuition ni l'être dans le cadre d'une sensibilité finie. *L'espace n'englobe donc pas la réalité*. Mais la présupposition de la réalité n'en reste pas moins en vigueur en géométrie. Il faut donc admettre qu'il y a une liaison de l'intuition et de la pensée même dans la géométrie.

Cette distinction entre des concepts non identiques serait plus courante à une époque qui distinguait géométrie de la *mesure* et géométrie du plan. L'espace ne peut même plus être considéré comme une condition suffisante de la géométrie du plan. Toutes les lois subsumées par le terme et le concept d'espace se réfèrent et se limitent aux rapports de plans. Mais, lorsqu'il s'agit de l'infiniment petit, ces derniers exigent eux-mêmes la réalité. Le concept de grandeur joue son rôle quand il s'agit encore des
130 *segments*. En géométrie, comme en arithmétique et, | finalement, en mécanique, nous avons appris que le complément nécessaire du concept de grandeur était la réalité entendue en tant que grandeur intensive. Il faut donc admettre que, pour la géométrie aussi, la réalité est un présupposé nécessaire, et il faut le préciser.

On peut donc désormais satisfaire entièrement à l'exigence idéaliste puisque l'agencement des éléments qui conditionnent la validité objective, ou la connaissance synthétique ou la connaissance des objets de la physique mathématique peut éventuellement débuter grâce à cet instrument de la pensée qu'est la réalité lequel s'étend jusqu'à l'instrument sensible qu'est l'intuition spatio-temporelle. En tirant cette conséquence idéaliste, nous n'avons plus à craindre de tomber dans le subjectivisme parce que nous restons dans la voie tracée par Descartes, et parce que nous procédons à la réduction de tout ce qui est effectivement réel *(das Wirkliche)* à son *idéal géométrique* dans le cadre de cette interprétation du concept de réalité *(Realität)* et que nous maintenons cette réduction dans les limites de cette conception. En comprenant clairement que la réalité était un présupposé nécessaire même en géométrie, nous confortons l'idée que c'est en première instance de l'espace que doit être déduit tout ce à quoi il sera possible d'accorder une validité en physique. Ainsi, l'idée classique dont Descartes fut, non sans exaltation enthousiaste, l'initiateur reste pour nous rectrice[1]. Ainsi la donnée sensible reste-elle la condition fondamentale *a priori*, même si et précisément parce que nous admettons qu'y est lié cet élément de la pensée pure sans lequel les figures idéales de la géométrie ne seraient que des schèmes et non les *schemata* des choses de la nature. La nécessité de l'interpénétration des éléments de la sensibilité et des éléments de la pensée devient claire grâce au concept de réalité.

1. Cf. Paul Natorp, *Descartes' Erkenntnistheorie. Eine Studie zur Vorgeschichte des Kritizismus*, Marbourg, 1882, p. 94, notamment.

90. La corrélation entre sensibilité et pensée n'est pas la seule qui soit ainsi réglée par le concept de réalité, car il détermine également, de manière plus claire, la *corrélation entre espace et temps*. Nous avons vu comment, chez Galilée, les espaces provenaient des temps (cf. § 48). La signification globale du temps a donc une autre caractéristique que la détermination simplement psychologique. Ce n'est pas seulement sous la forme du sens interne que le temps contient | tout ce qui s'ordonne dans l'espace, car dans **131** le caractère de la *donnée* équivalente à l'espace, le temps semble, plus encore que l'espace, *produire* cette donnée dans la mesure où c'est de préférence dans l'intuition temporelle qu'intervient le concept de réalité.

Le temps est la mesure originelle uniforme. C'est pourquoi, il est le support de la continuité. À son tour, le temps est continu dans la mesure où c'est en lui que naît l'infiniment petit ou la réalité intensive. C'est donc elle qui règle les rapports de l'espace et du temps comme ceux qu'ils entretiennent aux instruments de pensée dont la connaissance est la finalité.

91. Ce témoignage déposé par la réalité en faveur de l'idéalisme exige tout d'abord une claire et juste compréhension de la *différence entre mathématique pure et mathématique appliquée*. À cet égard, même les chercheurs en mathématique ne font pas toujours preuve d'une totale clarté. Cet étrange défaut de compréhension ne se manifeste pas seulement dans le fait que, très récemment, on cherche encore à élaborer les fondements des mathématiques à partir de l'*empirisme* comme s'il s'agissait d'un point de vue systématique parfaitement légitime qu'on prétendait développer en opposition à l'idéalisme, mais aussi parce qu'on parle d'une mathématique pure, comme si elle était fondée à s'opposer aux mathématiques appliquées ou, du moins, était en mesure de le faire pendant un certain temps en bénéficiant de quelque indulgence. Puisque nous avons admis que le concept de grandeur intensive ou de réalité appartient aux mathématiques, il est parfaitement clair que cette différence ne peut être comprise que d'un point de vue méthodologique.

Ce qui est conçu au sein des mathématiques pures a d'emblée la caractéristique d'être *applicable*, car seul est pur ce qui est susceptible d'être appliqué dans des conditions données. Mais, bien entendu, ce qui est pur ne se préoccupe nullement du fait que ces conditions soient données. C'est pourquoi semble pertinente cette modification qui veut qualifier de *libres* les mathématiques[1]. Ce n'est pas selon les règles d'un jeu que l'esprit *(Witz)* ou l'imagination mathématiques créent une mathématique pure, c'est, au contraire, dans l'économie de nos instruments cognitifs que sont produites des figures spatiales et des formes numériques sans qu'on

1. Cf. Georg Cantor, *Grundlagen einer allgemeinen Mannigfaltigkeitslehre. Ein mathematisch-philosophischer Versuch in der Lehre des Unendlichen*, Leipzig, 1883, p. 19.

132 prenne pour point de départ leur application à des choses de | la nature. Or, moins le mathématicien libre se préoccupera de cette application et plus il pourra être certain que ce qu'il a conçu purement, c'est-à-dire selon des lois, sera pour cette raison même applicable, et peu importe le nombre des siècles qui s'écouleront avant que n'ait lieu une application. Les sections coniques sont, selon Kepler, tout autant le fait de la géométrie pure que des géomètres grecs; et même eux avaient déjà conscience de la validité de ce qui se référait à la nature.

L'obscurité, dans ce problème, tient au manque de compréhension du rapport entre nos moyens scientifiques et le tout, comme les singularités, de la nature. Elle n'est cependant pas là en soi ni présente de telle manière que nos conceptions mathématiques n'auraient besoin que d'y être appliquées; au contraire, il faut la découvrir, la produire uniquement par le biais de ces dernières. Si la pensée n'avait pas produit les sections coniques, nous ne pourrions connaître ce processus naturel que constituent les orbites des planètes, et, partant, ce processus n'aurait d'autre statut d'existence que, dans le meilleur des cas, celui d'un problème, par exemple, le problème des épicycles. Ce résultat de la géométrie pure n'a donc pas été appliquée à la nature, en soi existante, des orbites planétaires, mais à la *production* de cette nature qui, sans cet instrument pur de création, n'existerait qu'à titre de point d'interrogation et non comme un processus naturel attesté.

Quelle part de nature reste encore dissimulée de la même manière, voire entièrement occultée, pour laquelle de purs instruments de production ont peut-être déjà inventés? Peut-être n'a-t-on besoin que d'une impulsion provenant d'autres problématiques pour susciter cette faculté d'application au sein de ce qui est pur et qui existe déjà? Tout comme nous avons constaté, lors de la découverte du différentiel, que de multiples sondages du même type avaient été préalablement effectués. Peut-être la différence entre mathématique pure et mathématique appliquée tiendrait-elle pour l'essentiel à ceci que plus les méthodes mathématiques s'entrecroisent, plus cette interpénétration est profonde, plus elle se multiplie, et plus les formations pures s'enrichissent, plus elles s'affranchissent de leur application. L'histoire du concept de différentiel le montre de manière si exceptionnellement patente du fait que, dans son cas, la pureté s'est décantée d'abord dans l'application et grâce à elle, après maints troubles remous. C'est pourquoi le concept de réalité montre clairement qu'il n'y a pas de
133 différence concrète entre ce qui est pur et ce qui est appliqué en | faisant ressortir, grâce à sa nature idéaliste, la valeur créatrice de ce qui est pur.

92. Nous en arrivons ainsi au résultat de la signification que nous avons attribué ici à la réalité. La grandeur infinitésimale, entendue comme réalité,

devient le *levier idéaliste de toute connaissance de la nature*. C'est, en effet, une manière très répandue de qualifier le calcul infinitésimal que de lui reconnaître une grande valeur comme instrument de la physique, mais il semblerait que la pleine signification de cette manière de le définir n'ait pas été tout à fait reconnue. L'infinitésimal n'est pas simplement un adjuvant du calcul, ce n'est pas un instrument artificiel pour quantifier des processus physiques qui dépasseraient les capacités du calcul ordinaire ; au contraire, la démarche naturelle en fonction de laquelle, pour l'essentiel, des choses et des processus se différencient et se spécialisent conduit en droite ligne et en dernière instance à l'infinitésimal, formation sans laquelle le mode courant de calcul serait insuffisant et, au sens le plus véritable, *sans objet*.

En effet, tout calcul effectué avec des grandeurs numériques extensives est et reste une comparaison avec le critère relatif et arbitraire de l'unité, critère qui, lui-même, trouve sa caution dans l'unité de la *conscience*, mais qui, donc, exige et trouve son complément dans d'*autres modes* de cette unité de la conscience. S'il n'y avait que les nombres ordinaires, il n'y aurait que relativités, nulle part les choses n'auraient de fondement. En tant que grandeur intensive, l'infiniment petit signifie la réalité en ce sens déterminé et précis : la réalité *(Realität)* offre aux sciences de la nature le réel *(das Reale)* qu'elles présupposent et recherchent; elle définit et constitue le réel.

L'infinitésimal est donc instrument de la connaissance de la nature au sens d'un organon qui produit et forme les choses de la nature. Ce n'est pas un élément extérieur, mobilisé de manière mécanique, mais un membre profondément articulé grâce auquel un tout homogène peut être produit et assuré. C'est dans l'infinitésimal, considéré comme son élément naturel et son *origine*, que se fonde le fini qui peut – et dans la mesure où il en est susceptible – être scientifiquement objectivé et déterminé. La détermination et donc aussi l'objectivation requièrent le calcul. Ainsi, l'*unité de réalité* ou | l'*unité de création* sont, non pas en quelque manière moins que 134
les grandeurs numériques ordinaires, mais bien davantage qu'elles, le moyen éminemment naturel qui permet de déterminer l'objectivité, car elles seules sont capables de réaliser le fini. Ce rôle d'instrument naturel servant à constituer la nature débouche ensuite sur la critique d'une des plus importantes conceptions de la nature.

93. On peut sans doute supposer que l'*atomisme* fut une réaction contre l'enthousiasme *pythagoréen* pour la *substance du nombre*. Bien que ce dernier ait été, pour sa part, une réaction utile contre l'hylozoïsme, il n'en a pas moins développé de manière patente l'idée inévitable que le nombre contribuait à l'objectivation. Nous avons besoin du nombre pour la constitution scientifique des choses, mais il n'en est nullement l'être total

et achevé, il n'en est pas l'οὐσια. C'est contre cette hypostase arithmétique que Démocrite fit valoir sa découverte des *atomes* ou des *formes* (σχήματα et ἰδέαι). L'atome, entendu comme forme défend donc dans un premier temps la légitimité de la géométrie contre cette mystique du nombre.

Mais ces formes ont en même temps un *poids*, et sont donc à la fois formes géométriques et corps physiques. C'est le germe même de l'erreur cartésienne qui consiste à faire de l'étendue elle-même une substance. Et, tandis que, chez Démocrite comme, de manière semblable, chez Descartes, il était loisible de mettre l'accent sur la réduction de la matière aux *formes*, dans le développement de l'atomistique, l'atome est devenu toujours plus expressément un représentant matériel et non représentant abstrait, géométrique, par exemple ; il est devenu, dans la perspective matérialiste, élément et germe de ce qui est matériel.

Cette atomistique matérialiste, que Leibniz entendait amorcer avec sa monade, a été rejetée par la physique mathématique. Les particules matérielles sont d'abord des points géométriques qui permettent de *calculer* des relations dynamiques, et qui, dans la mesure où pareilles relations dynamiques règnent parmi eux conformément au calcul, deviennent des points et des particules d'ordre matériel. En effet, les parties sont les points d'un
135 système, et les points sont les | parties d'un système où l'on fait abstraction de la distance qui sépare les parties [1].

Il n'y a plus alors de nécessité scientifique à supposer matériel un *point doté d'une masse*. Nous devons venir à bout du problème avec la géométrie et la mécanique, dans la mesure où l'on ne tient pas compte des réquisits complexes de la chimie, voire de la morphologie organique. Le point doté d'une masse est un point géométrico-mécanique, c'est une vérité triviale dans le domaine de la physique théorique, mais c'est ce qui devrait d'emblée aplanir et régler toutes les controverses frontalières entre *cinématique* et *cinétique ;* car il ne peut s'agir, en ce qui concerne le *concept de force*, que de la prise en compte d'autres présupposés théoriques, et le conflit déclenché par l'introduction du concept de force ne devrait graviter qu'autour de la validité de ces présupposés et de leur nécessité.

Cependant, cette question touche aux spécialisations des principes synthétiques qui ressortissent à la *relation*, principes de substance, de causalité et d'interaction. Et afin qu'on puisse leur accorder place, notre concept de réalité est nécessaire, comme nous l'avons vu dès le début. La signification réalisatrice du concept d'infinitésimal s'atteste ainsi dans le

1. J. C. Maxwell, *Matter and Motion*, 1876. Cohen cite la trad. all. de E. von Fleischl, *Substanz und Bewegung*, Braunschveig, 1879, p. 4 : « Un corps qui est si petit que, pour les besoins de notre recherche, il est possible de négliger les distances entre chacune de ses parties, est appelé particule matérielle. »

fait qu'y est placé le *fondement* de ce qui est réel *(Real)*, fondement que l'*analogie avec la substance* n'était pas en mesure de fournir (cf. § 31). La substance n'est, en effet, qu'une proportion, c'est-à-dire uniquement une disposition, tout comme la causalité et la communauté qui, à leur tour, ont pour condition et présupposé la substance.

Sans cette base qu'est la réalité, le *« corrélat »* de la substance reste lui aussi suspendu dans cet entre-deux de l'analogie. *Mais avec la réalité, la substance n'a plus besoin de l'atome empiriquement singulier*, ni la causalité de la force anthropomorphique ou en quelque manière empiriquement matérielle. Les grandeurs intensives se portent caution des *unités de réalité* grâce auxquelles on peut fonder des relations *dynamiques* et les calculer grâce au calcul différentiel. La conception de l'infinitésimal, compris comme l'unité qui expose en elle tout ce qui est réel | et qui le **136**
produit à partir d'elle, écarte donc l'atomistique *matérialiste* et lève les difficultés qui semblaient liées à la définition correcte du *concept de force*.

94. Néanmoins, pour éclairer de manière juste cette question pour autant qu'elle nous concerne dans le cadre de notre problématique, il pourrait être utile de récuser explicitement une version de cette controverse en montrant comment il est impossible de lever la difficulté à partir de cette position. L'alternative est la suivante : faut-il admettre que les points matériels ultimes sont *étendus* ou *dépourvus d'extension ?* Une obscurité reste latente dans cette manière de poser la question, c'est pourquoi la réponse ne pourra pas être exhaustive. Comme nous l'avons vu dans l'histoire de l'intensif, cette conception de l'opposition repose sur le sens initial de l'intensif entendu comme *inex*tensif. Or, tandis que, chez Galilée et Leibniz, l'intensif éminemment positif s'est développé grâce à la limitation à partir de la négation de l'inextensif, la terminologie et la spéculation *scolastiques* ont conservé jusqu'à nos jours des représentants et des défenseurs qui, néanmoins, devraient tous être renvoyés à la pensée du jésuite Boscovich.

Dans son ouvrage, *Theoria philosophiae naturalis redacta ad unicam legem virium in natura existentium*[1], Boscovich a contesté l'idée d'un *continuum extensum*, et a donc, réduit l'ensemble de la nature à des *puncta inextensa*. Mais sa tentative de concilier les principes de Newton et de Leibniz pèche en raison de la négativité de ces points indivisibles et sans extension, laquelle est responsable de l'impossibilité pour cette conception de parvenir à comprendre le sens réalisateur de l'intensif. « *Si enim* prima materiae elementa *sint puncta penitus* inextensa et indivisibilia, *a se*

1. Cf. le compte rendu détaillé qu'en donne M. Mendelssohn dans ses « Lettres sur la littérature contemporaine », *Gesammelte Schriften*, IV, 1re section, Leipzig, 1844, p. 537-569.

invicem aliquo intervallo disjuncta ; *jam erit finitus punctorum numerus in quavis* massa : *nam distantiae omnes fintae erunt ;* infinitesimas *enim quantitates in se determinatas* nullas *esse, satis ego quidem, ut arbitror, luculenter demonstravi et in dissertatione* De natura et usu infinitorum ac
137 infinite parvorum *et in dissertatione* De lege continuitatis et alibi »[1].|

On pose donc, d'une part, un *inextensum*, et, d'autre part, un *intervallum* avec lequel pourtant l'extension est déjà établie. Par conséquent, si l'on veut lever cette contradiction au niveau des principes, et si l'on veut éviter d'être d'emblée contraint d'admettre l'extension comme un effet des forces liées aux points inétendus, il faut que l'inétendu soit compris de manière *limitative*. Ne sont pas dépourvus d'extension, ni affranchis d'elle ni la contestant, les points que l'on doit considérer comme fondements de la matière, c'est-à-dire de ce qu'il y a de réel dans la matière, mais ils la *délimitent*, donc en font partie. L'*inextensum* doit être conçu comme doté d'une tendance à l'extension, mais ne peut devoir lui-même être étendu, car il est destiné à produire cette extension en lui et à partir de lui. C'est ce que nous avons reconnu être la force réalisatrice des vitesses intensives qui produisent les espaces de chute. C'est cela le progrès qui, de l'inextensif à l'intensif, s'accomplit grâce à la limitation.

Compris en ce sens positif, l'intensif est ainsi *illimité* spatialement et temporellement, mais *non pas indéterminé*, car il possède cette force tendancielle dont nous avons examiné, à l'occasion des tangentes, un exemple éclairant de production des courbes. Cette signification positive de la tendance tient à la réalisation. S'il faut renverser l'atomistique matérialiste grâce aux points, la base que recèle l'atome doit être transférée dans la réalité *(Realität)*. Mais il n'est pas légitime de définir la réalité comme étant dépourvue d'extension, car elle ne saurait, en tant que telle, être non plus étendue. Dans la mesure où elle est l'intensif, elle est le complément nécessaire de l'extensif, complément qui profite à la géométrie et non pas simplement à la mécanique, comme nous l'avons vu à propos du problème des tangentes (cf. § 39).

Par conséquent et à strictement parler, on ne pourra pas même affirmer, sans réserve qui aille dans ce sens, la différence entre points *géométriques* et points *physiques* puisque, selon les obligations méthodiques de la géométrie elle-même, le point ne confine pas simplement aux obligations auxquelles satisfait le point physique, mais les partage expressément. Il faudra dire plus précisément que la réalité, dont l'efficace est déjà à l'œuvre
138 dans le point géométrique, | l'accomplit et la parachève à l'occasion des problèmes de la matière posés par l'objet de la physique.

1. R. J. Boscovich, *Theoria philosophia naturalis*, Venise, 1763 (*editio Veneta prima*), p. 41.

On trouve le même paradoxe chez Saint-Venant, le récent contestataire d'un *continuum* étendu : « Il n'y a aucun *lien logique nécessaire* entre l'idée d'*existence*, même matérielle, et l'idée d'étendue. »[1] Cette manière de saisir l'idée induit déjà en erreur. Entre l'extension et l'existence matérielle il faut absolument admettre un lien logique nécessaire – logique *lato sensu* –, quand même, c'est le sens même d'un lien, chacun des éléments à relier conserve une signification propre. Le point intensif, qu'il faut supposer au-delà de l'extension, est « *imo extensione prius* » (cf. § 58).

Même l'expression « points sans étendue »[2] qu'utilise Saint-Venant est inexacte : « C'est le système proposé il y a bientôt un siècle par un mathématicien distingué, le Père Boscovich, homme positif et plein de bon sens, et *le newtonien le plus conséquent qu'il y ait eu peut-être* »[3]. C'est précisément ce jugement historique que l'on critiquera ici effectivement : le newtonien le plus conséquent, c'est au contraire celui qui a découvert la catégorie de réalité. Conçue comme une catégorie, la réalité ne doit absolument plus être considérée comme un point ; mais c'est uniquement dans une liaison nécessaire avec l'intuition pure qu'il est possible de penser comme un point l'unité intensive de la réalité ou de la grandeur génératrice. C'est cette liaison nécessaire des éléments, lesquels, justement, sont éléments de la liaison, qui justifie qu'on parle de points réels ou matériels, et non pas dans les déclarations orgueilleuses que la *Raison*[4] pourrait faire contre les sens ou contre l'*imagination*. En effet, comme on le sait, la Raison n'offre aucune protection contre l'idée dialectique du simple. La catégorie de réalité ne doit pas être confondue avec l'idée du simple (cf. § 51).

95. On trouvera une considérable amélioration de cette manière de poser le problème dans le passage, maintes fois cité, | de la lettre de Wilhelm **139**
Weber à Gustav Fechner : « Il s'agit de distinguer, dans les causes du mouvement, une partie constante telle que, le reste étant, bien entendu, variable, ses modifications puissent être comprises comme dépendant uniquement de rapports spatiaux et temporels mesurables. Par ce biais, on parvient à un concept de la *masse dont la représentation de l'extension*

1. « Mémoire sur la question de savoir s'il existe des masses continues, et sur la nature probable des dernières particules des corps », in *Bulletin de la Société philomathique de Paris*, 20/1/18844, puis in *Annales de la société scientifique de Bruxelles*, 2e année, cité d'après J. Carbonelle, *Les Confins de la science et de la philosophie*, I, Paris, 1881, p. 183 *sq.* [Cohen a fait un compte rendu de ce livre dans la *Deutsche Literaturzeitung*, 4/2/1882, n° 5].

2. En français dans le texte *(N. d. T.)*.

3. J. Carbonelle, *Les Confins de la science ..., op. cit.*, p. 185 *sq.*

4. En français dans le texte. Cohen fait de *Vernunft*, premier terme de l'opposition, le synonyme de la *Raison*. « Imagination » est également en français dans le texte *(N. d. T.)*.

spatiale n'est plus du tout un corollaire nécessaire »[1]. Cette scission entre les concepts de masse et d'extension est un symptôme de l'abstraction propre à la critique de la connaissance, et qui se manifeste également dans la réflexion qui suit immédiatement, à savoir que, « de manière conséquente », les *grandeurs* de l'atome ne doivent pas être mesurées selon leur extension spatiale, mais selon leur masse.

Weber pense donc à un type de grandeurs distinctes des grandeurs extensives, et prend donc effectivement le parti des grandeurs intensives ; mais cela rend à tout le moins difficile l'intelligence de la chose si l'on oppose, au temps et à l'espace, la masse qui ne doit pas seulement conserver un rapport avec l'extension puisqu'elle est impliquée avec elle dans son propre concept. L'élément qui fait face à l'extension spatio-temporelle à titre de complément, et qui sert à forger le concept de masse, est donc la qualité intensive ou la réalité qualitative.

96. Cette conception qui n'est ni tout à fait heureuse ni tout à fait correcte n'est pourtant nullement améliorée par Fechner, car lui aussi, penseur réputé pour son style, mobilise la *matière* pour la masse. Là encore, la réalité nous fait défaut qui semble être tout à fait capable de fournir ce pour quoi la matière est prise, tandis que cette dernière, selon son concept général – une définition spécifique n'en est pas donnée –, reste trop profondément pénétrée par l'espace et le temps pour qu'elle puisse en constituer un opposé convenable. On peut tranquillement constater dans l'exposé de Fechner que c'est bien vers le concept de réalité qu'il s'oriente en dépit du fait que sa conception hypostasie un atome matériel et *simple*. La simplicité va de pair, pour lui, avec la discontinuité, caractéristique inhérente à l'atome tel qu'il le conçoit. Mais, dans le contexte qui nous
140 intéresse, cette question n'est pas si pressante, | car, en fait, nous cherchons à constituer la continuité uniquement dans les unités de réalité.

Mais si nous faisons également abstraction de cette hypostase dont nous n'avons pas besoin du point de vue de la critique de la connaissance, nous constatons que Fechner appelle son atome simple un infiniment petit : « L'atome hypostasie l'ultime limite de l'*existant* sous l'angle quantitatif, c'est un *infiniment petit au sens le plus strict* »[2]. « Le point seul, lequel constitue donc justement plutôt la limite des grandeurs spatiales qu'il n'est lui-même une grandeur spatiale [...] est un *infiniment petit d'ordre infini*, et n'autorise plus aucune comparaison finie de grandeurs »[3]. L'infiniment petit est ici considéré, tout à fait dans le sens qui est le nôtre,

1. G. Th. Fechner, *Über die physikalische und philosophische Atomenlehre*, Leipzig, 1855, p. 73 (2e éd., 1864, p. 88 *sq.*).

2. *Ibid.*, p. 138.

3. *Ibid.*

comme ce qui est fondamental, à ceci près qu'il est encore appelé *matière* et *atome*, c'est pourquoi l'opposition entre atomistique et dynamique n'est toujours pas dépassée.

En revanche, Fechner effleure même le terme de réalité en refusant, sans doute y est-il conduit par la définition de l'infiniment petit, de placer au même niveau matière et *nombre :* « Indiscutablement, l'opposition discontinuité-continuité persiste entre, d'une part, le nombre, et, d'autre part, l'espace et le temps ; mais, le nombre abstrait, accessible à la seule pensée, ne s'oppose pas, dans la *nature*, à titre de *complément de la réalité*, à l'espace et au temps »[1]. Donc, le nombre, lui aussi, présuppose ce qui est réel, mais, du même coup, il présuppose également dans la *matière* ce qui, indépendamment de l'espace et du temps, est réalisateur.

C'est bien ce qui est réalisateur que recherche Fechner, et pourtant, non pas, de manière rigoureuse, comme un présupposé relevant de la pensée, mais comme un étant *existant.* Il ne recherche pas quel rôle les nombres jouent dans l'*objectivation*, mais les *« nombres réels »* eux-mêmes ; et, finalement, voilà ce que sont les atomes simples : « C'est à partir d'eux que s'élaborent en fin de compte tous les nombres réels, les nébuleuses mêmes et ce qu'il y a entre elles. Mais n'est-ce pas magnifique comme, nous éclairant dans la nuit, elles reflètent au-dessus de nous ce qui, *dans la nuit plus profonde de l'être*, est, sans conteste à nos yeux, *effectivement réel ?* »[2].

Fechner fait une distinction, commandée par cette réflexion du réel, entre le concept du *mesurable*, qui « s'hypostasie strictement dans l'espace et le temps »[3], et le concept du *dénombrable* | qui « s'hypostasie *réellement* **141**
et de la manière la plus pure dans nos atomes »[4]. Pour nous, en revanche, le dénombrable comme le mesurable ressortissent au concept de grandeur *extensive*, et pour ce qui est réel, nous avons besoin de la réalité comme présupposé indépendant. Fechner écrit : « Le système numérique de la nature n'a qu'*un chiffre*, l'atome, et qui suffit pour parvenir aux calculs du tout »[5]. Cette image n'est sans doute pas pertinente, car elle oppose de manière discutable la nature aux mathématiques, ce que Galilée avait rejeté dans une maxime bien connue : « *Dans le livre de la nature, la philosophie écrit en signes mathématiques* »[6]. Fechner a lui-même qualifié son atome

1. *Ibid.*
2. *Ibid.*
3. *Ibid.*, p. 139 *sq.*
4. *Ibid.*, p. 139.
5. *Ibid.*, p. 141.
6. Cohen tire vraisemblablement cette comparaison, qu'on trouve en maints endroits chez Galilée, du *Saggiatore*, in *Le Opere*, Florence, 1890-1909, t. VI, p. 232. Cf. l'utilisation de cette comparaison par P. Natorp, « Galilei als Philosoph. Eine Skizze », in *Philosophische Monatshefte*, XVIII, 1882, p. 199, et par E. Cassirer, *Individu et Cosmos dans la philosophie*

d'« infiniment petit d'ordre infini ». Il ne peut donc être exprimé par un chiffre. Les ordres infinis de l'infiniment petit, ce sont, au contraire, les réalités que la nature utilise pour « calculer le tout ».

97. Il sera cependant préférable d'éviter cette métaphore qui, pour l'essentiel, provient de Galilée afin de pouvoir clarifier et fixer l'idéalisme fidèle à la *critique de la connaissance* à partir de la caractéristique générale et *idéaliste* propre à la recherche et à la philosophie de la nature. Il est remarquable que Fechner utilise, pour définir sa conception, une autre expression qui rappelle très précisément la terminologie *kantienne* : « D'après notre conception, *toute matière* des corps est directement *hypostasiée en forme* dans la mesure où elle en est justement le *point déterminant* »[1]. Mais par quel moyen, la « matière » accomplit-elle cette détermination ?

Si la forme est destinée à dépasser et à résorber la confusion de la matière, il faut qu'elle constitue et délivre cette détermination en tant que forme. Mais il sera difficile de parler alors de points déterminants puisque ne cesse d'y être liée l'idée, rejetée et critiquée, des *points* dotés d'extension. On reconnaît cette idée dans l'opposition suivante : « Selon la conception dynamique elle [la matière] est contenue dans la *forme* comme dans un *sac* extérieur »[2]. S'il n'est pas légitime de concevoir la forme sous un tel habillage, comment faut-il penser la détermination susceptible
142 d'affecter la matière ? | C'est précisément la question. Comment définir *conceptuellement* les « points déterminants » ? Les points de l'espace et du temps rencontrent eux aussi des déterminations et constituent ainsi une *forme ;* comment se distingue ce qu'on appelle la *matière* de ce type de déterminations et de formes ?

Nous voyons que toutes ces réflexions convergent vers cette réponse : c'est uniquement par le biais de la distinction entre éléments de la *pensée* et éléments *sensibles* ou éléments de l'*intuition* que l'on peut établir l'orientation que suit résolument Fechner comme tous les autres tenants de l'atomisme idéaliste. *Les unités de réalité sont les « points déterminants » de la matière.* Et ces unités de réalité sont des *unités de la pensée*, lesquelles, en tant que telles, sont distinctes de l'extension et peuvent donc entrer en liaison avec elle. Et cette liaison est nécessaire si l'on veut résoudre les problèmes posés par la recherche de la nature. On délimitera, pour parvenir à ces solutions, les formes et les éléments de la pensée

de la Renaissance, Leipzig-Berlin, 1927 [trad. fr. P. Quillet, Paris, Ed. de Minuit, 1983, p. 199].

1. *Ibid.*, p. 146.
2. *Ibid.*

comme de l'intuition. C'est à travers cette appréhension des éléments que se détermine l'idéalisme conforme à la critique de la connaissance [1].

98. C'est donc dans le sens de la critique de la connaissance que nous comprenons le concept d'infinitésimal comme un *exemple* du principe de grandeur intensive. Le *dx ne coïncide pas* avec la grandeur intensive, car, outre qu'il est spatialement *illimité*, le *dx* obéit en même temps à une *tendance* spatiale (cf. § 94); mais l'infiniment petit est une modalité du concept de validité de la réalité intensive, et non pas simplement une modalité plus correcte que ne le serait, par exemple, l'atome, car il est possible de mettre hors du moindre doute le concept d'infinitésimal en le considérant aussi comme la *condition suffisante* de l'*établissement d'un fondement du réel*.

Il est tout aussi certain que toutes les opérations dont le but est la constitution de ce qui est matériel et réel reposent, en dernière instance, sur l'analyse infinitésimale, qu'il est indubitable, par conséquent, que la réalité *(Realität)* n'est pas seulement posée dans le concept d'infinitésimal, et | qu'elle y est en même temps *fondée*. En effet, le concept de calcul **143**
différentiel est la condition *sine qua non* d'une démarche exacte, et non pas simplement un produit de l'abstraction comme l'atome dont le degré de validité est à chaque fois fixé en fonction de la possibilité de l'utiliser pour répondre à certaines précautions dans la constitution de la matière. Le calcul différentiel se distingue de toutes ces sortes d'abstractions en ceci qu'il est le *point de départ fondamental* et l'*ultime instance compétente* de toutes les opérations que fédère un unique but : produire la connaissance des processus et des objets *réels*.

Si toutefois l'*atome* était une représentation abstraite correcte de la matière, il serait essentiellement à mettre au compte de ces reconstructions qui constituent le domaine restreint de la chimie. On admettra que cette restriction est légitime, mais la chimie présuppose néanmoins la physique, elle est et reste incluse dans son orbite, plus vaste, quand bien même, parfois, l'orientation des méthodes offrirait à la recherche une voie indépendante. La conception thermodynamique contemporaine offre précisément un exemple suffisant de convergence de la chimie et de la physique dans la théorie mécanique de la chaleur. Mais la chimie abandonne alors sa vision des espèces d'atomes différant en fonction de la diversité des matériaux

1. De cet idéalisme qui obéit à la critique de la connaissance sont distinctes les réflexions que Zöllner, au profit d'un *influxus hyperphysicus*, a développées en les renouvelant à partir de l'interprétation des conceptions, relatives à cette question, de Newton, Cotes, Boscovich, Faraday et Kant. Zöllner n'a pu parvenir à une compréhension de l'espace, de la forme ni de la loi de l'espace pur qui obéisse à l'orientation du *dx*. D'où sa conception erronée de l'action à distance. Cf. F. Zöllner, *Wissenschaftliche Abhandlungen*, I, Leipzig, 1878, p. 65 et p. 78 *sq.*

chimiques élémentaires, et fait place au contraire à l'idée que les matériaux peuvent être considérés et analysés comme des processus dynamiques, à la manière de la physique ; ainsi, la conception matérielle de l'atome est-elle réorientée vers le point de vue mathématique et mécanique d'un « centre de forces ».

Cependant, cette perspective présuppose, parce que c'en est l'indispensable instrument, notre concept d'infinitésimal que nous considérons comme le concept d'une démarche scientifique *fondamentale* qui, parfois, peut être négligée, mais jamais évacuée ni révoquée. En effet, c'est aux mathématiques qu'il faut pouvoir reconduire tout ce qui sera susceptible d'être déclaré *réalité effective de la nature – même si, bien entendu, toutes les singularités de cette réalité effective ne pourront, sans reste, être absorbées par les mathématiques*. Il est, en revanche, nécessaire de considérer comme étant réductible aux configurations mathématiques essentielles toute forme de réalité effective, moins en raison de la « forme fondamentalement mathématique de notre connaissance », comme Fries et Apelt ont coutume de le dire en adoptant une expression d'ordre anthro-
144 pologique, mais parce que | l'insertion dans les configurations mathématiques essentielles est le *critère* irrécusable et indiscutable auquel tout ce qui est effectivement réel peut et doit soumettre, pour en faire la preuve, sa validité objective. Et, parmi ces structures mathématiques fondamentales, le concept d'infinitésimal revendique la position éminente d'instance réalisatrice.

99. S'il semble juste de concevoir comme quelque chose de fini tout ce qui est susceptible d'être un *objet (Gegenstand)* de la physique, la recherche de pareil objet reposera finalement sur le fait que cet objet fini pourra être pensé comme une somme de ces réalités intensives et infinitésimales, comme une *intégrale déterminée*. Seule la difficulté et, pour une part, l'impossibilité de fixer les limites de cette intégrale peuvent faire barrière à la détermination mathématique du fini. Si nous en faisons abstraction pour ne prendre en compte que les domaines des processus naturels qui sont accessibles au calcul, il nous sera permis de prendre ce qui est fini – pour autant qu'il acquiert une validité objective – pour de l'infini ou pour une somme infinie de ce qui est infini. Si la différentielle représente la réalité comme une condition de la pensée dont la fonction est constitutrice, *l'intégrale définit le réel comme objet (das Reale als Gegenstand)*.

À supposer accomplie la tâche idéale de la science, tout ce qui est effectivement réel *(das Wirkliche)* dans la nature serait pensé comme étant réalisé et constitué dans l'analyse infinitésimale exclusivement. C'est uniquement lorsque fait défaut cette possibilité de déterminer sans obstacle les constantes d'intégration requises que nous devrons faire preuve de modestie, et continuer d'appeler *réel effectif (wirklich)* ce qui s'accorde avec les habituels correctifs de la perception, c'est-à-dire avec ce qui est susceptible d'une intuition géométrique comme avec le mode inférieur de calcul. Mais tant que le différentiel fait partie de la géométrie et de l'arithmétique, il nous faudra être clairement conscients du fait que, lorsque nous serons confrontés à ce réel effectif qui reste inaccessible au calcul infinitésimal, nous aurons à rechercher le *principe de sa réalisation* dans une *autre instance représentative* du principe fondamental de réalité ou de grandeur intensive, ou qu'il nous faudra tacitement le *présupposer*.

Cette autre instance représentative requiert cependant d'être explicitement légitimée, et, comme nous le verrons, d'être considérablement restreinte. | *Nous en traiterons en conclusion de cette recherche.* **145**

Il s'agit, pour l'heure, de reconnaître que l'analyse infinitésimale effectue et garantit une *synthèse* grâce à laquelle le fini se trouve réalisé et constitué comme quelque chose de réel qui satisfait pleinement à l'exigence du *réalisme empirique*. Ce rôle est inhérent à la démarche qui nous met en mesure de faire, en dernière instance, du problème posé par une chose sensible ou empirique un objet *(Gegenstand)* de l'expérience scientifique ou de la science mathématique de la nature.

On a cru que le calcul différentiel était une *abstraction risquée*. Il apparaît, au contraire, que c'est ce qui est fini dans l'ordre sensible qui est un *concretum aventuré*, tout au plus étayé par une conception empiriste du *nombre* auquel la chose est d'abord donnée pour qu'elle puisse être calculée. En revanche, le concept de nombre qui, au contraire, produit tout d'abord lui-même la chose ou, du moins, contribue à la produire, le nombre conçu en fonction du calcul différentiel livre le fondement que l'intégration va élaborer. *La grandeur intégrale, conformément à l'idéal d'objectivation, est la détermination scientifique de ce qui est fini.*

100. Aussi, cette conception nôtre de la grandeur intensive n'est-elle pas un moyen ridicule pour régler la question sensible de la *chose en soi*. Manifestement, la prétendue chose en soi est dans un rapport de complexion avec la réalité *(Realität)*. On croit qu'il faudrait admettre l'existence d'une chose qui ne serait pas plus en relation problématique avec la conscience qu'elle n'affecterait les sens. Et c'est ainsi qu'a surgi et se maintient encore l'objection aberrante et sans fondement faite à l'*idéalisme kantien :* Kant contesterait l'existence de cette sorte de choses objectives. Des philosophes qui s'efforcent de comprendre les mathématiques et la physique écrivent, aujourd'hui encore, des pages entières en disputant de cette question : Kant a-t-il admis ou contesté l'existence de choses « suscitant des affects » ? Ni l'esthétique transcendantale ni la logique transcendantale n'est présente à l'esprit de ces penseurs. Peut-être tireront-ils dc

cet éclairage de la réalité l'enseignement que l'expression reçue d'*« affect »* est imprécise, que, pour la corriger, Kant a convoqué les mathématiques et
146 la science pure de la nature, et que la physique mathématique | elle-même s'est développée pour contribuer à cette correction.

En effet, si avec la grandeur *extensive* nous ne quittons pas tout à fait le domaine des fictions, si, dans l'espace et le temps comme dans les fondements de la substance et de la causalité, l'objet *(Gegenstand)* semble demeurer simplement un *corrélat*, c'est-à-dire une formation uniquement subjective, la production par les mathématiques de l'objet correct, de la chose objectivement valide s'approfondit grâce à notre instrument intensif de la pensée, lequel produit une *intégrale*.

Cette somme n'est pas un segment, n'est pas en soi et par principe une quadrature extensive – pas plus que la différentielle ne désigne un quantum extensif. La somme de valeurs intensives est elle-même *intensive ;* elle est cependant propre à représenter ce qui est fini, mais conçue, justement, comme « valeur limite » du fini, ou, plus exactement, comme nous avons essayé de le dégager, elle est *pensée* expressément comme *valeur génératrice du fini*. La grandeur intensive de la réalité est exclusivement unité *génératrice*, et non pas unité extensive de la *masse* (cf. § 92).

101. On pourrait alors se demander comment comprendre que *toutes les espèces de qualités finies* soient engendrées à partir des réalités intensives. La réponse à cette question soulève aussitôt une difficulté logique qu'on a toujours rencontrée dans le calcul différentiel, à savoir la possibilité logique d'*ordres supérieurs* du différentiel. Nous avons pu constater, chez Leibniz (cf. § 57, 60), et même chez Galilée déjà (cf. § 48) que l'ordre supérieur n'était pas un ajout ultérieur, mais un véhicule de la *découverte* du concept de différentiel. Le *dx* n'est absolument pas égal à zéro, il faut au contraire le penser comme un nombre, comme le repose est à concevoir comme mouvement intensif. *Le dx est le nombre qui fait de la grandeur numérique une réalité numérique*.

En tant qu'il est cette unité de réalité, le *dx* est, dans un premier temps, *constant*, car cette unité désigne ce qui, dans chaque cas, est ultime où le concept adjuvant de *transformation* est satisfaisant, et qui, ainsi est arrêté. Si, en revanche, la variable n'apparaît pas encore liée à un dx, c'est une indication du fait que *l'unité de réalité qui est l'ultime possible* n'est pas encore épuisée. Par conséquent, le *dx*, en tant qu'il est affecté de ce *x*, doit à son tour être pensé lui-même comme variable, au profit de ce *x* sien auquel
147 il est inextricablement lié (cf. § 59). |

En ce sens, qui répond à la finalité pour laquelle *dx* a été conçu, le concept de réalité représente une *étape relative de la production*. Le *dx* désigne, donc, cette étape où une *grandeur intégrale x s'élève* en quelque sorte jusqu'à ses unités de réalité. Il ne faut pas s'attendre à les trouver juxtaposées de manière extensive. La vitesse, au sens de la réalité intensive, présuppose l'accélération, comme le contact l'osculation. La question de savoir si *toutes* les différentielles supérieures autorisent une traduction géométrique et physique ne déclenchera plus de controverse après ce que nous nous sommes risqué à indiquer à propos du rapport entre mathématique pure et mathématique appliquée (cf. § 90); il suffit que pareille traduction soit donnée dans des applications importantes et fructueuses.

Ces analogies nous donnent l'occasion d'accueillir l'idée que la *dx* et ses ordres supérieurs contient la raison de la possibilité d'une diversité illimitée des qualités et des choses. Ce calcul différentiel, comme la monade, est « un monde plein d'une infinité »[1]. Nous admettons ainsi un rapport effectif entre les concepts de réalité et de qualité. La différence de la qualité doit être comprise comme une différence de réalité, et il faut la référer aux différents ordres de l'infiniment petit.

Cette idée elle aussi, que nous nous risquons à introduire comme une conséquence de notre concept de réalité, pourra discerner de quoi la conforter, dans les conceptions récentes, et même dans les conceptions atomistiques. Le fondement substantiel des éléments n'est pas déduit de la grandeur et de l'agencement des atomes seuls, mais des rapports d'intensité. « Lorsque Lavoisier a introduit en chimie la détermination exacte des poids, il a considéré que la *masse* était la base de cette discipline scientifique : mais elle doit désormais admettre comme base nouvelle la détermination des *vitesses* dont dépendent la force vive ou la masse de l'énergie ; en d'autres termes, elle doit être fondée sur des rapports caloriques »[2].

Selon cette conception, c'est dans la différence de l'intensif | que se 148
situe la différence du réel, et la matière est conçue comme existant à partir de « groupes de systèmes » qui représentent des relations de forces. « Dans les systèmes ainsi formés, il faut ensuite prendre en considération la *vitesse initiale*, car elle peut être la cause du fait que les atomes suivent des trajectoires très diverses et qu'ils décrivent des excursus d'ampleurs très différentes; il se peut fort bien qu'il y ait là, comme le remarque Graham, *la raison de la différence de poids des équivalences chimiques*. En outre, des volumes identiques peuvent s'unir et conserver alors, en partie ou totalement, leur mouvement progressif, tandis que leur mouvement rotatif se modifie ce qui entraîne une transformation de la densité de l'élément »[3].

1. Leibniz, Lettre à Foucher, sl., sd., in *Die philosophische Schriften*, éd. Gerhardt, I, p. 416.

2. P.A. Secchi, *Die Einheit der Naturkräfte. Ein Beitrag zur Naturphilosophie*, 2 vol., Leipzig, 1876, vol. 2, p. 325 (trad. all. R. Schulze).

3. *Ibid.*, p. 282 *sq.*

Nous constatons ainsi que, dans le traitement que réserve la *chimie* à l'atomistique, est introduit le même principe intensif que nous avions également rencontré dans l'atomistique *physicienne :* la masse est d'abord pensée comme étant inextensive pour ensuite être considérée comme fondement, de manière positive, à titre de réalité intensive; et, en effet, la diversité des vitesses des atomes offre une analogie avec les ordres du calcul différentiel. De même que les différences de vitesse peuvent receler la raison des différences de poids des équivalents, donc de *qualité* des éléments et des liaisons, de même le différentiel n'est pas simplement en soi le *soubassement* de l'atome, mais ses ordres apparaissent à la lumière des conditions qui règlent l'hypothèse nécessaire, *restricto sensu*, d'une *diversité* des choses.

La chose est elle-même fondée dans la réalité intensive, comme sa représentation dans l'intégrale est *le moyen essentiel et le critère de l'objectivation*. Le calcul différentiel est ainsi l'*exemple* éminent et fécond de la réalité intensive.

102. Ce n'est cependant pas le seul exemple. Il y a, en effet, un élément, dans l'appareil de la conscience, qui représente encore plus directement et
149 plus expressément l'exigence de réalité intensive (cf. § 98). En passant | du calcul différentiel à la réflexion sur ce nouvel élément, il pourra sembler que ce dernier soit l'unique représentant ou, du moins, le représentant privilégié de la réalité. Car où se cache, finalement, où s'atteste toute réalité ? Où, sinon dans la conscience ? Tous les instruments qui servent à déterminer le réel ne sont-ils pas instruments et moyens de la conscience exclusivement ? L'analyse transcendantale qui définit les éléments de la conscience *scientifique*, ne repose-t-elle pas – quand même ce ne serait ni concrètement ni de droit, mais pourtant bien selon la modalité d'acquisition de cette perspective transcendantale conclusive – sur ce qu'on appelle l'analyse *métaphysique* qui dégage pour elle les éléments de la conscience qui peuvent revendiquer un contenu *a priori*.

Par conséquent, nous ne pouvons pas avoir l'intention de laisser de côté, en cherchant ce sur quoi repose la conscience scientifique, les états de faits qui constituent le processus psychique de la conscience, même si nous ne sommes pas fondés à en rester à ces processus psychiques en tant que tels. En dernière instance, la réalité intensive du *dx* est un élément de la *conscience*, un élément qui, à la différence des grandeurs numériques extensives, n'appartient pas uniquement à l'*intuition* bien qu'il ne puisse totalement y être soustrait.

Mais c'est précisément parce que l'infiniment petit déborde l'intuition et veut conforter un fondement de la réalité plus profond que celui qui se situe dans l'intuition, laquelle ne consiste jamais qu'en des comparaisons et ne vise jamais autre chose; c'est précisément ce pour quoi le calcul différentiel est appelé à dépasser toute grandeur mesurable, que *l'origine génératrice* elle-même renvoie à la source d'où toute réalité découle : la *conscience*. Mais ressortit à la conscience tout ce qui peut être considéré comme élément propre à la critique de la connaissance, donc également l'intuition. S'il faut donc surpasser l'intuition, il ne suffit pas d'y substituer la conscience. Il faut au contraire mobiliser un *élément* de la conscience qui, en tant que tel, s'articule librement sur l'élément de l'intuition, et dont le but est celui-là même auquel l'intuition ne suffit pas : fonder la *réalité* qui, de toute façon, a pour base la conscience.

C'est l'analyse propre à la critique de la connaissance qui aura à déterminer cet *élément* où, selon toute apparence, | nous devrons recon- **150**
naître une expression directe de la réalité puisque le différentiel n'est, en effet, capable de représenter la réalité intensive que de manière médiate et non sans contracter alliance avec l'intuition extensive. Toute expression *mathématique* est médiation par rapport à cette exigence. S'il est possible de découvrir directement un élément de la conscience, on ne pourra manquer de se demander s'il pourra légitimement être à la hauteur de la validité transcendantale, mais on peut espérer y trouver l'expression directe de la réalité.

103. Il semble évident de considérer la *représentation* comme cet élément problématique de la conscience, ce qui s'est produit dans la philosophie post-kantienne, et particulièrement chez Herbart, où l'on a attribué à la représentation ce rôle d'être le représentant direct de la conscience. Toutefois, et nonobstant les difficultés qui semblent, du point de vue *psychologique*, aller de pair avec cette hypothèse, la représentation ne peut pas, dans la perspective de la *critique de la connaissance*, être prise en compte comme élément. Car, eu égard à cette perspective, ne peut être considéré comme tel qu'une orientation spécifique, une modalité *originelle* et simple de la conscience cognitive. La représentation est, au contraire, en soi *composite*.

Il ressortit *au concept de représentation* que de définir la possibilité, le miracle de la *combinaison psychique*, et de les expliquer une fois définis. Selon son concept, la représentation ne sert donc pas à différencier des éléments de la conscience *en tant que tels*, à représenter en elle un *élément* parmi d'autres, mais à incarner la spécificité, en soi décisive et qu'elle doit circonscrire, de la conscience, à savoir qu'elle permet, comme s'il s'agissait d'un appareil mécanique, des combinaisons. La valeur et la caractéristique psychologiques de la représentation consiste à comprendre, découvrir et éclairer *en quoi sont d'ordre psychique* ces combinaisons.

Mais, *en tant que type de la combinaison*, la représentation ne peut pas être, pour la critique de la connaissance, un *élément* de la conscience parce que *l'intuition* pourrait être contenue dans la représentation. On peut définir cet état de choses de manière abrupte, mais, pour autant que j'en sache, instructive en affirmant que la représentation n'est *absolument pas*
151 un terme *propre à la critique de la connaissance*. | En effet, autant elle définit, sur un plan psychologique, la spécificité privilégiée de la conscience, autant elle est fort peu propre à incarner une *orientation générale de la connaissance*, car toutes les caractéristiques essentielles de la connaissance y convergent; du moins, l'intuition y est-elle présente.

104. Notre physiologie moderne partage avec la spéculation de la plus ancienne antiquité grecque cette idée que la conscience a pour origine la *sensation*. C'est elle qui paraît être l'expression immédiate de la réalité parce qu'elle est le premier écho de l'objet *(Objekt)* qui provoque l'excitation. Si nous voulons et attendons que la réalité soit essentiellement dans les choses, on comprendra que la sensation fournisse le truchement le plus naturel du point de vue de cette attente, car c'est à la sensation qu'elle emprunte même si cette dernière ne s'en porte pas garante. À travers la sensation, la conscience répond à l'excitation que la chose suscite, où elle s'atteste. C'est pourquoi la sensation semble être la source de l'objet *(Gegenstand)*, c'est pourquoi il semble qu'il faille présupposer la réalité *(Realität)* même pour la sensation de sorte que, grâce à elle, l'objet serait fondé sur la sensation. Elle apparaît donc impérativement comme l'instance indiscutable, comme le représentant naturel de l'objet réel. Par conséquent, et plus encore que le calcul différentiel, la sensation semble pouvoir être prise pour un *exemple* de la réalité intensive, ce qui explique que Kant ait formulé son principe de réalité à propos des anticipations de la sensation (cf. § 78-80).

Et de fait, la sensation paraît pouvoir être mobilisée non pas seulement pour la réalité tout court, mais aussi pour la réalité *intensive*. En effet, par réalité intensive nous avions entendu cette *unité* qui, à l'exclusion de toute partition, de tout dénombrement, de toute mesure, *ne* pouvait être comprise *que* comme une unité, inchoative ou évanouissante, de sorte qu'elle ne serait en rapport qu'avec le zéro et non avec une quelconque unité discrète. La sensation semble être l'illustration évidente d'une telle unité.

En effet, la sensation a l'apparence d'être ce qui est absolument indivisible, et de ne pouvoir être pensée que comme unité. Tout le reste pourrait toujours être divisé, semble-t-il, et même l'atome; même la différentielle, puisqu'il en existe une seconde, risque de ne pas être fort éloigné de cette perspective de la scission, | du moins n'entend-il pas 152 exclure la possibilité d'une fondation plus profonde encore de la réalité. Par contre, la sensation n'autorise pas qu'il y ait des ordres supérieurs d'elle-même. Elle existe ou n'existe pas. Lorsqu'elle croît, elle existe, et elle persiste tant qu'elle ne disparaît pas. Mais avant qu'elle ne croisse et après qu'elle a disparu, elle n'est pas moins existante, elle n'existe tout simplement pas. Il est possible d'avoir une sensation plus forte, plus vive, plus nette qu'une autre ; on a l'habitude de subsumer toutes ces différences et autres différenciations analogues sous le terme, vague, d'*intensité*, mais la sensation plus intense n'en est pas pour autant davantage sensation que la sensation moins intense.

La sensation semble donc porter la marque de l'intensif, non pas dans le sens variable de l'intensité, mais dans le sens conforté de l'ultime réalité possible. En effet, conçue comme réalité, il est immédiatement patent que la sensation plus forte, plus intense donc, ne signifie pas pour autant un degré supérieur de l'intensif. Être capable d'« entendre pousser l'herbe »[1], c'est ce que l'expression populaire considère comme le parangon de l'intelligence. Ainsi, même la plus légère excitation de la sensation est-elle le plus puissant témoignage de la réalité. L'unité absolue de la sensation semble donc, plus encore que le calcul différentiel, à même de représenter et d'illustrer le principe de réalité intensive.

Le problème se pose alors d'examiner et de déterminer le *rapport* qu'entretiennent ces deux garants de la réalité qui semblent dotés à tout le moins d'une égale valeur. Certes, la différentielle ne peut être senti, pas plus que la sensation ne semble d'emblée pouvoir être exprimée et calculée comme un *dx*. Mais ce que signifient ces deux exemple de la réalité dans leur rapport *mutuel* et dans leur relation au *concept* et au *principe* qu'ils réalisent, savoir s'ils s'étayent et se complètent ou se paralysent et contribuent à s'obscurcir l'un l'autre, voilà qui requiert un examen plus approfondi ; et tout récemment, cette question est devenue le problème d'un domaine particulier de recherches.

105. Engager cette explication exige simplement qu'on se souvienne de l'objet de toute cette recherche et qu'on s'y réfère. Rappelons-nous seulement que la réalité intensive a été introduite justement pour apporter un correctif à la sensation. Cette dernière n'est-elle pas précisément | le 153 symptôme du registre subjectif dont la neutralisation est la tâche principale de toute connaissance. Un diagnostic de fièvre ne s'appuie pas sur la sensation subjective de température, mais prend pour point de départ l'objectivation de cette sensation dans la mesure de la température. Or cette mesure présuppose, pour sa part, la réalité intensive où seulement peut se

1. L'allemand dit aussi : « Savoir entendre tousser les puces » *(N. d. T.)*.

fonder le concept de dynamique calorique. Nous constatons partout que la science s'atteste en aidant d'une autre manière la sensation à passer au niveau de l'objectivation qui lui fait défaut.

Plus encore que l'*intuition*, la sensation fait figure de véritable *point d'interrogation* au regard des mathématiques. L'intuition est d'emblée familière aux mathématiques, et elle en fait partie ; mais la sensation est en soi subjective, elle est purement et simplement résonance de la conscience. C'est d'abord la *physique* qui est en mesure de répondre *puisqu'elle objective le contenu de la sensation dans des qualités*. Et ce sont des objets qui sont ainsi constitués dans le contenu des qualités de la sensation, dans la mesure où ce contenu est dégagé et déterminé par les moyens de la recherche physique et en fonction de ses critères. Or le calcul différentiel fait partie, en dernière instance, de ces moyens et de ces critères, à titre d'instrument et de témoin de la réalité. Par conséquent, la sensation est, en fait, plus proche de la réalité parce que ce que la sensation délivre ne peut être résolu que par l'infiniment petit, tandis que l'intuition reste pour l'essentiel assignée à la grandeur extensive.

Si, après cette réduction de la sensation à son *contenu objectif*, c'est-à-dire à la grandeur intensive, la sensation pose, *en outre*, un autre problème, ce dernier ne peut concerner la sensation qu'à titre de *processus de la conscience ;* partant, son analyse est soumise aux *conditions* générales *qui règlent le rapport entre matière et conscience*. On peut résumer brièvement quelles sont ces conditions : la matière est moins une base pour la conscience que *pour l'étude de celle-ci*. La *matière* désigne ce groupe de *phénomènes* de conscience en fonction desquels nous devons examiner cet *autre* groupe de phénomènes qu'on appelle *psychiques*, pour autant que nous attendons de la psychologie davantage qu'une description de ces processus psychiques.

C'est la *physiologie* qui procède à cet examen de la matière eu égard à la
154 conscience ou de la conscience en fonction de la matière. Elle | examine et recherche *à quelles excitations en général* répond quelque chose comme une sensation, et selon quelles lois ou déterminations autorisant une formulation mathématique ou confinant à une expression mathématique. La physiologie enseigne aussi *selon quel rapport temporel ou selon quel rapport d'intensité* tel processus de sensation obéit à l'influence de telle excitation.

Toutes ces problématiques physiologiques ont pour commun présupposé le fait d'admettre l'excitation, et le traitement correct de ces problèmes est déterminé par la compréhension de ce présupposé du point de vue de la critique de la connaissance, c'est-à-dire par la *conception de l'excitation qui en fait une sensation objectivée*. C'est uniquement de ce point de vue qu'on peut entreprendre une étude du *moment subjectif de la sensation* qui ait des retombées utiles. Mais un tel point de vue implique, semblait-il, que l'étude matérielle de la conscience se déroule entièrement dans les limites de cette dernière. À quel intérêt particulier répond alors la *psychophysique* et quel problème spécifique traite-t-elle ?

106. *Intérêt et problème* semblent ici se confondre, mais ne sont pourtant nullement identiques. En effet, l'intérêt de la psychophysique s'attache à fonder le rapport entre le *corps* et l'*âme*, alors que le problème concerne le rapport de la *grandeur* de la sensation à la grandeur de l'excitation. Par conséquent, ce qui intéresse la psychophysique constitue une base de la critique générale de la connaissance, une part de la problématique matière-consience. En revanche, le problème de la psychophysique ressortit manifestement au contexte des réflexions traitées ici.

Savoir si, dès lors qu'on accorde une grandeur à la sensation, il est possible d'admettre qu'elle soit intensive s'il est nécessaire, par ailleurs, de refuser qu'elle ait une grandeur extensive, voilà une question qui concerne le concept de grandeur intensive, du moins son illustration, voire son établissement. Car on pourrait se demander si la sensation, plus encore que le calcul différentiel, ne devrait pas être considérée comme un exemple de la réalité intensive. Nous n'avons besoin de mobiliser la réalité que pour des grandeurs afin d'avoir clairement à l'esprit que la sensation peut être conçue, de manière plus immédiate, comme la source et la caution de l'intensif.

Il faut cependant distinguer réalité et grandeur pour faire le départ entre
légitimité et illégitimité de la psychophysique. | La valeur de la *problé-* **155**
matique psychophysique consiste, en effet, selon nous en ceci : *confirmer sur un plan empirique que la sensation est grandeur intensive, exclusivement.* Cette confirmation est fournie par la notion de *seuil de perception (Ebenmerklichkeit)* qui a considérablement favorisé la définition *psychologique* de la conscience. Les objections qui visent cet aspect-là témoignent simplement d'une totale incompréhension de la bonne orientation de ce problème – non seulement de celle qui, du point de vue empirique n'est pas contestée, mais aussi de son orientation philosophique plus profonde.

107. On peut déjà reconnaître cette orientation plus profonde à ceci que la conscience n'est plus pensée, en psychophysique, comme un *réceptacle* où des événements psychiques se dérouleraient et laisseraient leur empreinte, tout comme l'autre interprétation, celle de l'*inconscient*, a déjà exclu pareille opinion. Mais c'est surtout le concept fondamental de toute la réflexion, la loi du *seuil*, qui retire tout fondement à cette conception qui voit dans la conscience un réceptacle. En effet, selon cette loi, une sensation peut fort bien cesser tandis que l'excitation qui l'a suscitée admet

encore une valeur finie. Cette valeur finie, qui doit être augmentée pour qu'une sensation ait lieu, est définie comme le *seuil d'excitation*. Ainsi, une sensation ne débute-t-elle pas comme une simple *réaction* à une excitation, mais s'amorce seulement lorsque l'excitation atteint une certaine grandeur finie. Le seuil désigne le point où cette grandeur requise de l'excitation rend *perceptible* une sensation. Le seuil est le point grâce auquel et où commence la perceptibilité *(Ebenmerklichkeit)*.

Et ce qui vaut pour l'amorce de la sensation n'en vaut pas moins pour tout développement, pour toute différence qu'elle pourra connaître. Cela permet de déterminer plus précisément la corrélation de la matière et de la conscience. N'importe quelle excitation n'éveille pas la conscience, n'importe quelle intensification de l'excitation, une intensification correspondance du côté de la sensation. Il *n'y a* donc *pas* de *proportionnalité*, ce qui, pour Herbart, semblait encore aller de soi. La loi du seuil fait litière de ce préjugé dualiste. Excitation et sensation ne sont pas liées par un rapport de correspondance quantifiable comme les processus matériels.
156 Cette correspondance concerne le registre extensif, mais la sensation, telle | qu'elle est établie par le seuil de perception *(Ebenmerklichkeit)*, est confirmée, dans cette détermination empirique, comme grandeur intensive.

Il peut être légitimement intéressant de définir comme une grandeur le *processus naturel de la sensation*, en ne la renvoyant pas simplement à son *contenu objectif* tel qu'il se déploie et se détermine à travers des qualités et des *objets* et des *qualités* physiques et physiologiques. Mais dans la mesure où cet intérêt peut cependant déboucher sur un traitement scientifique, cette grandeur requise de la sensation ne peut pas être conçue comme extensive ; il faut la comprendre comme intensive, comme réalité, symptôme de cette exigence à laquelle satisfait le principe de la réalité. Et l'expression psychologique de ce fondement propre à la critique de la connaissance, c'est le concept de seuil de perception qui saisit et représente la grandeur de la sensation uniquement sous ce rapport d'ordre intensif. Deux sensations qui sont *également perceptibles (gleichmerklich)* ont donc des *grandeurs égales*.

Sous un autre rapport, il semblerait que la grandeur soit de peu d'importance pour la sensation. Ce qu'on appelle *l'intensité d'une sensation doit être absolument distingué de la grandeur intensive ou de la réalité de la sensation*. Considérer la sensation comme grandeur intensive signifie que son objectivité – indépendamment de son contenu objectif – consiste uniquement dans le fait d'être *déterminée* et *distincte ;* cela seul constitue sa puissance, son énergie, sa clarté et sa force. Ce que l'on entend d'ordinaire par l'équivalence entre grandeur et *intensité* de la sensation exige et rencontre son éclairage et son explication psychologiques à ce niveau qui, comme l'indique aussi la loi du seuil, doit nécessairement être présent pour que *surgisse* une sensation. La sensation elle-même ne correspond pas à la grandeur de l'excitation, mais au rapport qu'elles entretiennent. Les valeurs absolues de l'excitation peuvent répondre de l'intensité ; la réalité de la sensation, qui n'est autre que le seuil de perception, repose sur le rapport de ces valeurs.

108. On pourrait donc être tenté de faire appel à la problématique psychophysique pour définir la sensation comme grandeur intensive ; Fechner lui-même prend ombrage de l'obscurité qui grève le terme d'*intensité*. Mais le fait d'en être choqué ne le conduit pas à poser la question de principe : la possibilité d'une *intensité extensive* dans la sensation. C'est pourquoi il renonce | à l'équivalence qu'il avait lui-même installée avec **157**
l'égalité de grandeur et *la perceptibilité égale* de la sensation, équivalence qui lui avait permis d'exclure, pour être intensive, une autre mesure, déterminée dans le seuil de perception, de grandeur de la sensation.

L'intérêt de la psychophysique dépasse cette problématique pour s'attacher à la nature de la conscience, à celle de la matière comme à celle de leur rapport. Fechner ne dit pas que l'excitation est une sensation objectivée, donc qu'il s'agirait d'un *rapport entre deux sensations*, une sensation objectivée et une sensation qui ne le serait pas. Il ne dit pas non plus, d'autre part, que, si l'on fait abstraction, quant il s'agit de la sensation, de son *contenu* objectif dans l'excitation, si elle doit elle-même être définie comme *processus naturel*, elle apparaîtrait comme ultime symptôme de la réalité, symptôme dont l'excitation a elle-même besoin afin que l'*unité d'excitation* soit nécessairement fondée par le biais de cette *réalité de sensation*. Tout cela, Fechner ne le dit pas, car il devrait, dans le cas contraire, affirmer qu'il *n'y a* de sensation *qu'*en tant que grandeur intensive, perceptible en fonction d'un seuil *(ebenmerklich)*, et que toute autre comparaison de grandeurs renvoie à une différence qui ne concerne plus la sensation en tant que telle, dans le registre de grandeur qui lui est propre.

L'*intérêt* de la psychophysique s'attache au *dualisme métaphysique de l'âme et du corps*, et non pas pour le dépasser, ni dans un sens ni dans l'autre. La conséquence matérialiste n'est pas simplement écartée, mais, en raison des efforts faits pour distinguer le psychique de ce qui est grossièrement matériel à travers des différences plus fines, c'est la reconnaissance de ce qui est proprement psychique qui est accentuée et favorisée ; le registre psychique est censé être encore à l'œuvre jusque dans la base somatique – d'où l'*oxymore* que constitue la psycho-physique. Le dualisme n'est pas promis à disparition ni à réduction, au contraire, c'est en s'appuyant sur lui qu'on serait censé acquérir des *lumières scientifiques* sur un *rapport de grandeurs* entre excitation et sensation. Ainsi, intérêt et

problème seraient-ils liés, or c'est *une erreur fondamentale* que seul notre concept de réalité intensive est en mesure de dissiper. C'est pourquoi notre discussion aura pour utilité de dévoiler cette erreur principielle de la problématique psychophysique, et, ainsi, de la réorienter vers une *interprétation*
158 *plus correcte de la constante de Weber*. |

109. Autant c'est avec reconnaissance que nous accueillons la signification du concept de seuil de perception, autant c'est résolument que nous rejetons *l'idée de cette formule fondamentale*[1]. Si l'on s'interroge sur le *rapport de grandeurs entre excitation et sensation*, la question doit être ainsi formulée : quel type de relations la grandeur intensive de la sensation entretient-elle avec la grandeur extensive de l'excitation ? Et la toute première réponse à cette question est la suivante : la grandeur extensive de l'excitation *présuppose* inévitablement la grandeur intensive de la sensation qui accorde à l'excitation une réalité intensive.

La grandeur de l'excitation présuppose donc d'emblée l'*unité* où s'objective l'excitation, où elle est réalisée comme contenu objectif de la sensation. Par conséquent, la grandeur de l'excitation a pour condition celle de la sensation ; et, de même que tout ce qui est extensif est conditionné par l'intensif, l'excitation, elle aussi, en tant que contenu objectif de la sensation, est déterminée par l'unité de réalité de cette dernière, par sa grandeur intensive. *La grandeur de la sensation est son unité génératrice sur laquelle repose l'unité de l'excitation.*

Il n'y a donc, pour la sensation, qu'une seule sorte de grandeur, la grandeur intensive, où la sensation se réalise comme processus de conscience, et c'est dans cette unité de réalité qu'à son tour le contenu de la sensation, *l'excitation*, s'objective en dernière instance. Il ne saurait donc y avoir d'autre mesure de la sensation que celle offerte par l'unité intensive dans le *seuil de perception*. En effet, une sensation en tant que telle est exactement aussi grande qu'une autre, la sensation qui perçoit 31 onces est aussi grande que la sensation de 31 livres.

Cependant, le fait qu'une sensation puisse être empiriquement, par examen physiologique, évaluée comme *égale* à une autre, le fait du *seuil* qui ne constate pourtant *l'égalité de grandeur* de la sensation que grâce au
159 seuil de perception, devraient par la suite | offrir également la possibilité qu'une sensation puisse être mesurée comme *autant de fois aussi intense* qu'une autre. La loi de Weber serait censée fournir une « aune d'ordre psychique ». Pourtant, l'égalité de grandeur de la sensation ne désigne que

1. Cf. F. A. Müller, *Das Axiom der Psychophysik und die psychologische Bedeutung der Weberschen Versuche. Eine Untersuchung auf Kantischer Grundlage*, Marbourg, 1882. D'après cet essai, les remarques critiques de Fechner (*Revision der Hauptpunkte der Psychophysik*, Leipzig, 1882, p. 324-326) ne peuvent plus convaincre.

l'égalité de la grandeur intensive et non pas celle d'une grandeur extensive à quoi, au contraire, la sensation *en tant que telle* reste tout à fait inaccessible. Mais c'est vers ce problème de l'aune psychique que tendait *l'intérêt* de la psychophysique. Entre excitation et sensation, l'*« activité psychophysique »* était censée intervenir pour faire plus profondément s'interpénétrer matière et conscience, l'âme et le corps. Pour autant qu'elle est néanmoins physique, cette activité est alors conçue comme « mouvement », et il semble qu'à elle, comme à toute autre sorte de mouvement, s'applique aussi la grandeur extensive et, pour la compléter, *l'analyse infinitésimale*.

110. Il s'agit d'une erreur de *méthode* que l'on pourrait faire apparaître comme telle presque sans approfondir la compréhension de la critique de la connaissance.

L'analyse repose sur le concept de fonction. *Mais le rapport entre excitation et sensation ne peut pas être défini comme une fonction au sens mathématique*. L'expression « aune psychique » rend équivoque le concept rigoureux de fonction, et en altère la valeur. La disposition de la fonction $y = f(x)$, où y est la sensation et x l'excitation, est purement et simplement une erreur mathématique puisqu'il s'agit en l'occurrence de grandeurs qui ne sont pas de la même espèce, puisque, si l'on peut bien concevoir l'excitation comme x, et donc comme générée par dx, la sensation, en revanche, ne peut *jamais* être comprise comme y, mais, pour autant qu'elle semble exprimable par un signe mathématique, *uniquement* comme dy, c'est-à-dire comme l'unité intensive à laquelle, en rapport avec les grandeurs extensives des excitations ou des choses, correspond le dx. Mais le dx est l'unité à partir de laquelle x croît; *par contre, aucun y ne croît à partir du dy* qui, au contraire, ne pourra jamais, quel que soit le changement d'intensité, être autre chose que dy.

À cette sobriété de la sensation, au fait qu'elle ne puisse être désignée que par dy, il y a une raison, simple et suffisante : ce que y pourrait devoir signifier à la différence de dy, c'est précisément ce qui est le sens et le contenu | de x et de ses dérivées qui désignent la sensation objectivée, c'est- 160
à-dire l'excitation. Quelle fin pourrait alors servir y si et dans la mesure où il est pensé comme différent de x, représentant de l'excitation, de l'objet, de la matière ?

Comment comprendre que pareille erreur ait pu être commise par un homme à qui nous n'oserions pas le moins du monde nous comparer en matière de maîtrise et d'intelligence des méthodes mathématiques ?

Comme toutes les erreurs de principe, cette dernière s'explique aussi par l'orientation et l'intérêt dominant du système. C'est dans le mouvement matériel que serait censée être découverte la trace du psychique, celle du calculateur, trace qui reste dissimulée à la « *vision nocturne* ». Et c'est dans la sensation, le jour de la conscience, qu'est fixé ce qui est matériel, corporel que seule la vision nocturne aime à concevoir hétérogène. Ainsi, les deux finalités de ces membres opposés convergent-elles selon Fechner : il considère la fonction de l'excitation et de la sensation comme dérivable *« des éléments d'où toutes deux ont surgi »*[1]. Et il retombe sur ses pieds avec cette formule spirituelle : la fonction n'est-elle pas, elle aussi d'ordre *intellectuel ?*

Pourtant, les éléments d'où elles surgissent *n'en sont qu'un :* la réalité intensive qui est au fondement de l'objectivation du contenu de la sensation et qui est déterminée comme une *modalité d'unité de la conscience*. La différentielle correspond à cette réalité intensive, et le calcul différentiel n'a d'autre finalité que d'accomplir, à travers cette réalisation, une objectivation, d'en fournir la base. Afin que ce que présente la sensation puisse être affirmé objectif et réel, nous avons besoin de l'analyse infinitésimale et c'est elle que nous utilisons. *Les choses, en tant que contenu objectif de la sensation, deviennent ainsi des grandeurs intégrales* (cf. § 99).

111. Or quel sens y a-t-il, en effet, après qu'on a dégagé, à partir du contenu de la sensation, la source de la réalité, à vouloir faire une nouvelle
161 fois de *la sensation elle-même* une « intégrale psychique » ? |

C'est pour rendre objectif ce qui est subjectif au niveau sensible qu'on a inventé le calcul infinitésimal, lequel ne s'applique réellement qu'à ce qui est matériel et sensible. Quel autre sens pourrait-on penser donner à cette démarche singulière sinon celui d'un intérêt pour le système : traiter de la conscience comme on a traité de la matière puisque « toutes deux ont surgi des mêmes éléments » ? On serait censé pouvoir réaliser une sommation infinitésimale avec la sensation comme si elle était une vibration.

L'activité psychique, pour autant qu'elle est d'ordre *physique*, pourrait être pensée comme un *dx*, ce qui permettrait qu'on applique un *critère logarithmique de mesure* à l'activité psychophysique : « La loi psychique du réflexe, telle qu'elle a été découverte par Weber et confirmée par Fechner avec une remarquable endurance, bien qu'il ne l'ait pas heureusement formulée, est susceptible d'une interprétation d'ordre physique ; au lieu de prendre en compte la modification de la sensation, on peut considérer celle du mouvement moléculaire central qui l'accompagne »[2]. C'est surtout par cette réflexion que Stadler a suscité l'intérêt de la critique de la connaissance pour la problématique psychophysique. Mais jamais cette activité,

1. Cf. G. Th. Fechner, *Elemente der Psychophysik*, (1860) Leipzig, 21889, t. I, p. 58 *sq.* et 45 *sq.*

2. A. Stadler, « Über die Ableitung des psychophysischen Gesetzes », in *Philosophische Monatshefte*, XIV, Leipzig, 1878, p. 215 *sq.*, et, surtout, p. 223.

pour autant qu'elle est censée être *psychique*, ne pourra être réduite à des différentielles. Et on ne peut envisager aucune raison qui justifierait pareille exigence, car l'objectivité à laquelle on peut parvenir dans la conscience et à partir d'elle, c'est le calcul infinitésimal qui nous la fournit quand bien même il concerne toujours ce qui est d'ordre matériel. *S'il était appliqué à ce qui est psychique, le registre psychique deviendrait* ipso facto *un registre physique.*

En fait, le registre psychique, selon la thèse principale de Fechner, se situe si immédiatement sous l'activité psychophysique que les *mesures* des deux registres peuvent, à l'en croire, être *interchangeables et identifiées*. En effet, ce n'est pas qu'il ne veuille pas en convenir, mais il refuse, suivant la vérité de sa réflexion, de faire de la conscience une matière; mais il entend de toute façon restreindre et combler, pour la vision diurne, la *faille* entre matière et conscience *qui n'est telle que pour la vision nocturne*. C'est pourquoi il réduit la conscience à des différentielles, et fait résulter la sensation d'une sommation infinitésimale. | **162**

Pour nous, en revanche, une sommation infinitésimale, pour autant qu'il s'agit de réalisation lorsqu'on la mobilise, ne peut concerner, et pas seulement en raison de la technique du calcul, *que l'abstraction de ce qui est matériel*. Et, pour nous, selon la vision diurne de notre idéalisme obéissant à la critique de la connaissance, cette *matière* n'est qu'un *groupe de contenus de la conscience*. Ces contenus sont décrits par la matière, ce pour quoi elle a besoin du différentiel.

Par conséquent, seul celui qui conçoit le processus de conscience lui-même comme étant à son tour un pareil contenu matériel, *seul* celui-là est fondé à penser ce qui *est ainsi appelé* conscience comme une intégrale. Mais cet esprit entend alors par conscience ce qui est bien plutôt le *mouvement moléculaire du système nerveux*. Lequel, pour nous, est, par contre, un contenu *objectif* et scientifiquement nécessaire de la conscience. Ce contenu ne peut donc être défini comme étant d'ordre psychophysique; *c'est le contenu du registre psychique qui a été objectivé pour devenir physique*.

Nous ne pouvons finalement reconnaître d'autre intérêt dans l'objectivité de la conscience. *Ce qui distingue le mythe de la science*, c'est que la science traite de la matière là où le mythe voyait de la conscience. Ce n'est pas dans la conscience de la haine que les molécules s'écartent les unes des autres ni dans celle de l'amour qu'elles s'attirent. Mais elles ne s'additionnent pas davantage dans une sommation infinie; au contraire, c'est nous, les calculateurs, qui accomplissons cette sommation, comprise comme un artifice dans l'appareil de notre connaissance matérielle.

Et dans la mesure où ce calcul s'effectue sur la conscience, celle-ci est, pour nous, un contenu objectif, plus exactement un contenu qui doit être objectivé, et, partant, elle est *matière*. Cette objectivation requiert la grandeur infinitésimale ou intensive à titre de réalité. Mais la réalité est… conscience, et certes pas un contenu matériel de la conscience, mais une structure légale essentielle de la conscience scientifique, une modalité de l'unité de la conscience, un principe fondamental de la connaissance. Ainsi, le problème de la psychophysique trouve-t-il sa solution dans la définition que donne de la réalité la critique de la connaissance.

INDEX DES NOMS

TABLE DES MATIÈRES

ACHEVÉ D'IMPRIMER
EN OCTOBRE 1999
PAR L'IMPRIMERIE
DE LA MANUTENTION
A MAYENNE
N° 377-99

Dépôt légal : 4e trimestre 1999